山东科技大学应用性立项专业（群）经费资助

管理心理学

GUANLI XINLIXUE

主　编：原　光

副主编：刘振山　国　虹　王　艺　陆继锋

撰稿人（按姓氏拼音为序）：

国　虹　贺树月　蒋　飞　蒋　锟　李　刚　刘　兵

刘振山　刘知音　陆继锋　苗红培　史丹琦　涂　丽

王春宁　王　艺　薛梦芳　杨根成　原　光　朱雪芹

中国政法大学出版社

2018·北京

图书在版编目（ＣＩＰ）数据

管理心理学/原光主编. —北京:中国政法大学出版社,2018.5
ISBN 978-7-5620-8278-1

Ⅰ.①管… Ⅱ.①原… Ⅲ.①管理心理学 Ⅳ.①C93-05

中国版本图书馆CIP数据核字(2018)第093852号

出　版　者　　中国政法大学出版社
地　　　址　　北京市海淀区西土城路 25 号
邮寄地址　　北京 100088 信箱 8034 分箱　邮编 100088
网　　　址　　http://www.cuplpress.com（网络实名：中国政法大学出版社）
电　　　话　　010-58908586（编辑部）　58908334（邮购部）
编辑邮箱　　zhengfadch@126.com
承　　　印　　固安华明印业有限公司
开　　　本　　720mm×960mm　　1/16
印　　　张　　19.75
字　　　数　　340 千字
版　　　次　　2018 年 5 月第 1 版
印　　　次　　2018 年 5 月第 1 次印刷
定　　　价　　49.00 元

前 言
PREFACE

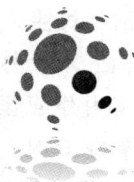

　　管理心理学主要研究管理活动中的个体、群体、组织的心理和行为规律。它是建立在心理学、管理学、社会学、政治学、经济学等学科基础之上，并综合运用这些学科的理论、方法研究管理中的心理现象的学问，是一门交叉性的、跨学科的社会科学学科。在课程体系之中，管理心理学是管理学的专业基础课程，是学生深化管理认知、学好管理学的基础。

　　人类对管理心理学现象的探讨由来已久，但是对管理心理学的系统研究却相对较晚。20 世纪初，泰勒倡导的科学管理运动和闵斯特伯格开创的工业心理学被认为是管理心理学的滥觞，梅奥领导的霍桑实验则是管理心理学深入发展的标志。到了 20 世纪 60 年代，管理心理学已正式成为一门独立学科。当然，由于管理心理学涉及多个管理领域，在国外，不同的行业对管理心理学有不同的称呼，如心理学界一般将管理心理学称为组织心理学，工商界一般将管理心理学称为组织行为学，但在广义的管理领域，我们一般将其称为管理心理学。

　　中国的管理心理学的引入是在 1935 年，但其蓬勃发展却是在改革开放之后。由于研究基础较为薄弱，在很长一段时间内，我国主要引进和借鉴西方的研究成果，这一阶段属于理论发展的"补课期"。当前，中国正处于一个前所未有的改革转型期，存在着诸多不同于西方管理的特殊问题，因此许多西方的管理心理学理论并不能很好地应用于我国的管理实践。近年来，响应党中央建设"创新型国家"，实现"国家治理现代化"的号召，管理心理学的本土化研究有了长足发展。学术界在积极学习西方成果的同时，开始把研究重点放在"中国问题"之上，在指导我国管理实践，推动治理现代化发展方面起到了积极作用。因此，管理心理学不仅是一门管理课程，也是一门关系国计民生，关乎民族振兴的新兴学科。

本教材的编者本着理论研究与管理实践相结合的原则，广泛参阅和借鉴国内外管理心理学领域的理论精华，并结合中国国情以及国内外一些典型的管理案例，进行了反复的编撰、斟酌和修订。本教材的特点主要有以下几点：首先，内容简洁精当，删除了一些学科定位不清的内容，避免了在内容上与其他课程的重合；其次，立足于一般管理的特点，研究组织管理中常见的心理现象以及个体、群体、组织中的具体心理活动的规律性，与仅从企业管理、工业管理角度出发的管理心理学教材有很大不同，能够适应各行业的一般性管理的需要；最后，本书立足于我国管理实践，适应"国家治理体系和治理能力现代化"的要求，响应党的十九大报告提出的"加快建设创新型国家"的号召，研究和探索改进管理工作的心理依据，寻求激励人们心理和行为的有效途径和方法，以最大限度地提高管理效率，而不是一味介绍西方的研究成果。

本书共分为九章，具体内容为：

第一章导论部分讨论了管理心理学的研究对象和主要内容、管理心理学的学科特点和研究方法、管理心理学的历史发展和现状。管理心理学不但探讨组织管理活动中人与群体的行为规律，而且揭示了这些行为背后潜在的心理机制。它之所以把人的行为规律及其心理机制作为一个辩证统一的整体过程进行研究，是因为人的行为与心理之间存在着互为因果、相互依存的关系。第二章详细探讨了气质、能力、性格差异在管理中的应用。管理心理学首先涉及的课题是对人的个性的管理。个性心理特征包括人的能力、气质、性格等特质，管理者只有在充分了解人的这些个性心理特征的特点与差异的基础上才能更好地对人进行管理。第三章重点阐述了知觉的相关内容。人的知觉特别是社会知觉直接影响人对工作的物理环境、社会环境、组织环境的认知和理解，并因此影响着人的心理状态和行为选择，从而影响管理的结果。第四章阐述的是态度对人的行为的影响。态度会影响人们的工作和学习效率以及社会知觉和人际关系，如何转变人的态度是组织管理中必须认真对待的问题。第五章介绍了主要的人性假设理论及相应的管理理论。在管理活动中，管理者如何确立管理思想，如何制定管理原则和制度，采用什么样的管理方法和措施，建立什么样的组织结构，都与如何理解和看待人的本性、人的本质、人的价值密切相关。第六章的主要内容包括影响人际关系的因素、群体内部关系管理以及正式群体和非正式群体之间关系的调整。群体行为是受心理因素交互影响并具有一定组织形式的行为表现，它具有某些独特的行为规律，管理者只有充分了解这些规律并将其运用于实际的管理活动中，才能有效地处理群体问题。第七章主要介绍了几种内容型激励理论，包括马斯洛的"需要层次"理论、阿德弗的 ERG 理论、麦克利兰的成就需要理论、赫茨伯格的双因素理论。内容型激励理论以研究人的心理需要、动机为基础，是研究个体需要的内容和结构的理论。该理论认为，需要和动机是推动人们行为的原因，也是激励的起点。因此，人的积极性和受激励的程度主要取决于需要的满足程度。第八章主要介绍了几种过程型激励理论，包括期望理论、目标设置理论、公平理论。过程型激励理论从链接需要和行为结果的中介心理过程入手，研究从动机的产生到选择何种具体行为的心理过程及行为目标的选择过程。第九章主要介绍了几种行为改造型激励理论，包括强化理论、挫折理论、归因理论，这些理论都从不同层面分析和解释了行为改造的问题，同时也提示人们行为表现的复杂性受个人认知、目标实现状况、外在环境等多种因素的影响。工作倦怠、工作压力等近年来的理论热点问题在本章中也有所涉及。

　　本教材由山东科技大学原光副教授主编，负责总体设计、拟定大纲、统稿定稿、组织协调等工作。主要编写人员由长期从事该领域教学和研究的教师和博士组成。具体分工如下：第一章，刘振山、刘知音、杨根成；第二章，原光、王春宁、蒋锟；第三章，国虹、杨根成、刘兵；第四章，王艺、涂丽、贺树月；第五章，陆继锋、李刚、涂丽；第六章，苗红培、蒋锟、史丹琦；第七章，原光、刘知音、朱雪芹；第八章，蒋飞、贺树月、薛梦芳；第九章，国虹、刘兵、王春宁。

　　由于编者水平有限，书中难免有不妥之处，敬请同行专家、学者及广大读者批评指正。

原　光

2018 年 3 月 9 日于山海花园

目 录
CONTENTS

管理心理学导论

　　管理活动无时不有，无处不在，贯穿于人类社会的始终，有人群的地方即存在管理。那么什么是管理？如何搞好管理呢？管理虽然是一个古老的课题，但是对其定义至今尚无定论。我们认为，管理表面上是对组织的管理，实质上却是对人的管理，归根结底是对人心的管理。管理学家赫尔茨说过："管理是由人心智驱使的无处不在的人类活动。"可见，管理离不开心理，不把握好心理就搞不好管理。

第一节　管理心理学的研究对象和主要内容

一、管理心理学的研究对象

　　管理心理学来源于人类的社会生产实践。管理现象，包括对人心理的管理早在三四千年以前便已经产生并在人类的社会生产实践中得以应用。尽管如此，管理学和管理心理学真正成为一种系统的理论体系要晚得多。直到20世纪初管理科学才逐渐形成独立的学科，同一时期，心理学也逐渐发展成熟。到20世纪50年代末至60年代初，管理学和心理学"联姻"，管理心理学从此诞生。

　　作为一门独立的学科，管理心理学是研究管理过程中人的心理活动及其行为规律的科学。它是综合运用管理学、心理学、社会学、人类学、伦理学等学科的原理研究人的心理活动、行为规律、人际关系的一门交叉学科，同时也是一门综合性学科，是用科学方法增进管理效益和改善管理效率的综合性应用学科。[1]具体而言，管理心理学不但探讨组织管理活动中人与群体的行为规律，而且也揭示这些行为背后潜在的心理机制。它之所以把人的行为规律及其心理机制作为一个辩证统一的整体进行研究，是因为人的行为与心理之间存在着互为因果、相互依存的关系。一方面，行为受到心理活动的调节、控制和支配，它是心理活动的外化表现形式，要彻底、全面地了解人的行为，就必须探索其背后潜在的心理机制；另一方面，心理又是行为的内在动因，是调节、控制行为的内部过程，因此，要想揭示人类心理的奥秘，就需要分析和理解人的外在行为。[2]除此之外，群体心理也是管理心理学的重要研究对象。

二、管理心理学的主要研究内容

（一）个性与管理

个性也叫人格，对于何为个性，有许多定义。人格心理学家阿尔波特认为人格是个人适应环境的独特的身心体系；艾森克认为人格是决定个人适应环境的个人性格、气质、能力和生理特征；卡特尔则认为人格是用以预测个人在一定情况下所做的行为反应的特质。因为世界上找不到完全相同的两个东西，也不存在两个个性绝对相同的人，每个人在需要、兴趣、爱好、价值观、气质、能力、性格等方面均与其他人不同。我们通常把在个体身上经常地、稳定地表现出来的心理特点的总和称为个性。任何人都是有个性的，每个人都以一种个性化的方式存在。个性属于社会范畴，并成了许多学科研究的对象，但每个学科的研究重点都有所侧重，如社会学研究个性，关注的是个性如何受社会、政治、经济的影响；心理学研究个性，关注的是个性的实质及其规律性；管理心理学研究个性，则是把心理学中关于个性的理论用于管理实践当中，以便更有效地对人进行管理。[3]现代管理是以人为中心的管理，管理工作如果失去了人这个基本要素，就失去了根本。因此，管理心理学首先涉及的课题是对人的个性的管理。个性心理特征的结构成分包括人的能力、气质、性格等特质，管理工作只有了解人的这些个性心理特征的特点与差异，

---

[1]　车丽萍：《管理心理学》（第 2 版），武汉大学出版社 2016 年版，第 8 页。
[2]　刘永芳：《管理心理学》（第 2 版），清华大学出版社 2016 年版，第 3 页。
[3]　段锦云：《管理心理学》（第 2 版），浙江大学出版社 2016 年版，第 56 页。

做到因人而异、量才适用、人尽其才、才尽其用，才能更好地对人进行管理。

（二）知觉与管理

人的认知差异也是管理心理学的重要研究内容。认知因素（感知、记忆、思维等）是影响管理活动中人的行为差异的重要心理条件之一。人的认知因素直接影响人对工作的物理环境、社会环境的认知和理解，并由此影响人的心理状态和行为，从而影响管理的结果。[1]知觉是指作用于感觉器官的客观事物的各种属性在人脑中的综合反映。感觉是知觉的基础，在感觉的基础上，大脑对事物的诸多个别属性进行综合，就会形成对该事物的整体认识，而这一整体印象就是知觉。社会知觉是对社会对象的知觉，包括个人对群体，群体对个人，个人间的、群体间关系的知觉。简单来说，社会知觉是对人和社会群体的知觉，实质上是对人的知觉，由于人是一种复杂的社会性动物，因此，对人的知觉也就不同于对物的知觉，其不仅涉及表象，还涉及更为深层的社会属性。

（三）态度与管理

态度是个人对某一对象所持的评价与表现出来的较持久、较稳定的行为倾向。态度对象的范围非常广泛，包括纳入人们视野的所有事物，人们会对这些事物做出评价或是表现出特定的行为倾向，这些对人或事物的评价与行为倾向，表明了人的某些态度。它作为主体的一种内在的心理动力，激励着主体采取与态度相适应的行为，既作用于对象，又在行为中促进态度的发展。态度对人的行为有很大的影响。它会影响人们的工作和学习效率，影响人们的社会知觉和人际关系，影响人对组织的承诺、忠诚及心理契约的建立，也会影响人的心理压力、心理承受力等。研究态度与管理的关系是管理心理学的一个重要内容。

（四）人性假设理论与管理

对人之本性的认识是心理学、管理学、政治学、社会学、伦理学等学科共同的主题，也是管理心理学中的一个根本性问题。古今中外对人的本性的看法，仍是管理心理学的基础。孟子的"性善说"是"仁政说"的理论基础，与西方的 Y 理论颇为相似。荀子主张的"性恶说"与西方的 X 理论相似，认为人天生懒惰、缺乏雄心、不愿负责任。人性假设是对人的本性的基

---

〔1〕 程正方：《现代管理心理学》（第 5 版），北京师范大学出版社 2016 年版，第 83 页。

本观点与看法的理论假设，是管理心理学理论的哲学基础。人性假设及其相应的管理理论是管理心理学的基本理论。在管理活动中，管理者如何确立管理思想，如何制定管理原则和制度，采用什么样的管理方法和措施，建立什么样的组织结构等，都与如何理解和看待人的本性、人的本质、人的价值密切相关。传统管理奉行经济利益驱动的人性观，是以任务为中心的、专制性与制度化的 X 理论；行为科学兴起时期的管理，奉行以人为中心、关注人的需要的社会人性观，与社会人假设对应的管理理论是人际关系理论；心理学家马斯洛提出了自我实现人的观念，与自我实现的自动人性假设对应的管理理论是关注人的成就动机与创造需要的 Y 理论；于 20 世纪 60 年代~70 年代被提出的复杂人人性假设对应的管理理论是强调灵活性与权变性的超 Y 理论；21 世纪，随经济全球化与知识经济的出现，又产生了关注高新产业与科技发展、关注生态环境与社会和谐发展的知识人、理性生态人与和谐人观点……人性假设的发展，为管理活动奠定了基本的理论和实践基础，成了管理心理学的重要研究内容。

（五）群体心理与管理

基于管理需要，组织中的个体通常会被分成多个群体。群体和团队既是构成组织中观层面的要素，也是沟通个体心理与组织成果的桥梁。群体是由个体构成的，但它并不等于个体的简单相加。群体心理和个体心理存在明显区别，如果管理得当，群体成员就能够协调一致，密切合作，就会提高管理效率；反之，则人心涣散，矛盾冲突频繁，内耗严重，进而影响群体力量的发挥。群体行为是受心理交互影响并具有一定组织形式的整体结合，它具有一些独特的行为规律，管理者只有了解了这些规律并将其充分运用于实际的管理活动中，才能有效地处理群体问题。对上述群体行为及其内部过程机制的探索将使得我们对群体规律有更好的把握，有利于有效地处理好群体内的人际关系，促进团队管理，以及更好地组织和领导群体使其形成良好的规范、强大的凝聚力，为形成优秀团队和做出更高的绩效提供指导。

（六）激励与激励理论

激励的字面意思是激发、鼓励，是一个激发人的工作动机，诱导人的行为，发挥人的潜力，为实现所追求的目标而努力的过程，即我们通常所讲的调动和发挥人的积极性的过程。人的一切有目的的行为都是出于对某种需要的追求，当人的某种需要得不到满足时，将形成寻求满足需要的动机，在适当的条件下，动机就会导致某种行为，这就是激励的起点。个体行为管理的核心问题是需要、动机与激励。需要是人的动力基础，是积极性的源泉；需要与目标的结合就会产生动机；动机是推动人类行为的内部心理过程与根本原因。只有了解人类行为的原因，才能预测、激励、控制行为，提高个体行为的积极性。激励理论一直是行为科学产生以来，管理心理学研究的热点问题。美国通用食品公司总裁弗郎克在强调激励的重要性时曾说："你可以买到一个人的时间，你可以雇用一个人到指定的岗位工作，你甚至可以买到按时或按日计算的技术操作，但你买不到热情，你买不到主动性，你买不到全身心的投入……"

　　自 20 世纪初以来，管理学家、社会学家和心理学家们均从不同的角度研究了如何激励人的行为，并提出了许多管理激励理论。根据激励的侧重点和目的的不同，激励理论可以被分为内容型激励理论、过程型激励理论和行为改造型激励理论。内容型激励理论是以研究人的心理需要、动机为基础而形成的激励理论，它是研究个体需要的内容和结构的理论。该理论认为，需要和动机是推动人们行为的原因，也是激励的起点。因此，人的积极性和受激励的程度主要取决于需要的满足程度。代表性理论主要有马斯洛的"需要层次"理论、阿德弗的"生存、关系和成长"理论以及麦克利兰的"成就需要"激励理论、赫茨伯格的"双因素"理论等。内容型激励理论有助于管理人员从需要的角度理解激励员工的因素，但它没有说明人们为了完成工作目标是如何对行为方式进行选择的。而过程型激励理论是从激励的过程探索如何激发人的积极性的理论，着重研究从动机的产生到采取实际行动的心理过程。这类理论试图弄清人们对付出劳动、功效要求和奖酬价值的认识，以达到激励的目的。从整体上看，过程型激励理论更多的是从认知的角度探讨激励问题。[1] 过程型激励理论从连接需要和行为结果的中介心理过程入手，研究从动机的产生到选择何种具体行为的心理过程及行为目标的选择。代表性理论主要有弗洛姆的期望理论、洛克的目标设置理论和亚当斯的公平理论等。行为是人们心理活动的外在表现，管理目标的实施必然需要通过行为得以实现。行为改造型激励理论主要包括强化理论、挫折理论和归因理论。强化理论认为行为是对外界刺激的反应，改变外在环境刺激就能改变或强化行为表

---

　　〔1〕　车丽萍：《管理心理学》（第 2 版），武汉大学出版社 2016 年版，第 247 页。

现；挫折理论强调人的心理状态和行为与外部刺激之间的相互作用；归因理论研究人们行为背后的原因，认为人们的心理归因指导、影响着人们的行为。这些理论都从不同层面分析和解释了行为改造的问题，同时也提示人们行为表现的复杂性受个人认知、目标实现状况、外在环境等多种因素的影响。

第二节　管理心理学的学科特点和研究方法

20 世纪初期，管理学、心理学及社会学均已发展成为独立学科，为管理心理学的发展奠定了较为充分的理论基础，加之管理实践领域迫切需要的推动，管理心理学终于发展成为一门独立的学科，并且呈现出了自身独有的特点。当然，要深入研究管理心理学便不能缺少研究方法，只有在科学方法的指导下，管理心理学才能得到更好的发展。本节主要介绍管理心理学的学科特点，并针对学科特点探讨与之相适应的研究方法。

一、学科特点

管理心理学作为一门研究如何对人进行管理的学问，既有颇强的实用性，又有坚实的理论基础，在不断发展和完善的过程中，呈现出了自身独有的特点。

（一）跨学科性

管理心理学是一门综合性科学，它涉及的基础理论较为广泛，是心理学、管理学、社会学、人类学、政治学、伦理学、生理学、经济学等多种学科相互交叉组合而成的新学科。它的主要理论来源包括管理学、社会学、普通心理学、劳动心理学、工程心理学、社会心理学等学科，具有明显的跨学科的特点。

（二）应用性

管理心理学与心理学、社会学、人类学等理论性科学不同，它与人类的生产实践活动有着密切的联系，与人类社会的各种组织管理活动密切相关，是一门应用性极强的科学。它的产生与发展既反映了社会化大生产的客观要求，又是人类社会实践过程的必然产物，有着广阔的应用范围和光明的发展前景。

（三）双重性

管理心理学是一门综合性的交叉学科，它既有自然科学性质，又有社会科学性质。这是因为管理过程中人们的心理现象、过程及其发展规律本身就具有双重性，这种双重性是由人本身的双重性、管理的双重性和多学科的双重性决定的。人本身的双重性即人本身既有自然属性，又有社会属性。研究管理中的心理问题，既不能离开人的生物特征，如人的七情六欲，也不能离开人的社会性，如人的阶级特性。管理的双重性是指管理既有作为对人们共同劳动的协调和指挥的自然属性，又有反映管理者意志的社会属性。多学科的双重性是指管理心理学既涉及诸如生理学、生物学等自然科学原理，又要应用社会学、政治学、社会心理学等社会科学原理。

二、与其他学科的比较研究

管理心理学在形成和发展过程中运用多门相关学科中的有关理论和研究成果，实现了理论上的不断丰富和完善，逐步增强了其实践上的应用价值。下面，本书将对几门相关学科进行比较，以期发现它们之间的区别和联系。

（一）管理心理学与心理学

管理心理学是心理学的分支，是以心理学为理论基础的学科。心理学是研究人的心理活动一般规律的科学，是研究人类心理现象、精神功能与行为的一门理论与应用兼顾的学科，通过对行为的描述、解释、预测和影响等研究，以达到对心理进行更为准确的了解，以更好地帮助人们提高生活和工作质量的一门学科。管理心理学使用了普通心理学的基础理论，并与工业心理学和社会心理学有着密切联系。

（1）管理心理学与普通心理学。管理心理学研究的是组织管理活动中人的行为规律及其潜在的心理机制，由于具有应用性特点，一般在国际心理学会议上，通常把管理心理学纳入应用心理学的范畴。普通心理学和管理心理学是基础理论与具体应用的关系，不同之处在于管理心理学主要研究管理状态下的人的心理现象与规律，从而划清了与普通心理学的界限。

（2）管理心理学与工业心理学。工业心理学是研究工业系统中人的心理活动规律及其具体应用的学科，是应用于工业领域的心理学分支，主要研究工作中人的行为规律及其心理学基础。这一点与管理心理学相似。管理心理学需要工业心理学的研究内容和成果予以丰富与补充，二者互有渗透、互相交叉。最大的不同之处在于工业心理学主要研究企业管理中的工作心理，而管理心理学则涉及所有管理领域。

（3）管理心理学与社会心理学。社会心理学以人在社会活动中的心理为研究对象，主要是人与人之间的人群心理。[1] 社会心理学的内容，既包括在群体中人们彼此之间的关系和个人在群体中的地位，也包括个人对群体的影响或群体对个人的影响。例如，人们在交往的过程中会相互联系、相互影响，彼此之间相互感知和相互理解，于是人们之间就产生了相互感染、暗示、模仿、嫉妒、服从、社会舆论和社会压力等社会心理现象。管理活动在本质上也是一种社会实践活动，社会心理学在政府和企事业等组织管理中的运用也是管理心理学的基本内容。可见，社会心理学与管理心理学的关系非常密切，也为管理心理学的发展提供了重要的理论依据。

随着心理学基本理论研究的不断深入，新成果不断涌现，管理心理学在此基础上也将得到了进一步的发展；而管理心理学的发展，又将反过来验证和丰富心理学的基本理论，促进心理学的繁荣。管理心理学与心理学二者密不可分但又不可互相替代。

（二）管理心理学与管理学

管理学是研究管理活动过程及其规律的科学。它是由一系列管理理论、职能、原则、方法等组成的科学体系，是社会科学、自然科学和技术相互渗透而形成的一门综合性学科。管理是对人、事、物的管理，事与物依附于人，其本质是对人的管理，要搞好管理就要着眼于人。而管理心理学是研究管理活动中人和群体的行为及其心理机制的一门学科，即它主要研究管理过程中的心理问题。两相比较，管理学比较注重较为宏观的组织层面的问题，而管理心理学则更注重较为微观的个体层面的问题；管理学比较重视外在的行为层面的问题，管理心理学则更注重内在的心理层面的问题。

（三）管理心理学与组织行为学

组织行为学和管理心理学是相伴相生的双生子。从组织行为学的发展来看，组织行为学可以被看作是管理心理学的新发展，管理心理学的发展在很大程度上影响到了组织行为学的出现，两者既有极其密切的内在联系，又有不可混淆的区别。

1. 二者的联系

（1）研究目的。二者的研究目的基本相同，都是通过对组织中人的心理

---

[1] 范逢春：《管理心理学》，中国人民大学出版社 2013 年版，第 5 页。

与行为的研究，揭示其规律，并以此规律指导个体、群体或组织的行为，达到组织的预期目标的学科。

（2）研究内容。在研究内容上，二者虽各有特色，但在总体框架上却并无较大的差别。当管理心理学研究管理过程中人的心理特点及其规律时不可能不涉及人的行为；当组织行为学研究一定组织中人的行为特点及其规律时也不可能不涉及人的心理。因而，二者研究的基本内容皆为组织管理活动中个体、群体、领导、组织等方面的心理与行为规律，只是对同一问题的研究视角和出发点有所不同而已。

（3）理论来源。虽然组织行为学的理论来源比较广泛，但很多与管理心理学的理论来源相同，如心理学、社会学、人类学、教育学、生理学，其中心理学是其重要来源。

（4）心理与行为关系。一方面，行为是心理的外在表现，组织行为学在研究人的行为时，必然会涉及行为背后的潜在心理机制；另一方面，心理是一种内隐的活动，不易观察，管理心理学在探索人的心理活动规律时，也需要通过观察分析人的外部行为来达到推断内部过程的目的。心理与行为的这种联系就决定了管理心理学与组织行为学之间的密切关系。

2. 二者的区别

（1）侧重点不同。两者的侧重点一内一外，管理心理学着重研究行为背后潜在的心理活动规律；组织行为学把人的外显行为作为研究对象。管理心理学侧重于本源学的研究，组织行为学则侧重于现象学的研究。

（2）理论基础不同。管理心理学作为心理学的一个重要分支学科，它的理论基础主要是心理学；组织行为学作为行为科学的一个分支，它的理论来源更加多样化，心理学扮演的角色稍显次要。

（3）形成背景不同。管理心理学的起步早于组织行为学。1912 年，美籍德国心理学家闵斯特伯格出版了《心理学与工作效率》一书，正式把心理学应用到工业管理中。之后，随着心理学理论的不断发展及应用范围的逐步扩大，1958 年，美国心理学家莱维特正式提出"管理心理学"这一术语，并出版了第一本管理心理学著作，使管理心理学成了一门独立的学科。组织行为学是由行为科学发展而来的，是行为科学与组织管理相结合而形成的分支学科。

（四）管理心理学与行为科学

行为科学是研究人类行为的一门综合性学科。行为科学在许多领域中延伸，形成诸多分支科学，如政治行为学、行政行为学、医学行为学、组织管理行为学、犯罪行为学等。行为科学的基本假设是，每个人都有其需要，激发一个人的动机，首先就要满足他的合理需要，即把需要作为激发动机的起点。它着重研究社会环境中人的行为产生的原因和影响行为的因素，探索人类行为的规律，目的在于更好地激发人的积极性，提高对行为的预见性和控制能力。而这也是管理心理学的研究的重点内容，与内容型激励理论相似。

行为科学有广义和狭义之分。广义的行为科学是一个学科群，包括研究人的行为的一切学科，如社会学、心理学、文化人类学等。从这个意义上讲，管理心理学也包括在行为科学之内，或者说，管理心理学是行为科学的一个分支。狭义的行为科学是应用心理学、社会学、人类学及其他相关学科的成果研究企业中的人的行为规律的一门综合性学科。相对狭义的行为科学而言，管理心理学研究的范围要宽一些，除了企业之外，还包括工商、教育、公共行政、卫生及其他管理领域。

三、研究方法

管理心理学是一门实践性较强的应用性学科。由于它的研究对象是有思想、有感情的人，所以它的研究方法有其自身的特点。管理心理学的研究方法要注意多样性和综合性，同时也要注意研究的客观性和研究者的主观能动性。管理心理学的具体研究方法主要有观察法、调查法、实验法、个案研究法、相关性研究法等。

（一）观察法

观察法是研究者在自然情况下（即在日常工作和生活条件下），有目的、有计划、有系统地直接观察、记录研究对象（被试者）的言行表现，分析并推测人内心的心理活动和行为规律的方法。根据不同的视角，观察法可以分为不同的类型。

（1）根据地点和组织条件，观察可分为实地观察和实验观察。实地观察的特点是在自然环境和现实生活中进行，与被研究客体直接发生联系。在实验观察中，周围环境的条件和被观察的情势可由研究者来规定，主要优点是能最大限度地阐明一切因素和条件，并确定它们之间的相互联系，不足之处是它的人为性可能改变参与者的行为结果与研究结论的客观真实性。

（2）根据研究者的参与程度，观察可分为参与观察和非参与观察两类。在非参与观察中，研究者处于被研究客体的外部，他们不干预客体变化的进程，不提出任何问题，作为中立主体从旁观察和记录事件发生的进程。非参与观察的优点是比较客观，不足之处是只能观察并记录公开的、表面的变化，对于这些变化的背后或潜在的原因，则很难准确了解。在参与观察中，研究者在某种程度上直接参与被研究的过程，与被观察对象发生联系，参与他们的活动，并获得相应的真实感受，研究有深度，不足之处在于研究者容易在参与的过程中丧失中立的客观立场。

（3）根据可控程度，观察可分为无控观察与可控观察两类。无控观察不预先确定要观察对象的形成因素，也没有严格的计划和程序，只是直接观察客体本身。这种观察可以查明客体存在问题的原因、客体的边界和客体的基本因素，可以确定哪些因素对于研究工作来说是最重要的。它通常运用于研究的初期和探索性研究之中，缺点是研究者有陷入主观主义的风险。可控观察可以预先确定在被研究的过程中，哪些因素对于研究工作具有决定性意义，并且集中观察这些因素，在研究进程中往往有较为严格的计划和程序。

（4）根据进展的规划性，观察可分为系统观察和随机观察两类。系统观察的特点是有规律地记录被观察对象在一定时间内的行动、情势和过程，能查明过程的变化，大大提高推断发展趋势的可能性。对意外现象、活动和情况的观察都属于随机观察。

（二）调查法

调查法是研究者根据所要研究的问题的实际，运用一定的手段，对特定人群进行调查，以确定其心理活动和行为规律的方法。调查法一般可细分为问卷调查、访谈调查、电话调查和网络调查等具体方法。

1. 问卷调查

问卷调查适用于了解大范围人群对于某些事物所持的观点和态度。问卷调查要求被调查者对经研究者严格设计的问题的若干选项进行选择回答，以期了解被调查者的需求、愿望、动机、态度、满意度等情况。它的优点主要在于：通过科学的抽样选择调查样本，从而使得调查结果具有普遍性和代表性；调查覆盖面广，比较经济；调查过程的匿名性，使得调查者容易如实回答一些比较敏感的问题等。它的不足之处在于由于问题基本上属于限制性和封闭性问题，因此不能真切了解人们的思想。问卷有发送问卷、报刊问卷、邮政问卷和网络问卷等形式。一般来说，直接发送问卷回收率较高，而通过报刊和邮政方式发送的问卷回收率较低。另外，随着网络的普及，网络问卷成了一种较为方便和有效的问卷调查形式。

2. 网络调查

网络调查主要是通过分析人们对某种网络信息的点击率来把握他们对问题所持态度的社会倾向性。它的优点是快捷、地域覆盖广。不足之处是具有一定的虚拟性和局限性，如点击本身并不意味着就是接受。网络调查法比较容易进行，有利于在不同场合从多方面发现问题，验证研究结果。但是，在网络调查法所得的结果中，不易排除某些外来因素。因此，为了保证研究工作的可靠性，网络调查的结果还需要多方面的对照和验证，并要和其他研究方法的结果互相补充和印证。

3. 电话调查

电话调查也是目前较为成熟的一种调查方法。电话调查的优点在于能较快地了解人们对问题的大致反应，覆盖面广、随机性强。不足之处在于提问的问题都比较简单直接，无法综合、全面地了解被调查者的想法，所以主要适用于媒体效度调查；电话调查往往比较唐突，往往使得某些被调查者产生被打扰的感觉，从而拒绝这类调查。

4. 访谈调查

研究者通过与被调查者直接交谈，以期了解对象的行为、动机及相关事实的重要信息。访谈可以是两人之间进行的，也可以通过多人座谈会的方式进行。访谈通常以个人的叙述为基础，但又要求研究者有较好的把握访谈进程的能力和技巧，既要注意发问的方式，又要注意对象的神态和肢体语言，以便获得更多有效的信息和研究资料。访谈具有信息量比较丰富、确切、全面的优点，但其缺点也较为明显，比如比较费时费力，而且由于匿名性较差，在涉及隐私问题时往往容易被拒绝。

以上是常见的调查方法，每一种方法都有其优点和不足。因为人的行为和心理现象是极其复杂的，所以在进行研究时通常不是单纯地使用某一种方法，而是根据对象与任务的不同，以某种方法为主，辅之以其他方法，使之互相补充。这样才能更准确、客观地反映人的行为和心理活动的规律和特点。

不论采用哪种方法进行研究，都要经过如下四个步骤：选择和确定研究的问题和对象（被试者）；制订研究计划；收集和整理研究材料；分析材料，从中得到结论。

（三）实验法

实验法是研究者有目的地严格控制或创设一定条件来探索影响组织成员心理活动和行为规律的方法。它的特点是可以提出若干条与被研究对象之间存在因果联系的假设，然后运用各种手段对这种假设进行验证。

在管理心理学研究中，实验法有两种形式：实验室实验法和自然实验法（也称现场实验法）。实验室实验法是运用专门的实验仪器测试被试者心理品质的研究方法。例如，测试驾驶人员的注意力、反应速度，测试生产人员的操作能力等均可采用这种方法。管理心理学研究运用较多的是自然实验法。自然实验法是在工作实践中，有目的地控制和改变某些因素或条件，探索影响组织成员心理和行为的原因的一种方法。例如，影响员工工作积极性的因素可能是奖金，可能是职业兴趣，可能是人际关系，也可能是能否从工作中获得成就，究竟哪一种因素是关键性的，通过自然实验法就可以找到答案。其方法是尽量保持其他因素不变，人为地改变某一种因素，观察其对员工工作积极性的影响程度和影响方式。通过对以上因素的逐一实验，实验者就能够较全面地了解影响员工工作积极性的原因。

（四）个案研究法

个案研究是对特定群体进行个别、系统研究的心理学的研究技术。个案研究通过对自然发生的管理活动与行为进行系统观察或调查，分析和研究有关的管理心理的特征、过程以及主要影响因素。个案研究主要采用参与观察法和关键事件法。参与观察法由研究者直接参与所观察和研究的管理活动或事件，从中观察和记录有关的行为、态度和管理事件发生的过程以及影响因素。参与观察法采集的资料具体、真实，效度较高。关键事件法则抓住影响管理行为与过程的重要事例，着重对行为过程进行分析。关键事件法选取对管理绩效有密切影响的管理任务，往往选取一些"两难"案例，通过案例分析管理者或员工解决问题和处理"两难"任务的方式、方法、能力和成效。

个案研究特别适用于探索性研究，即研究的早期阶段，从而为进一步比较严密、深入的研究提供依据。个案研究的主要不足在于这些研究一般是描述性的，不容易作出有关因果关系的推论；个案研究往往难以重复，容易受研究者现有的理论假设和其他主观因素的影响，从而出现偏差；个案研究一般抽样比较小，会限制研究结果的可应用性和普遍意义，不利于推广。

（五）相关性研究法

相关性研究主要探究两个或更多变量之间的相互关系，揭示两个以至更多变量是否以某种方式一起出现，用相关系数反映两个变量或测量数值之间的关联程度。相关系数有几种不同的类型，但都在（-1，1）范围内。进行相关研究时，要考虑研究的目的、变量的性质、数据的特征、各变量之间的关系等条件，据此计算出相关系数。在管理心理学研究中，可以运用相关研究考察员工的工作技能与工作效率之间的关系等问题。在此需要说明的是，相关系数并不能说明因果关系，即便是显著高相关也不能说明两个变量间存在因果关系。单凭相关性，我们只能说明 Y 的产生与 X 有关，我们无法断定是因素 X 引起了因素 Y，还是因素 Y 引起了因素 X，或者某种潜在的第三个因素引起了 X 和 Y。例如，许多管理心理学研究证明，工作满意感和工作绩效之间存在较高的正相关，可是究竟是工作满意感引起了好的绩效，还是由于高绩效产生了满意感和积极的情感呢？这就不能仅靠相关研究来解决，还需要进行实验研究。

第三节　管理心理学的历史发展和现状

管理心理学的产生和发展，是管理实践发展的内在要求，是心理学的基本原理同管理实践相互结合的产物，与现代生产力、生产技术的大力发展密不可分。[1]研究现代管理心理学，就必须熟悉其历史发展，从而更好地把握和了解其理论来源，以推动其继续发展。

一、西方管理心理学的发展

在西方，管理理论的演变大致可以被划分为三大阶段：古典管理理论阶段、行为管理理论阶段、现代管理理论阶段。相应地，西方管理心理学理论的演进大致也划分为以下三个阶段[2]：

（一）古典管理心理学阶段

约形成于 20 世纪初到 20 世纪 20 年代，代表人物是泰勒、法约尔、厄威

---

〔1〕　李秀忠、孔伟：《管理心理学》，山东人民出版社 2011 年版，第 8 页。
〔2〕　刘永芳：《管理心理学》，清华大学出版社 2015 年版，第 27 页。

克以及闵斯特伯格等。这一时期理论研究的特点是以工作效率为中心，研究的重点是如何通过改善工作条件、健全工作制度、用科学的管理方法来提高工作效率。这一时期的管理特点是强调"劳动分工、控制幅度、管理层级、外部激励、正式规章等"〔1〕，人的重要性还未凸显出来，盛行的人性观是"经济人"假设，忽视组织中人的因素的作用，仅把人看作是机器，不考虑人的思想情感和主观能动性。

"科学管理之父"泰勒最早采用科学方法研究工人的工作效率问题。根据在伯利恒钢铁公司进行的著名的"搬铁块"实验和"时间-动作分析"，以及相继完成的"铁锹实验""金属切削实验"等多项实验，泰勒提出了"劳动定额""工时定额""工作流程图""计件工资制"等一系列科学的管理制度和方法，使得工作效率大幅提高。他于1911年出版的《科学管理原理》一书成了科学管理学派的代表作。科学管理注重工作任务的分析与设计，以提高生产效率为直接的管理目标，重视增强组织效能，力图通过科学的管理方法取得高额利润和长远发展。泰勒着重研究了工人操作流程合理化的问题，他把人看成"经济人"，忽视了人的社会性。〔2〕

法约尔在1923年出版了《工业管理和一般管理》一书。其在书中提出了管理不同于经营的思想，认为管理只是经营的一部分，而经营包括技术、商业、财务、安全、会计和管理六种活动。他认为管理包括计划、组织、指挥、协调和控制五种因素，并在此基础上提出了管理的14条原则：专业化分工、权力与责任、纪律性、命令的统一、指挥的统一、个人利益服从整体利益、公正合理的报酬、集权制、阶层或等级系列、秩序公平、保持员工的稳定、创造性、团结或集体精神。其中最后五项原则都是组织中与人相关的问题。

韦伯提出了"理想的组织机构模式"，即成员间任务分工要明确，上下级之间职、权、责要分明。成员间是工作与职位的关系，不应受个人情感的影响。这些研究对管理心理学的发展做出了巨大贡献。

厄威克在概括泰勒、法约尔、韦伯等人的管理原则的基础上，提出了他认为适用于一切组织的八项原则：原则、相符、职责、组织阶层、控制广度、

〔1〕　程正方：《现代管理心理学》，北京师范大学出版社2016年版，第35页。
〔2〕　王晓钧：《管理心理学》（第2版），高等教育出版社2014年版，第7页。

专业化、协调及明确化。[1]这些原则成了早期组织管理遵循的重要原则。

早期的管理心理学发展，除了和当时的科学管理理论相关外，也同工业心理学的兴起密不可分。科学管理理论的形成，使工业心理学获得了伦理观，在此基础上心理学家发现了他们与科学管理的联姻关系，很快他们便把研究热情投入到了工业领域。当时，工程师重点研究机械效率，心理学家则研究人的效率，两者的共同目的是为了提高劳动生产效率。到了20世纪初，工业心理学逐渐兴起。闵斯特伯格是工业心理学的主要创始人，被人称为"工业心理学之父"。工业心理学的早期阶段仅限于工业个体心理学的研究，研究还比较狭窄。后来，从梅奥的霍桑实验开始，工业心理学的研究深度和广度不断拓展，为管理心理学的诞生奠定了实验和理论基础。

（二）行为管理心理学阶段

约形成于20世纪20年代~40年代，代表人物是马斯洛、梅奥等。受行为主义心理学的影响，这一时期理论的特点是以人的行为为中心，研究的重点是如何通过满足人的需求、调整人的行为、改善人际关系来激发人的创造性、主动性。管理研究的重点从物的因素转移到人的因素上来，管理者的人性观开始转向"社会人"假设，当然，最终的落脚点仍是如何提高工作效率。[2]在这一时期，人们开始认识到单靠物质刺激并不能提高工人的积极性，良好的人际关系、有利的社会条件与工作效率有着密切的关系。梅奥领导的"霍桑实验"以及在此基础上提出的人际关系理论对古典管理理论进行了大胆突破，把心理学、社会心理学、人类学等学科结合起来，对组织中人们的心理与行为进行综合探索、实验、解释，从而开创了管理心理学。[3]1958年美国学者莱维特的《管理心理学》是管理心理学的里程碑式的著作，他第一次采用了"管理心理学"这一名称，管理心理学自此成为一门独立学科。[4]

（三）现代管理心理学阶段

二战之后，随着现代化科学技术日新月异的发展，生产和组织规模急剧增大，生产力迅猛发展，生产社会化程度日益提高，人们对管理理论的重视程度越来越高。在美国等发达国家，不仅从事实际管理工作的人和管理学家

〔1〕 杨东、张丽：《管理心理学》，西南师范大学出版社2011年版，第7页。
〔2〕 刘永芳：《管理心理学》，清华大学出版社2015年版，第27页。
〔3〕 李秀忠、孔伟：《管理心理学》，山东人民出版社2011年版，第9页。
〔4〕 程正方：《现代管理心理学》，北京师范大学出版社2016年版，第47页。

在研究管理理论，一些心理学家、社会学家、人类学家、经济学家、生物学家、哲学家、数学家等也都从各自不同的背景、不同的角度，用不同的方法对现代管理问题进行研究。这一现象带来了管理理论的空前繁荣，同时也出现了各种各样的学派。美国著名管理学家哈罗德·孔茨把这一现象形象地描述为管理理论的"丛林"。[1]由于这些学派都是从各自的背景出发，以不同的理论为依据来研究同一对象，即管理过程，因此出现了在管理的概念、原理和方法上众说纷纭的混乱局面。在此，我们将对一些主要理论进行简要介绍。

1. 数量管理理论

数量管理理论的管理思想是建立在系统思维的基础上的，要求从系统的整体效果出发考察、分析与解决问题，其目的是使整个系统的总效果达到最优。数量管理理论的特点是：

（1）从系统观点出发研究各种功能关系。对组织中的任何一个部分或功能关系的研究，都是从系统观点出发的。组织中任何部分或任何功能的活动必然会影响其他部分或功能，所以评价一个组织中的任何决策或行动都必须考虑到它对整个组织的影响和所有的重要关系。

（2）应用多种学科交叉配合的方法。该学派在创立之时就采用了多学科交叉的方法。认为如果把各个方面综合起来看，会对问题有更全面的理解，更有助于问题的解决。除了计算机和数学以外，随着研究对象的不同，需要应用经济学、管理学、心理学、行为学、会计学、物理学、化学等各种自然科学和工程技术。

（3）应用模型化和定量化来解决问题。数量学派的重要特点就是模型化和定量化。把一个要研究的问题按预期的目标和约束条件，将主要因素和因果关系转化为符号来建立模型，并随着情况的变化而修改模型，求出新的最优解。[2]

2. 权变管理理论

该学派认为，在组织管理中要根据组织所处的内外环境、条件的变化而随机应变，没有一成不变、普遍适用的、最好的管理理论与管理方法。[3]权

---

〔1〕　张阿芬：《管理学》，厦门大学出版社2008年版，第48页。

〔2〕　郑巨欣、连冕：《设计管理学导论》，浙江大学出版社2014年版，第72页。

〔3〕　王力、赵渤：《管理学流派思想评注图鉴：历史、方法、趋势》，社会科学文献出版社2011年版，第162页。

变理论的中心思想是：

（1）组织是社会大系统中的一个开放型的子系统，受环境的影响。权变管理理论要求必须根据组织在社会大系统中的处境和作用，采取相应的组织管理措施，从而保持对环境的最佳适应。

（2）组织的活动是在不断变动的条件下以反馈形式趋向组织目标的过程。该理论必须根据组织的近远期目标以及当时的条件，采取依势而行的管理方式。

（3）管理的功效体现在管理活动和组织的各要素相互作用的过程中。鉴于此，该理论必须根据组织的各要素的关系类型及各要素与管理活动之间相互作用时的一定函数关系来确定不同的管理方式。

3. 系统管理理论

系统管理理论是运用系统科学的理论、范畴及一般原理来分析研究企业及其他组织管理活动的理论。该理论是在一般系统论的影响下形成的，主要体现了管理哲学的改变。其代表人物有美国管理学家卜斯特、约翰逊等。系统管理理论的基本观点是：

（1）组织是一个系统，人、机器、物资、资金是该系统的组成要素。

（2）组织是一个由许多子系统组成的开放性大系统。该系统内部包括：目标和准则子系统；技术子系统；社会心理子系统；组织结构子系统；外界因素子系统。此外，组织又是社会大系统中的一个子系统。

（3）经理是一个把管理过程应用于物质资源和人力资源系统的发展和联系的机制。[1]

现代管理心理学把上述众多方法、视角各异的管理思想进行整合，把现代自然科学和技术科学的最新成果（先进的数学方法、电子计算机技术与通信技术等）广泛地运用到组织管理中来，形成了一系列新的组织管理技术和方法，把管理工作纳入科学化轨道，使管理心理学得到了迅速发展，表现如下：

第一，专业研究人员增加迅速，研究机构不断扩大。工业组织心理学会是美国心理学会下属的专门机构之一。据该机构官方网站资料，1960 年美国工业与组织心理学会会员为 73 人，截至 2000 年已增至 3601 人，而且进入这

---

〔1〕 焦强、罗哲：《管理学》（第 4 版），四川大学出版社 2016 年版，第 30 页。

个领域的女性比例已经大幅提高，1989 年统计数字表明，获得工业组织心理学博士学位的人中大约有一半（46%）是女性。美国有 88 所大学培养管理心理学专业博士研究生，其中 46 所授予工业与组织心理学博士学位，42 所大学商学院授予组织行为学博士学位。

第二，研究课题日益广泛深入。进入 20 世纪 90 年代以来，组织变革已成为全球化经济竞争中管理心理学研究的首要问题，激励问题也成了管理心理学研究的核心问题。目前，亚当斯的公平理论对于薪酬设计的实际意义仍然受到普遍重视。此外，有关工作或组织承诺的研究日益受到重视，主要从工作价值观、职业发展、工作责任心、组织认同和对社会的态度等方面开展研究，探讨了组织承诺对离职、工作满意感、工作安全感、人际关系的影响以及组织承诺的形成规律。组织文化也成为研究的热点问题，它是教育和引导员工形成好的认知、思考和感知问题方式的简洁而有效的方法，这方面的研究主要集中在组织文化的特点、结构和运行机制上。团队研究主要探讨团队的凝聚力、创造力、团队的构成、目标设定，团队内的关系、规范、角色、冲突和团队决策等方面。

第三，研究方法更加科学，为了提高研究结果的外部效度，当代的管理心理学研究大多采用现场试验、参与观察、大规模问卷调查等手段，开始从静态分析过渡到动态分析，从单一的心理学研究发展到心理学、管理学、社会学、人类学、政治学、经济学乃至数学的多学科综合研究。实验设计多采用多变量实验技术，开始应用结构方程模型、项目反应理论、关键事件法、计算机模拟等新方法新技术，也有部分学者开始采用后现代的视角研究管理心理学问题。[1]

二、我国管理心理学的发展

（一）萌芽阶段

我国管理心理学的发展是从引进、翻译早期心理学著作开始的。早在 1935 年，我国著名心理学家陈立撰写和出版了《工业心理学概观》一书，第一次从环境、疲劳、休息、工作方法、事故与效率，以及工业组织、激励与动机等重要方面，系统论述了中国工业心理学和管理心理学的基本问题。他

---

〔1〕　刘永芳：《管理心理学》，清华大学出版社 2015 年版，第 27 页。

指出，工业心理学的贡献是用计划来管理整个工业，组织是个体的集合并使之更有效地达到某种共同目的。《工业心理学概观》成了我国管理心理学理论发展的重要里程碑，对 20 世纪三四十年代乃至以后的管理心理学发展和演变产生了重要的影响。[1]

20 世纪 50 年代以来，我国工业心理学日益注重劳动心理学方面的研究，主要开展了技术培训与工作环境、电站设计、劳动竞赛和先进班组等研究。1957 年，中国科学院心理研究所成立了劳动心理组。60 年代，随着工业的振兴和生产水平的提高，人和机器之间的协调问题引起了各方面的注意，例如如何把机器设计得更适合于操作工的技能和心理能力，在显示器和控制器的设计中如何考虑人的因素等。但总的来说，这一时期由于处于高度的计划经济体制下，管理心理学的问题并没有引起人们的广泛关注，甚至人为地回避和忽视组织层面的研究。

（二）初步形成阶段

改革开放成了管理心理学发展的关键条件。从 1978 年开始，随着我国改革开放的启动与逐渐深入，我国管理心理学者开始系统地引入国外管理心理学的理论和方法，逐渐完成了我国管理心理学的学科体系建设。党的十一届三中全会确定了以经济建设为中心的基本路线，我国管理心理学也开始了引进、培训和研究的工作，并逐步形成了自己的理论与研究体系。

（三）迅速发展阶段

我国管理心理学的迅速发展与改革发展的不断深化是紧密联系在一起的。早在 20 世纪 80 年代，以经济改革为动力，围绕当时亟须提高员工工作积极性的问题，开展了一系列有关激励理论、奖金工资的管理和奖励方式等方面的研究。随着企业改革的深入，管理干部的评价和选拔成为提高管理效能的重要条件，管理决策的科学化和民主化也成为经济改革和企业发展的中心课题。

从 80 年代中期起，我国在北京、上海和杭州等地先后进行了领导测评和选拔的研究和应用，有关领导行为管理决策的研究成为我国管理心理学的主要领域。80 年代中期，我国企业改革向组织体制的层面发展，各类企业建立起承包制，并开始推进现代企业制度的改革。管理心理学家开展了一系列有

---

〔1〕 刘新民、余亮：《管理心理学》，中国科学技术大学出版社 2014 年版，第 16 页。

关组织发展与新技术变革的研究与应用项目，尤其是对人员技能、系统网络和组织参与等三大特征进行了深入的研究与分析，提出了人员、系统和参与等有效的管理策略。进入 90 年代后，随着国有企业改革的突破和外资企业的兴起及迅猛发展，交叉文化条件下的组织文化与战略管理成了管理心理学研究的关键课题。同时，随着人力资源管理的发展，人员的测评、选拔和评价，正在成为新的十分活跃的研究和应用领域，具有代表性的是由国家人事部人事考试中心组织和资助的有关企业管理能力测验的全国性协作研究与应用项目。这些重要进步大大推动了我国管理心理学的发展。

三、我国管理心理学研究现状

我国管理心理学的研究起步较晚，从 1979 年开始，我国管理心理学学者才系统引入国外管理心理学的理论成果和研究方法，从工作动机与激励理论、工作态度与价值取向到领导心理与行为、管理决策与组织变革、员工培训、人员选拔等方面进行了较为系统的研究。与国外工业与组织心理学家的跨文化比较合作研究，不仅使我国管理心理学研究缩短了与发达国家的差距，还丰富了国际管理心理学的知识体系。当前，我国管理心理学家在国际应用心理联合会等国际性学术机构担任领导职务，并主持或参与一些重要的管理心理学杂志的编辑工作，已在国际管理心理学界确立了自己的学术地位。在管理心理学的应用方面，根据国家科技进步和社会经济转型的需要，近年来，我国在国有企业改革、领导干部选拔、管理决策、科技创新体系的人力资源管理、激励机制、地震灾后心理援助、航天员的选拔与模拟培训等前沿问题上，完成了一系列有较大影响的科研课题，产生了较大的社会效益和经济效益。[1]

根据国内外社会经济的发展趋势和我国科技发展的国家目标来看，我国管理心理学的研究热点主要集中在以下方面：

（一）社会经济转型中的组织变革与发展

全球化带来的社会经济转型，将促使世界各国加快对组织变革和人的适应问题的研究。就我国而言，从计划经济向市场经济转轨，将在相当长一段时间内面对组织结构调整和发展带来的一系列管理心理问题，具体包括组织

---

〔1〕　颜世富：《管理心理学》，北京大学出版社 2016 年版，第 71 页。

环境特点和趋势分析、企业重组、发展战略、管理决策、技术创新管理、组织文化等问题。

（二）人力资源管理的基础理论与管理对策

根据高新技术发展和国际化竞争要求探索新条件下人力资源管理模式，形成从工作分析、选拔、培训、安置、激励、考核和流动的系统性机制。特别要研究职业企业家队伍的形成机制、激励机制、人的适应心理、职业发展与干预对策、复杂系统的管理控制等管理问题，形成一套从职务分析、胜任特征分析、培训需求评价、职业企业家选拔、智能模拟培训、组织学习到人员的安置和评价的人力资源管理对策，建立符合我国国情的人力资源管理模式。[1]

（三）组织文化与学习模式

为解决好转型期的组织管理问题，理顺各种关系，必须认识各个层次人员对新条件下的职业标准、人际关系、组织原则、分配原则等方面的接受与适应性，确立新的组织行为与组织文化及其结构关系。通过加强对新的经济发展环境下个体、群体和组织行为因素的研究，揭示新型组织的文化特点、结构和运行机制，探索人们价值取向的变化趋势；通过开展管理的跨文化研究，揭示东西方文化的异同，探索新的激励机制和薪酬制度；通过组织学习模式，建构适合中国国情的组织文化模式、组织学习模式和经营管理模式等。

（四）经济心理与国家金融安全

重点探索新形势下人们的消费行为、社会保险、投资心理、经济信心与期望，影响投资扩大的心理学因素、建立社会稳定性预测和监控系统。此外，开展企业形象战略、组织文化战略研究，探索面向市场的技术创新管理问题，在与先进国家进行比较研究的基础上，建构我国企业形象战略、企业文化战略等战略模式。[2]

【参考文献】

1. 李秀忠、孔伟：《管理心理学》，山东人民出版社 2011 年版。

2. 刘永芳：《管理心理学》，清华大学出版社 2015 年版。

---

〔1〕 李秀忠、孔伟主编：《管理心理学》，山东人民出版社 2011 年版，第 15 页。
〔2〕 时堪、卢嘉："管理心理学的研究现状及应用趋势"，载《应用心理学》2004 年第 2 期。

3. 程正方：《现代管理心理学》，北京师范大学出版社 2016 年版。

4. 王晓钧：《管理心理学》（第 2 版），高等教育出版社 2014 年版。

5. 杨东、张丽：《管理心理学》，西南师范大学出版社 2011 年版。

6. 张阿芬：《管理学》，厦门大学出版社 2008 年版。

7. 郑巨欣、连冕主编：《设计管理学导论》，浙江大学出版社 2014 年版。

8. 王力、赵渤：《管理学流派思想评注图鉴：历史、方法、趋势》，社会科学文献出版社 2011 年版。

9. 焦强、罗哲：《管理学》（第 4 版），四川大学出版社 2016 年版。

10. 刘新民、余亮：《管理心理学》，中国科学技术大学出版社 2014 年版。

11. 颜世富：《管理心理学》，北京大学出版社 2016 年版。

12. 时堪、卢嘉："管理心理学的研究现状及应用趋势"，载《应用心理学》2004 年第 2 期。

【阅读材料】

霍桑实验

所谓的霍桑实验，是指 20 世纪 20 年代~30 年代美国专家在芝加哥郊外的西方电器公司的霍桑工厂所进行的两次实验研究。其中萌发出了管理心理学的一个重要理论——人际关系理论产生的是由梅奥（Elton Mayo）等教授进行的第二次霍桑实验，但第一次为第二次实验的成功奠定了良好基础。

第一次霍桑试验是从 1924 年 11 月开始的。当时的实验目的是探索工作条件与生产效率之间的关系。在这方面的许多实验中，"照明度实验"是最具有代表性的。这个实验历时近两年半（1924 年 11 月~1927 年 4 月），它非但没有证明改变工作的物质条件与提高工作效率的必然联系，反而显示了改善工作的物理环境、物质刺激，对提高工作效率只具有次要意义。这一情况促使专家们去探索影响工人工作效率的直接的实在因素，从而使第二次霍桑实验结出硕果——人际关系理论。

1927 年，梅奥组织了一批哈佛大学的教授同西方电器公司人员组成了新的研究实验小组，开始了第二次霍桑实验。在对研究人员提出的假设进行的验证性实验中，下面的一个实验，具有代表性，能够表现出第二次霍桑实验的特点。这个实验在继电器装配和云母片剥离两个小组中对比进行。继电器装配小组原是集体奖励工资制，实验时改为个人奖励工资制。改变后，产量连续上升，最后稳定在原来产量的 112. 6%的水平上，9 个月后，再恢复集体奖励工资制，实验了 7 个月，产量下降到原来产量的 96. 2%。云母片剥离小组则保持原来的个人奖励工资制不变，在连续实验的 16 个月中，小组平均产量较原产量提高 15%，超过了继电器装配小组的最高产量。

在分析寻找实验小组产量增加的原因时，研究人员都不认为工资刺激是产量增加的一个原因。因为在全部实验期间，保持着同一的工资刺激方案，而每小时的平均产量都一直在增加，可见这种增加，应当归功于工资计件以外的原因。

经过深入的分析研究，梅奥得出了这样的结论：促使两个实验小组产量增加的因素，不是工资支付方式，而是改进的管理方式，提高了工人的士气，改善了管理者与工人之间的关系。例如工人们对自己生产效率上升的原因也说不清楚，只感到没有工头的监督使工作变得自由了。知道自己是一项重要实验的成员，并与研究小组成员建立了良好的关系；工余时间工人之间也增加了接触，人与人的关系改善了，产生了一种团结互助的感情。根据这次实验的结果，研究人员认为，在工业企业中的工人，是具有社会动机并受到社会制约的人，工作效率的高低，士气的改善，是以社会条件和人事条件为前提，而不是以物质条件和物质环境为前提。

第二次霍桑实验还有一个重要发现：他们通过专门的实验，证明了正式组织中非正式组织作用的存在。在前面的实验中，研究人员感觉到似乎有一种非正式组织对实验中工人的产量发生了直接作用。于是，又于 1931~1932 年安排了一个电话交换机的布线小组实验。这个小组有 14 名电工，一向根据小组集体产量计算工资。根据研究小组的分析，就组员的生产能力而论，都可能超过他们目前的实际产量。但是，在实验过程中，经过几个月的观察，小组产量总是维持在一定水平而没有超过。经过仔细的分析，研究者发现组内存在着一种默契即有一种无形压力，限制着各人突破生产记录。当有人超过日产量时，旁人就会给他暗示。比如公司给每个人定的标准是一天焊 7312 个接点，可是每个工人都把自己的产量限制在低于 7312 个接点的水平上。他们自定了一个产量标准：6000 个~6600 个接点。谁超过了这个标准，便会受到冷遇、讽刺、打击，小组的压力就会指向他。当完成了小组自定定额时，工人经常在规定下班时间就停止了工作。这种"非正式组织"有着自己的行为规范，如不应该完成太多的产量，也不应该完成太少的产量，不应该向监工告诉任何会损害同伴的事情，等等。非正式组织内，还存在着自然的群众领袖人物。非正式组织在这次实验中被证实以后，就逐渐形成了管理心理学中关于非正式组织的理论，并被广泛地运用于管理实践中。

资料来源：百度文库：https://wenku.baidu.com/view/9fe8d2e3dd36a32d727 5811c.html，访问日期：2018 年 2 月 10 日。

【复习思考题】

1. 管理心理学产生的社会和理论背景是什么？
2. 管理心理学有哪些研究方法？
3. 试论述管理心理学的发展历程。
4. 试分析管理心理学和其他学科的关系。
5. 试分析中国古代管理心理学思想对现代管理心理学的影响。

帕特里西亚·J. 阿迪苏说过："每一个人的思想、情感和行为都有其独特的方式。"这种方式就某一个人而言是始终一贯的，而在人与人之间则是千差万别的。了解员工的个性心理特征（包括气质、性格、能力）是安排岗位和工作、说服教育和调动员工积极性的基础。

第一节　个性概述

一、个性的定义

所谓个性是在先天生理基础上，在社会生活中形成和表现出来的各种稳定的个体倾向和心理特征的总和。包括个体倾向性、心理特征两个方面。

其中，个体倾向性是指人的心理活动的选择和趋向，包括人的兴趣、爱好、需要、动机、理想和世界观等的不同，这决定了人对现实的态度和活动的选择性与积极性，构成了个性结构中的动力系统。心理特征则是指人经常表现出来的本质的、稳定的心理过程的特点，如有人心思缜密，有人粗枝大叶，有人思维灵活，有人保守呆板。个性主要包括气质、能力和性格，这些组成部分特点的不同使个人的心理与行为区别于他人而具有自己独特的风格。

二、个性倾向性

个性倾向性是指人所具有的意识倾向，它决定着人对现实的态度以及对认识活动对象的趋向与选择，决定着他追求什么、什么对他来说是最有价值的。个性倾向性是我们从事活动的基本动力，主要包括需要、动机、兴趣、理想、信念、价值观和世界观等心理成分。需要是人在生理上和心理上的某种失衡状态，是引起个体进行活动的基本原因。人有各种需要，如生理需要、安全需要、交往需要、自尊需要、成就需要等。这些需要是人类活动的原初动力。动机是指推动人的活动，并使活动朝向某一目标发展的内部动力。例如，一个人希望成为科学家，并以自己的努力为祖国的科学事业做出贡献，这种内部的动力会成为推动他学习和工作的动机。动机的基础是人类的各种需要，与需要密不可分。价值观是一种渗透于人的所有行动和个性中的支配着人评价和衡量好与坏、对与错的心理倾向性。价值观的基础也是人的各种需要，如果说需要是个性倾向性的基础，那么价值观则处于个性倾向性的最高层次。它制约和调节着人的需要、动机等个性倾向性成分。个性倾向性是在社会实践中形成、发展和变化的，它反映了人与客观现实的相互关系，也反映了一个人的生活经历。当人的个性倾向性成为稳定而概括的心理特点时，就构成了个性心理特征。

三、心理特征

个性的心理特征是个体经常、稳定地表现出来的心理特点，是指那些区别于他人、在不同环境中表现出的一贯、稳定的行为模式的心理特征。主要包括能力、气质、性格，是人的多种心理特征的一种独特组合。它集中反映了一个人精神面貌的稳定类型差异。例如，为什么不同的个体在各科成绩上都有高低之分？虽然有个人努力程度的差异，但更重要的是能力方面的差异，有的人数学才能卓越，有的人写作才能突出，有的人音乐才能优秀，等等。能力标志着人在完成某种活动时的潜在可能性上的特征。再如，在现实生活中，有人性情急躁，表现为情绪容易激动且外向；有人比较平缓，表现为情绪稳定而内向等，这些都是不同气质类型在行为上的具体表现。气质标志着人的心理活动的稳定的动力特征。性格也是如此，如有人谦虚谨慎，有人骄傲自满；有人坚韧果敢，有人优柔寡断；有人主动自信，有人怯懦自卑，这是性格上的不同。性格显示着人对现实的稳定态度和行为方式上的特征。

四、个性的特征

在人的个性结构中，个性倾向性和个性心理特征都是自我调节和控制的，从而使个性倾向性和个性心理特征形成一个完整、统一的个性系统。在生动活泼、丰富多彩的大千世界，每个人的个性各不相同。正是这些具有千差万别个性的人组成了既相互联系又相互制约的人类群体，推动着社会的发展。研究个性必须探讨它的特性，这样才能把个性心理与其他心理现象区别开来。

一般而言，个性具有以下几个方面的特征：

（一）倾向性

在个性的作用下，人们时时处处都表现出每个个体对外界事物的特有的动机、愿望、定势和亲和力，从而发展为各自的态度体系和内心环境，形成个人对人、对事、对自己的独特行为方式和个体倾向。

（二）复杂性

个性是由多种心理现象构成的。这些心理现象有些是外显而易为人所感知的，如健谈、热情、直爽、情绪化、脾气急躁等；有些往往是隐性的，甚至连自己也无法完全把握，如矛盾、心口不一等。在这些外显和隐性因素的共同作用下，人的个性变得非常复杂。

（三）独特性

每个人的个性都具有自己的独特性。科学研究显示，即使是同卵双生婴儿甚至连体婴儿，长大成人后也会由于内外因素的影响而呈现自己个性的独特性。

（四）能动性

人不是被客观环境任意摆布的消极个体。个性具有积极性、能动性，并因此统帅全部心理活动以改造客观世界和主观世界。

（五）稳定性

个性的形成受到成长环境、遗传等多重因素影响，因而具有易变性，然而个性一旦形成，就具有相对的稳定性。

（六）完整性

个性是作为整体来认识世界并改造世界的。个性是一个完整的统一体。一个人的各种个性倾向、心理过程和个性心理特征是一个有机的整体，而不是简单拼凑、毫无联系的部分。

（七）发展性

婴儿出生后并没有形成自己的个性，随着其成长，其心理不断丰富、发展、完善，逐渐形成其个性。个性不是天生固定的，而是心理发展的产物。[1]

（八）遗传性与社会性

古希腊哲学家泰奥弗拉斯拖斯曾提出这样一个问题。他说："所有的希腊人都生活在同一个天空底下，所有的希腊人都接受相同的教育，却为何有形形色色的性格特征降临在我们身上？"无外乎有两类根源：先天遗传和后天获得。先天决定论者认为个性完全是由遗传因素决定的，相反，环境决定论者认为人的个性完全是由他所处的社会环境决定的，是人们后天习得的，因而非常重视教育的作用。其实，人的个性是遗传性和社会性共同作用的产物，既不是先天决定，也不是后天决定。

第二节　气质的差异与管理

一、气质及其差异

（一）概念

心理学中对气质的定义与日常生活中人们对气质的理解不同。莱布尼茨说过，人心是一块有纹路的大理石，因为它有这些纹路，所以只可以雕成这样一座神像，而不能雕成任何别的一座神像。我们认为，气质就是"人心"上的一种纹路。由于遗传因素的作用，人刚出生时行为就具有不同的特点。同是饥饿，有的婴儿大叫大闹，有的小声啼哭；对于外界声光的刺激，有的反应积极迅速，有的反应消极迟缓。随着年龄的增长，这些特点会逐渐趋于稳定。在日常生活中，有人无论干什么事都显得急躁，情绪表露于外，有人则无论干什么事都总是慢条斯理，不动声色；有的人活泼好动、反应敏捷，有的人安静稳重、反应迟缓。人的这种典型的稳定的心理特点被称作气质。

气质和平常所说的"脾气""禀性"相近，人们常说，"江山易改，禀性难移"，其中的"禀性"指的就是气质，是与个人神经过程的特性相联系的心理和行为特征。巴甫洛夫认为高级神经活动的基本过程有两个，即兴奋和抑制。所谓兴奋，是指神经活动由静息状态或较弱的状态转为活动或较强的状

---

〔1〕 刘宏、高丽君：《管理心理学》，清华大学出版社 2011 年版，第 66 页。

态；所谓抑制，是指神经活动由活动的状态或较强的状态转为静息的状态或较弱的状态。兴奋和抑制隶属于同一种神经活动的过程，它们指的是神经过程运动的两种状态。因此，管理心理学把气质定义为心理过程的强度、速度、稳定性以及心理活动的指向性等方面的特点。

（二）神经过程的特征

神经过程的基本特征是：

（1）神经过程的强度，指大脑细胞的兴奋度和抑制度的强弱，具体体现为工作的耐受力、精力的强弱等。

（2）神经过程的均衡性或平衡性，指兴奋过程与抑制过程在强度上的比较关系，分为均衡和不均衡。

（3）神经过程的灵活性，指兴奋过程与抑制过程之间的转换速度，快就是灵活，慢就是不灵活。

（三）气质的差异与分类

表 2-1

气质类型	感受性	耐受性	不随意反应性	速度与灵活性	内向外向	情绪兴奋性	情感和行为特征	可塑与稳定
多血质	低	较高	强	快、灵活	外向	高	愉快、机敏、不稳定	有可塑性
胆汁质	低	较高	较强	快、不灵活	外向	高	容易激怒	可塑性小
黏液质	低	高	弱	慢、不灵活	内向	低	冷漠	稳定
抑郁质	高	低	弱	慢、不灵活	内向	体验深	悲观	刻板性

表 2-2

气质类型	神经过程特点	活动特征
多血质（活泼型）	较强，较均衡，较灵活	精力充沛，行为反应灵活而敏捷，情绪外露而易变换，可塑性较强。
黏液质（安静型）	较强，较不均衡，较不灵活	精力好，性子慢，情绪不易外露，内倾性明显，可塑性不高。

气质类型	神经过程特点	活动特征
胆汁质（兴奋型）	强，不均衡，不灵活	精力充沛，脾气暴，外倾性明显；可塑性差。
抑郁质（抑制型）	弱，不均衡，不灵活	精力不足，对事物的感受性较强，迟疑缓慢，内倾性严重，可塑性很差。

　　气质差异表现为气质类型及其行为特征的差异。巴甫洛夫指出，高级神经活动的两个基本过程有三个基本特性，即强度、平衡性和灵活性。根据两种基本神经过程的三个特性之间的不同组合，气质可被划分为四种基本类型：活泼型、兴奋型、安静型、抑制型，分别相当于一般所说的多血质、胆汁质、黏液质和抑郁质。[1]气质类型一般分为四类，分别是多血质、胆汁质、黏液质、抑郁质。这是根据古希腊医生希波克拉底提出的体液分类而命名的。他认为人的体内有四种体液：血液、黏液、黄胆汁和黑胆汁，由于各人体内四种体液的比例不同，人就会有不同的心理与行为体现。气质类型与相应的神经过程特点及活动特征如表2-1所示。

　　1. 多血质（活泼型）

　　多血质的人群的神经过程的特点是：较强，较均衡，较灵活。其活动特征是：精力充沛，但主要是在从事多变的活动中才能体现出来；行为反应灵活而敏捷，情绪外露而易变换；富有热情，喜交往；行为改造较为容易，可塑性较强，社会适应性较强。不足之处在于行为轻率，思虑不周，容易盲目行动，有时缺乏耐力和毅力。

　　2. 黏液质（安静型）

　　黏液质的人群的神经过程的特点是：较强，较不均衡，较不灵活。其活动特征是：精力好，坐得住，沉着、沉稳；性子慢，行动迟缓，思维不灵活，不敏捷；情绪不易外露，内倾性明显；行为改造较难，可塑性不高；老谋深算，喜怒不形于色。

　　3. 胆汁质（兴奋型）

　　胆汁质的人群的神经过程的特点是：强，不均衡，不灵活。其活动特征

────────────

　　〔1〕　范逢春：《管理心理学》，中国人民大学出版社2013年版，第57页。

是：精力充沛，胆量大；脾气暴，易冲动，较粗心，激动时难以自制；外倾性明显；可塑性差。

4. 抑郁质（抑制型或弱型）

抑郁质的人群的神经过程的特点是：神经过程弱，不均衡，不灵活。其活动特征是：精力不足，耐受力差；对事物的感受性较强，敏感多疑；胆量小，行为谨慎，迟疑缓慢；情绪易波动，内倾性严重；可塑性很差。

日常生活中通常采用性格内向与外向（社交态度）、情绪稳定和不稳定（神经质、情绪状况）两个维度来分辨一个人的气质。假如四种典型气质类型的人在遇到自己放在凳子上的帽子被他人坐扁时，他们会出现不同的反应和表现。第一种情形，有人可能对此一笑置之，在日常交往中经常表现出随便、活泼、健谈的心理特征，他们属于外向与稳定的组合，就气质类型而言，属于多血质；第二种情形，有人表现出若无其事的样子，他们属于内向与稳定的类型，小心、镇定而有控制力是其主要心理特征，就气质类型而言，他们属于黏液质；第三种情形，受损害者往往会大发雷霆，这种人属外向且不稳定的类型，具有攻击性，容易表现出不安和暴躁，就气质类型而言，他们属于胆汁质；第四种情形，有人表现出伤心、易怒、严厉、悲观，他们的心理特征属于内向且不稳定的组合，就气质类型而言，属于抑郁质。有很多实验结果证明了气质类型与人的心理特征和行为表现之间的对应关系。[1]

除此之外，还有中间型（混合型）。以上四种气质类型，在现实中的典型人物很少，多数人均属于中间型。各种气质各有优缺点，不能笼统地认为哪种好，哪种不好。每种类型的气质都有积极的一面，也都有消极的一面，重要的是调动气质中的积极因素，克服其消极因素。无论哪种气质类型的人都可以有所成就，据研究俄国的四位著名的文学家具有不同的气质类型，如普希金具有明显的胆汁特征，赫尔岑属于多血质，克雷洛夫是黏液质，果戈理则是抑郁质。气质也不是一成不变的，人在青少年时期，偏于多血质和胆汁质，年老时偏于黏液质和抑郁质；男性偏于多血质、胆汁质，女性偏于黏液质和抑郁质。

---

[1] 陈国海、李艳华、吴清兰：《管理心理学》，清华大学出版社 2008 年版，第 33 页。

二、气质差异的应用

人的气质差异是先天形成的，受神经系统活动过程的特性所制约。各种气质类型都有积极的一面，也有消极的一面，实际工作中应扩大气质类型积极的一面，缩小其消极的一面。气质类型的应用主要考虑气质类型与工作、职位的搭配，如果搭配适合则能提高效率，不适合则会影响效率。

（一）范围

1. 与职业和职位的关系

例如，让一个黏液质的人担任会计，他会觉得轻松愉快，应付自如；但如果让他当推销员，就会使他陷入困境，因为与人打交道是他的弱项。如果让一个多血质的人去当会计，会使他焦头烂额，而让他去当推销员则会得心应手，事半功倍。不同的职业对气质的要求也不同。现代社会大生产的分工非常细密和专业化，一些特殊的行业对气质的要求很高、很专业。如大型自动化工程的调度员、飞机驾驶员、宇航员等要求具有反应迅速、灵敏，能经受高度的身心紧张和临危不惧等气质特征，因此，胆汁质和多血质的人比较适合。气质类型与职业的适应度的关系如表2-3所示。

四种气质类型适合的职业：

表 2-3

气质类型	适合的职业
多血质	记者、导游、推销员、节目主持人、演员、外事接待人员、市场调查员、餐饮服务业、管理工作等。
胆汁质	司机、律师、新闻记者、演员、运动员、冒险家、军人、警察等。
黏液质	教师、医生、法官、管理人员、出纳、会计、播音员、客服、调解员等。
抑郁质	文印、保管员、机要秘书、雕刻、绘画、刺绣、诗人、哲学家、科学家等。

当然，大多数工作需要多种气质类型的结合，如通信线路员工、高空带电作业人员，不但要有灵敏的快速反应，而且要有胆大心细的气质特征，因此兼具胆汁质和黏液质特点的人比较适合；公安人员和军事侦察人员，既要

反应灵敏，又要沉着冷静、观察细致，善于控制自己的感情，因此兼具多血质和黏液质特点的人比较适合。微电子技术、钟表修理这类要求持久、细致的工作，因此兼具黏液质和抑郁质特点的人比较适合。总之，在选择各种特殊职业工作人员时，应当首先对他们的气质特征进行测定，作为推选人员的重要心理依据。尽量把员工安排到最有利于发挥其个性气质特点的工作岗位上，为他们更有效地工作创造条件和机会，也为更有效地实现整个管理系统的管理目标创造条件。[1]

2. 工作中的人际关系

对于组织中的管理者而言，要做到知人善任，从善如流。一个优秀的管理者往往深谙用人之道，易取得事业上的成功。在工作过程中，管理者有时会遇到下属对组织决策、改革方案等的抵触。对此，管理者要仔细分析原因，虚心听取下属的意见与建议，虚怀若谷，从善如流，正确则坚持，失误则矫正，不要盲目地拒绝甚至批评下属的建议与想法。一个优秀的组织领导者不仅要能听取相同的意见，同时也要容纳异质的声音。这样就会在实践中不断培养自己的优良的气质与作风，提高工作能力。

对于组织中的成员而言，一般来说，多血质和胆汁质的人具有较强的人际沟通能力，能够较容易地构建人际关系网络；黏液质、抑郁质在人际关系中往往处于被动状态，人际关系的开拓能力略显不足。因而，我们在日常工作中应注意合理搭配不同气质类型的员工，以营造和谐的工作氛围并提高工作效率。

3. 培养教育

在组织管理中，了解员工的气质特点，根据气质差异来做好思想工作，不但要求对不同气质类型的员工进行教育的侧重点不同，而且教育的方式也应当有所不同。例如在对员工进行批评帮助时，就应考虑不同气质类型的人对挫折的耐受力。假如员工对上司的批评不服，不同气质类型的员工将以不同的方式表达，如胆汁质的人可能会暴跳如雷，与批评者争吵起来；多血质的人会立刻明白问题出现在什么地方，在接受对方批评的同时，可能会千方百计地耍赖或转移话题；黏液质的人则表面上不动声色，心里却在生闷气；抑郁质的人情绪可能会十分懊丧，一言不发，之后会茶饭不思、夜不能寐，

---

〔1〕 刘宏、高丽君：《管理心理学》，清华大学出版社 2011 年版，第 73 页。

思想负担很重。因此，要因人施教，特别是在批评时，对于不同类型的员工应采用不同的方法。对于多血质的人应当明确指出问题所在，甚至可以给予一定惩罚以起到警戒的作用；对于胆汁质的人进行批评时要有理有据并避免人身攻击，以免激化矛盾；对于黏液质和抑郁质的人要特别注意批评的方式和方法，在用委婉的方式表达批评的同时，还应注意进行适当的鼓励。

（二）应用原则

1. 绝对原则

绝对原则是指从事特定工作必须具备某方面的气质特征。某些特殊职业对从业者心理特征的某一方面要求较高，比如飞机驾驶员、宇航员或运动员等工作要求从业人员从事一些冒险和危险的活动，要经常经受高度的身心紧张，只有那些具有反应灵敏、敢于冒险和临危不惧特征的人才能胜任此类工作。因而，这些特殊的职业对从业者的气质特性提出特定的要求。在这种情况下，气质的特性就影响着一个人是否适合于从事该种职业。在人力资源甄选和培训中应当注意气质的绝对原则的应用，对于这类特殊职业的工作人员应当测定他们的气质特性，作为职业选择和淘汰的根据之一。[1]

2. 气质互补

一般工作对于气质的要求并不十分严格，有些工作甚至需要两种以上类型的气质特征。因此，对某些工作而言，仅仅由同一气质类型的人组成工作团队是不合理的，还需要其他气质特点的人进行配合。

比如组织管理者进行决策时，既需要思维灵活的多血质的人提出富有创造力的决策方案；还需要黏液质的人进行缜密的思考，不断地完善方案；再由观察力强、心细如发的抑郁质的人查找方案中的漏洞并进行修改和弥补；最后，需要有胆量、有魄力的胆汁质的人拍板定夺。

3. 发展原则

气质基本上是由先天的神经系统的生理结构决定的，因此改变起来较为困难。如果培养和锻炼方法得当，在漫长的人生历练之中，人的气质特点还是会发生一定变化的，管理者应采取适当的方法对员工的气质特点进行引导。此外，许多人生来的气质类型就是复合型的，带有多种气质类型的特点，这也为重塑气质提供了先天基础，只要因势利导就有可能取得好的效果。

---

〔1〕 车丽萍：《管理心理学》，武汉大学出版社 2016 年版，第 83 页。

另外，我们在应用气质差异理论时应注意，虽然气质可以影响人的工作效率和行为方式，但是气质不能决定一个人能力的高低、成就的大小和品德的好坏。在任何领域内的杰出人物当中，我们都可以找到不同气质的代表。每一种气质类型的人，只要他们在正确的理想、坚定的信念和高尚的道德影响下，都可获得杰出的成就，为社会做出贡献。同样，在一事无成的落后人群中，亦有各种气质类型的人，因此，气质无好坏，各种类型气质都有优点，亦有缺点，我们要优化自己的气质特点，扬长避短。

第三节　能力差异与管理

现阶段人力资源管理的重点内容之一就是对员工能力的培养，因此，我们也能看到，无论是在招聘启事上还是在岗位说明书里，都有对能力的要求，最基本的如沟通协调能力、组织能力等，本节将重点阐释能力的基本内容。

一、定义

通常我们把能力定义为能直接影响人的活动效率，完成某种活动必备的个性心理特征的总和。任何职业都需要具备一定的能力，不同活动对能力的类型和水平的要求都不同。没有这些心理特征，任何事情都难以完成。能力的大小，直接影响着个体的活动效率。要顺利地完成某种任务，单靠某一种能力往往是不够的，必须靠多种能力的综合运用，例如学习活动就需要记忆力、观察力、概括力和理解力等能力的综合运用。人们从事一定活动所具有的各种能力的综合叫作才能。

二、能力的形成和发展

能力是先天后天共同作用的结果。先天与人的大脑构造有关，天赋与人的能力有直接的联系，是人的能力的先天基础，但对于天赋也不能过于迷信，如果后天教育不当或努力不够，也会"泯然众人矣"。再者，个人的能力与知识技能也不能等同，能力高不意味着技能高，知识多也不意味着能力强。此外，后天的锻炼与知识技能对能力的发展也具有很大的影响。

（一）先天素质是能力发展的自然基础

能力的形成依赖于一定的自然基础，即人体的素质，特别是以人脑为核心的人的神经系统的构造和性能。

（二）物质条件是能力发展所必需的

这里所说的物质条件主要是指营养状况，它是神经系统发育的先决条件。良好的营养对心理功能的发展有积极的促进作用。

（三）环境、教育是影响能力的决定性外因

环境和教育是后天影响因素的集中体现，也是外在影响的集中体现。在人的能力发展过程中，是否有良好的环境，是否得到良好的教育对人的能力发展影响很大。

（四）实践活动是能力形成和发展的重要推动因素

实践对于能力的发展具有很强的推动作用，人的许多能力在发展初期水平往往较低，甚至并非生而有之，只有通过后天的实践锻炼个人的能力才能得到培养和增长，才能发展到较高的程度。[1]

三、能力的分类

（一）按属性差异分为：一般能力和特殊能力

一般能力是指从事一切活动都必须具备的能力，即通常所说的智力。包括：观察力、记忆力、想象力、注意力和思维力等。其中思维能力是智力的核心。

特殊能力指人们在专业活动中表现出来的能力，比如节奏感、色彩分辨能力等。数学能力、文学能力、艺术表演能力、管理能力、技术操作能力等都属于特殊能力。

（二）按水平差异，可以分为六类

（1）能力低下。轻者只能从事简单活动，重者成为白痴，丧失活动能力，严重者不能自理。

（2）能力较差。能从事一定工作，但受能力所限，工作绩效低于一般水平。

（3）能力一般，即平庸者。有一定的专长，但只限于一般地完成活动。

（4）能力较强。形成较高水平的某种专长，有一定的创造力，能较好地完成活动。

（5）能力优秀。具有高水平的专长，善于进行创造，因而成果突出而优

---

〔1〕　刘宏、高丽君：《管理心理学》，清华大学出版社 2011 年版，第 95 页。

异者。

（6）天才。天才是各种能力最完备的结合和发挥，是能力发展的最高水平。如果一个人在某一方面或几个方面有卓越的创造力、丰富的想象力、突出的聪明智慧，并在实践中作出重大成绩，我们称这样的人为天才。

（三）按功能差异，可分为认识能力、实践能力和社交能力

（1）认识能力主要指人的感知能力、思维能力，是人们完成活动的最基本、最主要的能力条件。

（2）实践能力是指人们有意识地调节自己的外部动作，以作用于外部环境的能力。如体育活动、技术操作、生产劳动等能力。

（3）社交能力是指参加社会群体生活，和周围人们互相交往、保持协调的能力。

这三种能力是相互联系的。认识能力是在实践活动和交往活动中认识客观世界、提高能力的；人又是按自己对客观世界的认识去调节自己的实践活动和交往活动的。[1]

【资料】

表 2-4　智商与情商

智商	人口百分比	类型	备注
140 以上	1	天才	1%智力超常
130~139	2	异常优秀	6%智力偏高
120~129	8		
110~119	16	优秀	
90~109	46	平庸	46%智力中等
80~89	16	平庸偏痴	4%智力偏低
70~79	8	临界迟钝	
60~69	2	生理缺陷	3%智力低下
60 以下	1		

[1]　刘宏、高丽君：《管理心理学》，清华大学出版社 2011 年版，第 94 页。

智商（IQ）：就是智力商数。智力通常叫智慧，也叫智能，是人们认识客观事物并运用知识解决实际问题的能力。智力包括多个方面，如观察力、记忆力、想象力、分析判断能力、思维能力、应变能力等。智力的高低通常用智力商数来表示，用以标示智力发展水平。

1905 年，法国心理学家就制定出了第一个测量智力的量表——比奈-西蒙智力量表。1922 年传入我国，1982 年由北京吴天敏先生修订，共 51 题，主要适合测量小学生和初中生的智力。

1916 年，美国人韦克斯勒编制了韦克斯勒成人智力量表（WAIS），儿童智力量表（WISC）、适用 4 岁~6.5 岁儿童的韦氏幼儿智力量表（WPPSZ）。韦氏量表于 20 世纪 80 年代中后期引进我国，经过修订出版了中文版，因而应用较广。

比率智商与离差智商

智商有两种，一种是比率智商，智力年龄÷实际年龄＝智力商数。如果某人智龄与实龄相等，他的智商即为 100，标识其智力中等。另一种是离差智商，以一个人的测验分数与同龄组正常人的智力平均数之比作为智商。现在大多数智力测验都采用离差智商。

$24/20 = 1.2$，$20/20 = 1$；

（1）为了准确表达一个智力水平，智力测量专家提出了离差智商的概念，即用一个人在他的同龄中的位置，通过计算受试者偏离平均值多少个标准差来衡量，这就是离差智商，也称为智商（IQ）。

比如说，两个年龄不同的成年人，一个人的智力测量得分高于同龄组分数的平均值，另一个的测验分数低于同龄组的平均值，那么我们就可以作出这样的结论：前者的 IQ 比后者高。

$24/50 = 0.48$，$20/50 = 0.4$；$0.48/0.4 = 1.2$

（2）目前大多数智力测量都用离差智商（IQ）来表示一个人的智力水平。

情商（EQ）：又称情绪智力，是近年来心理学家们提出的与智力和智商相对应的概念。它主要是指人在情绪、情感、意志、耐受挫折等方面的品质。以往认为，一个人能否在一生中取得成就，智力水平是第一重要的，即智商越高，取得成就的可能性就越大。但现在心理学家普遍认为，情商水平的高低对一个人能否取得成功也有着重大的影响作用，有时其作用甚至要超过智力水平。那么，到底什么是情商呢？

　　美国心理学家认为，情商包括以下几个方面的内容：一是认识自身的情绪。因为只有认识自己，才能成为自己生活的主宰。二是能妥善管理自己的情绪，即能调控自己。三是自我激励，它能够使人走出生命中的低潮，重新出发。四是认知他人的情绪，这是与他人正常交往，实现顺利沟通的基础。五是人际关系的管理，即交往和管理能力。

　　情商的水平不像智力水平那样可用测验分数较准确地表示出来，它只能根据个人的综合表现进行判断。心理学家们还认为，情商水平高的人具有如下的特点：①社交能力强；②外向而愉快；③不易陷入恐惧或伤感；④情感体验深而准确；⑤能准确感知别人的情绪和情感；⑥能较好地控制和掩饰自己的情绪。

　　专家们还认为，一个人是否具有较高的情商，和童年时期的教育培养有着密切的关系。因此，培养情商应从娃娃抓起。

智商差异

　　英国林恩教授总结出了不同地区人种智商的差异排位。2006 年，理查德·林恩教授出版了名为《种族智力的差异：一种进化分析》的书，总结出不同地区人种智商的差异排位以及原因，并据此绘制了 IQ 世界地图。

　　在林恩教授绘制的 IQ 世界地图上，东亚人（包括中国人、日本人、朝鲜人）拥有全世界最高的平均智商，平均值为 105。之后是欧洲人（100），因纽特人（91），东南亚人（87），印第安人（87），太平洋土著居民（85），南亚及北非人（84），撒哈拉非洲人（67），澳大利亚土著居民（62）。而人种智商最低地区是南非和刚果的俾（bi）格米人，平均智商为 54。

智商差异的研究

　　1. 跨人种收养调查

　　白种人的中产阶级里有很多人都收养孩子（皮特和朱莉），在不同人种的被收养孩子中也存在 IQ 差异。东亚人平均值高于白人，黑人最低。明尼苏达跨人种收养研究对 17 岁以下的孩子进行了跟踪调查，发现 7 岁时的人种 IQ 差别最明显，白人孩子为 106，混血儿 99，黑人儿童为 89。

　　2. 混血儿研究

　　黑人儿童中皮肤较浅的 IQ 平均值稍高。在南非，混血有色人种的平均 IQ 值为 85，非洲黑人为 70，白种人为 100。

　　3. 生活能力的差异

　　在成熟度、个性、生殖能力和社交组织等方面，东亚和黑种人一贯处于两个极端，白种人处于中间。例如，黑人儿童学坐、爬、走和穿衣服的时间比白人和东亚人都要快。

差异原因

1. 人种差别

在最能衡量普通智力因素的测试中，人种差别明显。以白种人和黑种人为例，他们在递序记忆广度的测试中差距较大，在顺序测试中相对小一些。

2. 大脑容量不同

通过核磁共振研究显示，大脑容量与 IQ 值之间的相关系数比约为 0.40，容量大的大脑拥有更多的神经细胞和神经连线，处理信息的速度更快。各人种天生大脑容量不同，到了成年，东亚人要比白种人的大脑容量平均多出 1 立方英寸，而白种人又比黑种人多 5 立方英寸。

3. 人种迁移的影响

东亚人、白种人和黑种人的差异是与现代人类于大约 10 万年起源于非洲并向北方扩展的理论相一致的，在漫长的冬季，要想解决生育孩子、寻找和储存食物、修建藏身之所和制作衣物等问题，就必须拥有较高的 IQ 值，人类也随之向前进化。

4. 文化因素

文化有影响，但仅靠文化不同是无法解释人种间 IQ 值的巨大差异的，特别是对东亚人。事实上，取消种族隔离、使用校车接送以及一些种族融合政策并没能像文化至上理论预测的那样拉近各人种间的 IQ 差距。

种族歧视和性别歧视

理查德·林恩教授是智商领域的资深研究者，其于 1977 年开始从事人种智商研究。2005 年，林恩教授公布了一项"大胆"的研究成果，称"男性比女性的智商高 5 点"，招致了众多批评。

西方学界一般认为，所有人种的智商都是一样的，研究人种智商的差异被认为是种族歧视，因此林恩的研究在西方饱受争议，引起争议之处并不在于林恩所说的"东亚人比欧裔白人更聪明"，而在于他宣称的"白人比黑人智商更高"，林恩教授的研究因此踩上了"种族主义"这颗地雷。

资料来源：央视网：http://kejiao.cntv.cn/C20518/videopage，访问日期：2018 年 3 月 7 日。

四、能力差异

（一）个体特色差异

主要是指个体能力发展方向的差异，就基本能力而言，人的能力可分为感知型、记忆型和思维型；就特殊能力而言，人的能力可分为文学能力、绘画能力等。

（二）时间差异

1. 能力发展的年龄差异

即能力表现出来的时间差异。能力的发展与年龄之间一般存在着一定的规律，一般而言，人的能力在 20 岁左右达到高峰，26 岁～36 岁保持水平状态，60 岁之后则较快衰退。某些人在儿童时期就达到了很高的水平，这属于早慧者；有些人则在中老年时能力才达到较高水平，他们属于大器晚成者。

2. 年龄阶段的能力差异

人在不同年龄阶段的能力也有差异。其一，不同学科的最佳创造年龄的差异。莱曼认为 25 岁～40 岁是人成才的最佳年龄，进一步细分，化学的最佳年龄是 26 岁～36 岁，物理是 30 岁～34 岁，数学是 30 岁～34 岁，心理学是 30 岁～39 岁，哲学是 35 岁～39 岁，声乐是 30 岁～34 岁。其二，综合能力的变化也有时间性，一般年龄越大，综合能力越低，但是如果一个人身体健康，又能经常参加体力和脑力劳动，则这些人直到晚年智力也不会下降得很快，经常进行脑力锻炼可预防老年痴呆症；相反，如果年轻人忽视脑体锻炼则可能会未老先衰。

（三）性别差异

1. 项目差异

就男女两性整体而言，在智力上并没有明显差异，但如果就某个或某些测试项目而言，有的男性优于女性，有的女性优于男性。

2. 阶段差异

男女两性能力的发展阶段不同，根据吉尔福特的研究，儿童期的智商有女优于男的趋势，但青春期常呈现男童的智商优于女童的趋势。

3. 职业适应差异

男女的特殊能力及职业选择上有明显的差别，有些职业适合男性，有些职业适合女性。主要原因是男女在身体结构、生理特征上的差异性，另外也受传统观念与习俗的影响，还有男女的社会定位和社会分工不同，因而导致特殊能力及其成就存在差异。

（四）发展水平差异

1. 能力发展水平的差异

各种能力都有发展水平的不同，在相同的条件下，如果一个人在某种活动中表现出有较别人为好的成就，那就表示他在这方面具有较高的能力。

2. 专门能力发展水平的差异

专门能力也就是特殊能力，它是在一定的智力基础上发展起来的，是构成人们能力发展水平差异的主要内容。如果我们留心观察人们日常的活动，就不难发现每个人特殊能力的水平是不同的。例如，长期从事酿酒研究的人，他们品尝和区分不同酒的能力就很强；长期从事漂染工作的人，对染料颜色的辨别力就特别强。

3. 创造力发展水平的差异

在实际生活中，将常人与有成就的人作比较，就会发现他们之间在创造力上有着十分显著的差异。在当前强调创新的社会背景下，创造力成了人们个人价值的重要体现。[1]

五、应用原则

（一）能力阈限原则

所谓能力阈限是指人们从事某项工作具备的最低能力限度。从事任何工作都有最基本的能力限度。人们从事的工作最好是他恰好能够胜任的，如果能力过低则难以完成工作，如果能力过高又不屑于认真工作。

在人员甄选中，必须坚持被用之人达到能力阈限。如果员工达到能力阈限，就能保持人岗协调，完成甚至超额完成任务。如果职工未能达到能力阈限，则会发生不同程度的人岗失调，影响组织的发展。但是，如果人的能力超过能力阈限过大，不但浪费人才，而且由于个体感到完成任务过于轻松，可能会缺乏成就感，或感到自己不受重用，有损自尊心，导致其干劲不足，完成任务的情况必然不佳。

---

〔1〕　范逢春：《管理心理学》，中国人民大学出版社 2013 年版，第 70 页。

（二）合理安排原则

在工作安排中，要考虑人的能力是不是与工作的要求相匹配。如果不相匹配不仅做不好工作，还会造成人力资源的浪费。此外，还要考虑人的兴趣爱好，在一定程度上，兴趣就是能力，挑选员工时，一看能力特点、水平，二看兴趣爱好。每个人都有自己的兴趣和特长，二者相互依存，也能相互转化。每个人兴趣的发展，特长的发挥，都是一种"自我实现"的需要。满足人们的这种需要，将会产生较强的"内驱力"，激励主体做好工作。

不同的工种要求员工使用不同的能力，例如，会计要求有快速而准确的运算能力；市场调查员需要对未来一段时间内某产品的市场需求量进行预测，因此需要具备良好的归纳推理能力；产品推销员对记忆力的要求比较高，因为在工作中他们常常需要快速地回忆起顾客的名字，同时与陌生人交往的能力对他们来说也非常重要。

此外，不同的组织、部门和层级，其岗位的能力要求也存在差异。例如，技术能力（即专业知识技能）、概念能力（即发现和解决组织情景问题和捕捉机遇的能力）和人际能力（即处理人际关系的能力）是管理者应该具备的三种基本能力，但由于工作任务、管理范围和被领导对象的不同，处于不同层级的管理者，对以上三种能力的要求也有不同。基层的管理者更多需要运用技术能力来处理各种具体管理任务，而高层管理者主要需要面对涉及面较广、不确定程度较高、长期性的决策问题，因此概念能力显得尤为重要。

能力的合理安排原则要求管理者在设置岗位时，应通过工作分析，明确各岗位的能力要求，以便今后有针对性地选拔、录用、培养和考核员工。

（三）互补原则

人的能力差异，不仅体现在水平上，还体现在类型上。能力互补原则是指在安排职工的工作时，要考虑他们能力之间的相互补偿和相互促进作用。一般说来，组织中全能的人才是极为罕见的，但擅长某一方面的人才则会很多。因此，在工作中把不同类型的员工安排在一块，使各种人才相互搭配，则有助于取长补短，提高集体的工作效率。

因此，管理部门应熟悉本单位职工的能力性质、水平和特长，给他们提供适合其能力状况的机会与位置，实现人与事的最佳匹配，充分发挥职工的潜在能力。[1]

（四）专才专用原则

随着专业分工的细化和市场竞争的日趋激烈，现代组织都有自己独特的对人员能力的要求。在考核和选拔人才时，除一般能力外，还应注意是否符合本组织的特殊要求。招聘人员不仅仅要看其学历，还应看其实际能力水平，考核其能力与知识的关系。[2]

第四节　性格差异与管理

在 19 世纪，"性格"一词多被解释为个体行为的"不可改变性"。20 世纪初，"性格"又被视为是"行为的意识成分"。1961 年，亚历山大的《性格研究及颅相学评价》一书出版后，有关性格的研究迅速发展起来。性格的研究在心理学领域逐渐占据重要地位。本书对性格的定义为一个人对现实的稳定的态度和习惯化的行为方式。它是个性心理特征的核心部分，人与人之间的特色差异，首先表现在性格上。

一、性格及差异

（一）涵义

性格是个人对现实的稳定态度和习惯化的行为方式。人在长期的生活中对现实形成了稳定的态度系统，并表现为稳定的行为方式，这种行为方式是习惯性的，也是稳定的。比如，一个好学的学生必然是一贯认真听课的；一个有责任心的职工，其表现必然是一贯努力工作的。气质是心理过程的动力系统，能力是完成某项活动必备的心理因素，它们从不同的角度和层面来表现个性，能力表现的是个体活动效率的差异，而性格和气质则表现的是个体活动风格上的差异。作为一种心理特征的性格主要有三大特征：

1. 稳定性

人的性格并非与生俱来，而是随着人生历程而形成和发展的，一经形成便具有一定的稳定性。所谓稳定，是指性格总要通过个人的行为举止表现出

---

〔1〕　车丽萍：《管理心理学》，武汉大学出版社 2016 年版，第 93 页。

〔2〕　范逢春：《管理心理学》，中国人民大学出版社 2013 年版，第 72 页。

来，可以反映了个人的一贯态度和行为准则，即个体行为在不同情境下具有一致性。那些一时性的、偶然的、情景性的表现都不能代表一个人的性格特征。比如，弗洛伊德特别重视童年的意义，认为一个人的性格在七八岁时便已基本定型。我国亦有"三岁看小，七岁看老"的说法。我国心理学者的研究表明，人的早期经历对性格形成十分重要，性格的最终形成是在青年期、成年期阶段，逐步从不稳定到稳定发展。形成之后，除因境遇或身体状况等发生重大改变外，一般不会有大的变化。以往对性格问题的研究重点多放在性格的可变性上，力求塑造和培养良好的性格，但是性格在一个人加入组织之前就已经形成了，它受到遗传、文化和社会决定因素的影响，认为性格能够被轻易改变的观点可能会导致管理挫折和伦理问题。

2. 全息性

性格包含着其他所有心理现象的功能成分，反映着个体心理活动的功能特点。性格反映人的整体的精神面貌和状态，有牵一发而动全身的可能。性格首先表现在人对现实的态度和行为方式中。人对现实的态度是指个体对待社会、对待别人、对待自己的心理倾向，它表现为对客观事物的评价，满意还是不满意，欢迎还是拒绝，如何去追求满意欢迎的事物，如何避免、拒绝不满意的事物。性格可以比较清晰地反映个体心理活动方方面面的信息，包含其他所有心理现象的功能成分，即性格具有全息心理的特性。性格与认识、情感、意志等心理过程，与能力、气质等心理特征，与需要、动机、兴趣等个性倾向，以及与自我意识等其他心理现象密切相关。

3. 前动性

个人需要的产生触发了行为的动机，从而做出某种行为。行动是内心意愿的体现，性格的不同，使得个体的需要多种多样，导致行为的方式方法千差万别。因此，性格因素和个体行为密切联系，不可分离，通过性格可以实现对行为的预测和控制。

需要注意的是，心理学中所说的性格和我们平时所说的性格有所不同。我们在生活中常常提到的性格其实更多地涵盖了心理学中的"气质"和"性格"两个概念，在心理学中，它们是两个不同的概念。由于性格与气质相互制约、相互影响，因而在实际生活中，人们经常把二者混淆起来，把气质特征说成性格，或把性格特征说成气质。例如，有人常说某人的性格活泼好动，有的人性子太急或太慢，其实是讲的气质特点。

（二）性格的形成与发展

性格的形成与发展，贯穿人的一生，而不仅限于儿童期、少年期和青年期。其大体分为四个阶段：（1）性格形成期，0岁~3岁、4岁~7岁、8岁~11岁；（2）性格发展期，12岁~17岁；（3）性格成熟期，18岁~55岁；（4）性格更年期，55岁~65岁。

1. 性格的形成

一个人性格的形成受到诸多因素的影响，其中既有先天的成分，又有后天的成分，大致可以归纳为四个方面：[1]

（1）遗传作用。人的神经类型即气质在性格形成中有一定的作用，它影响着性格发展的特点。但是，性格作为人对现实的态度及行为方式的系统，主要是由社会性因素决定的，遗传对性格的形成有某些影响，但不起决定性作用。

（2）家庭环境。在儿童的性格发展中，家庭环境起着至关重要的作用。这种影响主要表现在父母的养育方式、家庭气氛、孩子在家庭中的地位等方面。

（3）学校教育的影响。学校教育在儿童性格形成中有着特别重要的作用，儿童进入学校，接受系统的教育，性格形成进入了一个十分重要的时期。

（4）社会实践对性格形成的作用。人是社会活动的主体，人的性格不是简单地、被动地取决于环境，环境对人的性格的影响，需要通过人在环境中的实践活动去实现。因此，对性格起决定作用的不是环境本身，而是人与环境的相互作用。人的性格就是通过他在社会实践活动过程中与环境发生相互作用而逐渐形成、发展起来的。

2. 性格的发展

性格的发展是一个循序渐进的过程，包括生理状况的改变与心理状况的改变，使个人的生活和工作能适应新的环境及其变化。

艾里克森认为，在个体发展的不同时期，社会对个体有不同的社会期望，当个体自身的需要和能力与社会期望不一致时，就会出现不平衡现象，这种不平衡会给个体带来紧张感。艾里克森将社会要求在个体心理中引起的紧张和矛盾称为心理社会危机。他根据个体在不同时期的心理社会危机的特点，

---

〔1〕　范逢春：《管理心理学》，中国人民大学出版社2013年版，第65页。

将个体人格发展过程划分为八个阶段。

第一，婴儿前期（0岁～1.5岁），这个阶段的人对父母的依赖性最强，他们处于信任与怀疑的心理冲突之中，如果这一阶段的危机得以解决，未来就可能形成希望的美德，反之就可能形成胆小的性格。

第二，婴儿后期（1.5岁～3岁），这一阶段的人会遇到自主与害羞和怀疑的冲突，如果儿童形成的自主性超过羞怯与疑虑，就会形成意志的美德；如果危机不能成功解决，就会形成自我疑虑。

第三，幼儿期（3岁～6岁），这一阶段的人会出现主动与内疚的冲突，如果危机成功得到解决，就会形成方向和目的的美德；如果危机不能成功解决，就会形成自卑感。

第四，童年期（6岁～12岁），这一阶段的人会出现勤奋与自卑的冲突。如危机成功得到解决，就会形成能力的美德；如果危机不能成功解决，就可能变得无能。

第五，青春期（12岁～18岁），这一阶段的人容易出现自我同一性和角色混乱的冲突。如果危机成功得到解决，就会形成忠诚的美德；如果危机不能成功解决，就会形成不确定性或是无归属感、为人冷淡冷漠、缺乏关爱的意识。

第六，成年早期（18岁～25岁），这一阶段的人会出现亲密与孤独的冲突。如果危机成功得到解决，就会形成爱的美德；如果危机不能成功解决，就会形成混乱的两性关系。

第七，成年中期（25岁～65岁），这一阶段的人会出现生育与自我专注的冲突。如果危机成功得到解决，就会形成关心的美德；如果危机得不到成功解决，就会形成自私自利。

第八，成年后期（65岁以上），这一阶段的人会遇到自我完整与绝望期的冲突。如果这一阶段的危机成功得到解决，就会形成智慧的美德；如果危机得不到成功解决，就会形成失望和毫无意义感。

又有研究显示，人的性格受到先天遗传因素的影响，会表现出不同的特征，甚至食物也与性格有着某种关系，如表2-5、表2-6所示。[1]

---

[1] 陈国海、李艳华、吴清兰：《管理心理学》，清华大学出版社2008年版，第32页。

表 2-5　性格与基因的关系

性格表现	受基因影响程度%
外向（急躁、和蔼、喜欢引人注目）	61
保守（尊敬传统和权威、守纪律）	60
忧郁（易忧伤、灰心、感情脆弱、敏感）	55
创新（喜欢在更高的层次思考问题）	65
孤僻（爱独处、总感到被人利用，为生活抛弃）	55
乐观（自信、愉快、快乐）	54
谨慎（逃避风险、宁可费事也求平安）	51
好斗（爱实施暴力，爱报复）	48
事业心强	46
条理性强	43
热情好客	33

表 2-6　性格与食物的关系

喜欢的食物	性格特点
大米	自得其乐，但不太爱帮助别人
生冷食物	对大自然有浓厚的兴趣，性格坚强、冷酷，有暴力倾向
辣椒	遇事有主见，吃软不吃硬，性格坚强
糖	脾气较暴躁

（三）性格差异

1. 心理机能说

即按心理机能优势，通过知、情、意三者哪个占优势来确定性格类型。英国心理学家 A. 培因提出了按理智、情绪、意志三种心理机能中哪一种占优势来确定性格类型的分类方法。

理智型：通常以理智来衡量一切，并以理智来支配自己的行动。与人交往时明事理，讲道理；考虑问题周密，行为、语言不随意。

情绪型：情绪体验深刻。言行举止易受情绪左右；情绪波动大，易受情感支配，易激动。

意志型：具有较明确的活动目标，行为活动具有目的性、主动性、持久性、坚定性，能够以自觉控制自己的情感与行为为既定目标而努力。

中间型：混合型或非优势型。特征不明显，往往受两种以上的心理机能支配。[1]

2. 向性说

即按心理活动的倾向性来划分性格类型。它是瑞士心理学家荣格（1875年~1961年）以精神分析的观点来划分的类型学说，分为外向型和内向型。

外向型：心理活动倾向于外部。优点在于活泼、开朗；处事决断快，独立性强，反应快；善于交往，适应能力强。缺点在于思虑不周，行事轻率；缺乏自我反思与自我批评精神；不拘小节。

内向型：心理活动倾向于内部。优点在于感情较深沉，待人接物较谨慎小心；一旦下定决心往往会锲而不舍；能够进行自我分析和自我批评；内在体验深刻，具有自我反思和自我批评精神。缺点在于不善社交，反应慢，比较孤僻，适应能力差，处理事务缺乏决断力。

后来，艾森克发现这两类行为模式乃是一个连续体的两个极端。根据对行为特征的测试，所测得的分值接近于常态分配。即指内向一端或外向一端者是少数，而介乎内外向之间的人是多数。现实中，极端内外向的人很少，多数人都属于中间型。

3. 自主性说

顺从型：独立性差，易于接受别人的暗示，易受别人影响，倾向于听取别人的意见，很少自己拿主意，遇事犹豫，不果断，处理紧急情况容易手忙脚乱。

独立型：独立性强，喜欢独立思考和自己解决问题，不易受外部因素的干扰，做事果断，遇事不慌。

反抗型：反抗型的人，喜欢把自己的意志强加于其他人或物，相信依靠自己的力量能改变其他人或物，坚持己见，并在行动中贯彻。

4. 职业倾向说

现实型：现实型的人喜欢户外、机械以及体育类的活动或职业，操作动

---

〔1〕 程正方：《现代管理心理学》（第5版），北京师范大学出版社2016年版，第132页。

手能力强，比较害羞、内向，不善于与人交往。

研究型：研究型的人好奇心强，能够独立从事创新性的工作，适合从事科研和研发工作。

艺术型：艺术型的人有创造力、善表达、有原则、天真、有个性，有时有些情绪化，适合从事美术、音乐、设计等工作。

社会型：社会型的人友善、热心、外向、合作，喜欢与人为伍，适合从事教师、律师、护士等工作。

管理型：管理型的人外向、自省、有说服力、乐观，适合从事管理和领导类的工作。

传统型：传统型的人做事有板有眼、固执、脚踏实地，喜欢做抄写、计算等固定程序的活动，适合从事办公室事务、会计等工作。[1]

5. 竞争性说

奥地利心理学家阿德勒（A. Adler）创立了"个人心理学"，用精神分析的观点来划分性格类型。他认为"个人的生命，个人的精神活动都是具有一定的目标性的"，"人人都有一种根本的求权意志，一种求统治和优越的冲动力"。因此，他根据个人竞争性的不同，把性格划分为优越型与自卑型两种。前者恃强好胜，不甘落后，总想胜过别人；后者甘愿退让，不与人争，缺乏进取心。

6. 工作压力说

弗雷德曼和罗森曼（Friedman&Rosenman）在研究性格与工作压力时提出了"A-B型性格"。

A型性格：性格急躁，缺乏耐性；成就欲高，上进心强，有苦干精神；有时间紧迫感，竞争意识强；动作敏捷，说话快，生活处于紧张状态；社会适应性差，属于一种不安定性的人格。其患冠心病的概率是B型性格的人的两倍多。

B型性格：性情温和，举止稳当；对工作和生活的满足感强；喜欢慢节奏的生活；可以胜任需要耐心和谨慎思考的工作。

7. 五因素性格说

塔佩斯（Tupes）用词汇学方法，发现了五个相对稳定的性格因素。后

---

〔1〕 程正方：《现代管理心理学》（第5版），北京师范大学出版社2016年版，第136页。

来，研究者对几十万个描写性格的词汇进行分类统计，采用因素分析的方法得出了五个基本的性格特质类型：

开放性（openness）：反映出想象、审美、情感丰富、创造、智能等特质。

责任心（conscientiousness）：显示了胜任、公正、条理、尽职、自律、谨慎、克制等特质。

外倾性（extraversion）：表现为热情、社交、果断、活跃、冒险、乐观等特质。

宜人性或随和性（agreeableness）：反映出信任、直率、利他、依从、谦虚、移情等特质。

神经质或情绪稳定性（neuroticism）：包括焦虑、敌对、压抑、自我意识、冲动等。

二、性格的影响

（一）性格与创造力、竞争力

员工的创造力和竞争力属于能力的范畴，这是关系到一个组织能否生存、发展，是否有生命力的重要因素，而人的创造力和竞争力又同人的某些性格特征有密切关系。一般来说，独立性强的人抱负水平高、适应能力强，有革新、创新精神，但有时难免武断；而依赖性强的人自信心弱，易受传统束缚，创造力和竞争性也差。

（二）性格与效率

俗话说"勤能补拙""笨鸟先飞"。有的人智力水平不高，能力也不强，但非智力因素优异，有良好的性格品质，如有事业心、责任心、恒心，为人勤奋好学，往往可以弥补能力的不足，同样能够在学习、工作方面取得成就；相反，如果没有好的性格品质，为人懒惰、浮躁、对知识不求甚解、浅尝辄止，仅凭小聪明，学习和工作的效率不会很高。

（三）性格与领导类型

勒温等人通过对团体的实验研究提出了专制、民主、放任三种类型的领导。不同类型的领导在管理中起的作用不同。通常，专制型治乱效果好，民主型是成熟的领导，放任型最差。领导类型属于哪种，受多种因素制约，但领导者的作风和性格品质是主要因素。

个体性格特征会影响领导类型，而领导类型对被领导者的性格形成也有重要影响。专制型领导与教养方式会使人产生冷淡、攻击、依赖、服从、情绪不稳等性格特征；民主型领导与教养方式会使人产生积极、友好、合作、独立、直爽、社交情绪稳定等性格；放任型领导与教养方式会产生无组织、无纪律、无目标、放任自流的性格。

（四）性格与人际关系

科学研究与管理实践表明：组织成员良好的性格特征，如谅解、支持、友谊、团结、诚实、谦虚、热情等是使组织人际关系和谐、有凝聚力的重要心理品质。相反，对人冷淡、刻薄、嫉妒、高傲，则容易导致组织内人际关系紧张，出现扯皮、拆台、凝聚力差与士气低落的局面。

三、应用

（一）范围

1. 人员选拔

从心理学角度看，管理者要做到正确用人，不仅要考虑该人的才能、专长、气质等特点，还要考察心理素质和择业倾向。霍兰德根据劳动者的心理素质和职业倾向，提出了现实型、研究型、艺术型、社会型、企业型和常规型等六类职业倾向。他认为只有通过性格倾向与职业选择相互结合以达到适应状态，才能有利于劳动者积极性的发挥。霍氏的理论被广泛应用于组织的人员选拔中，实践证明，把性格特征、职业倾向与职位相结合的管理实践更易取得成功。在组织管理中，管理者往往会根据不同的工作性质与职位需要选拔不同性格的人员。如对于推销员，一般选择外倾型；对于基层班组长，选择顺从型；对于驻外的商务代表应选择理智型和独立型，能够独当一面；保密人员则要选内倾型。

2. 行为预测

在组织管理中，应当准确掌握员工的性格类型，据此可推测出他们可能表现出来的态度及行为方式，有利于安排工作，也有利于对员工行为进行控制。如对情绪型员工，要考虑到其容易感情用事，可以在必要时给予警示和引导；对于内倾型的人员，考虑到其人际交往能力差且比较厌烦交往，在处理公关事务时比较吃力，必要时可以予以帮助。

此外，在长期的职业生涯中，在同一环境从事同一工作的人，往往会形成某些相似的性格特征，这也就是所谓的职业性格。不同的职业会造就不同的性格，如服务人员热情、周到、耐心、和气的性格；文艺工作者活泼、开朗、情感丰富的特征；科学工作者严谨认真、实事求是的态度；企业管理人员勇敢、沉着、果断、善于应变的性格等。这些都是在职业活动中适应职业要求而形成的，因而我们也可以根据人的职业大致推测其性格特征与行为方式。

3. 培训教育

教育要取得良好的效果，必须针对人的不同性格特点对症下药。对于理智型的人，教育不必太多，只需要把关键问题点出来即可；对于顺从型的人则要明确告诉他必须做什么以及怎么做，否则其往往会无所适从。当然，从现实的可行性角度考虑，管理者应该制定统一的行为规范和管理制度，使员工在工作中接受严格的性格培训，逐步形成良好的职业作风和职业道德，并利用群体压力作用，使少数具有不良职业性格的员工受到教育和熏陶。当前，职业性格培训已经成为现代管理者建设组织文化，提高团队凝聚力的一项重要工作。

4. 提升工作效率

人们的工作效率不但与他的能力水平有关，而且与他们的性格品质有关。良好的性格品质，如责任心、自信心、勤奋、坚强、乐观、进取等，既可弥补能力不足，又可促进能力发展，从而在学习工作上取得优良的成绩。相反，如果单凭天资聪颖，没有好的性格品质，学习不求甚解，工作情绪浮躁，那么学习和工作效率不但不会提高，甚至还会下降。因此，研究掌握性格的形成与发展规律对提升工作效率具有积极意义。

5. 搞好人际关系

人际关系是影响管理工作绩效的重要因素。实践证明，优良的性格特征，如谦虚、热情、真诚、慷慨、宽厚等，有利于人际关系的改善；不良的性格特征，如冷淡、虚伪、暴躁、吝啬、嫉妒等，则容易导致人际关系的紧张。因此，研究掌握性格的形成与发展规律对搞好人际关系具有积极意义。

6. 自身性格修养

作为组织管理者应当在全面了解自身的性格特征的基础上，发展那些有利于管理的性格特征。对于一个管理人员来说，扎实的专业知识和管理技能固然必不可少，但高尚的人格魅力往往更能感染和激励员工。有研究表明，具有领袖风范的人格特征一般是作风积极、勇敢、正直、独立、自信和幽默。

因此，研究掌握性格的形成与发展规律有利于管理者管理水平的提高。

（二）应用原则

1. 顺应原则

改变不如顺应。比如在工作小组中有两个管理者都是支配型，都喜欢指挥别人，那么两人肯定会互相不服气，钩心斗角，甚至拉帮结派。在这种情况下应考虑将一人调离，而不是单纯地打压和改变，因为支配型勇挑重担、勇于负责的精神也是一种稀缺资源。

2. 合理搭配，优势互补原则

工作关系中容易出现矛盾的人，不是性格迥异的人，而往往是性格相似，且斤斤计较或不愿沟通的人。为了营造和谐的组织关系，有必要使不同性格的人合理搭配，从而起到优势互补的作用。

【阅读材料】

谁更适合当经理？

某电子电器工业公司是一个由 10 家小厂组成的专业公司。公司行政领导班子由一正三副四个成员组成。总经理由于年事已高即将退休，需要物色一个合适的新总经理，该公司的上级主管部门经过一段时间的研究考察，认为现任三位副经理均不宜提升，新的总经理须从下面挑选。各方面的意见最后集中到从李厂长和王厂长两个人中选择一个。下面是有关他们两人的资料：

李厂长，男，39 岁，文化程度为大学本科（电子专业），中共党员，原是该厂技术员，高级知识分子家庭出身。“文革”中父母受到严重迫害，他也受到了影响。三中全会以后，他一反过去的消沉，工作十分积极努力，认真学习科学文化知识，并善于把学到的知识用来指导工作，为本厂的产品开发、产品的升级换代、提高质量、建立科学的检测手段等做出了重要贡献。他从技术科长提升为厂长后，对厂里进行了一系列的改革，加强了科学管理，使工厂的面貌大为改观，大大提高了经济效益，年创利和人均创利都居本系统的首位，职工收入也大幅度增加。全厂为之精神振奋，呈现出一派欣欣向荣的景象。

李厂长性格开朗，精力充沛。善言谈，好交际，活动能力很强，积极开展横向联系，在全国十多个省市开设了二百多个经销点，三十多个加工企业，效益都很显著。他认为要发展就要靠技术,因此千方百计,不惜重金引进人才,至今该厂已有十多位外来的高级工程师和工程师。他还很重视产品的广告宣传,每年要花几十万元广告费,电台、电视台、路边广告牌、电车、汽车以及铁路沿线都有该厂的广告,可谓"无孔不入"。他担任了市企管协会分会的理事,在协会中活动频繁,在各方面关系融洽,对厂里工作也有促进。李厂长事业心强,一心扑在工作上,早出晚归,南来北往,一年到头风尘仆仆,不辞辛苦。该厂曾被评为"市企业管理先进单位",李厂长获"市优秀厂长"称号,该厂的产品也被评为"市优质产品"。

但李厂长也有一个明显的缺点,就是骄傲自满,自以为是,常常盛气凌人,有时性情急躁,弄不好还会暴跳如雷,不太把公司的领导放在眼里,经常顶撞他们,公司的"指令"常常被他顶回去,因此公司领导对他这一点颇为不满。各科室也不太愿意和他打交道,他同公司下属的其他几个兄弟厂关系也不融洽。这些厂的厂长们对他敬而远之,对上级表彰他颇有微词。他也不善于做思想工作,认为这是党支部的事。所以平时遇到思想问题,他都是作为"信息"告诉书记,要支部去做工作。他和几个厂长关系处理得也不太好,领导几次协调也无济于事。

王厂长,男,37岁,文化程度为大专(企业管理专业),中共党员,有技术员职称,家庭出身小业主,在"文革"期间,他不参与任何派系活动,而是偷偷学文化、钻业务,组建该厂时就担任了厂长,至今已近十年。他经历了该厂由衰到盛,几起几落的整个过程,对电子行业的特点非常熟悉,自己又有动手设计的能力。他最大的特点是精于企业管理,在学校学了计算机原理后,他率先把计算机运用到企业管理中去。他对整个厂的机构设置、行政人员的配备、岗位责任以及各副厂长、科长、车间主任和各级管理人员的职责都有明确的规定,每年考核两次,奖惩分明。因此,平时大家各司其职,他却显得很悠闲自在,常常上这个科室转转,到那个车间看看,以便了解情况,发现问题。公司及有关部门召开的会议,他从来不缺席,而有的厂长常常忙得脱不开身。他似乎比别的厂长"超脱"得多。厂长们都很羡慕他。

王厂长性格内向,沉稳,不喜欢大大咧咧地发议论,对什么事情总要深思熟虑,三思而后行,人们说他"内秀"。他对自己厂今后五年的发展,有一个远景规划,听起来切实可行,也颇鼓舞人心。对一些出风头的社会活动,他不太喜欢参加,但对各科开阔思路的业务技术讲座却很感兴趣。他很善于做职工的思想工作，他认为企业职工的思想问题都是在生产过程中产生的，都和生产有关。一厂之长要抓好生产怎能不做思想工作呢？因此，对一些老大难问题，他从不推诿，都是亲自处理。他还要求各级行政干部做思想工作，并把它作为考核的内容。他和党支部、工会的关系都很好，积极支持他们的工作。他待人谦和，彬彬有礼，和本公司上下左右关系都不错，公司有什么事，只要打一声招呼，他就帮助解决了。因此，他的人缘挺好，厂里进行民意测验，几乎都异口同声地称赞他。和李厂长不同，他不喜欢花高价引进工程技术人员，他认为这些人中不乏见利忘义之徒，只能同甘，不能共苦。关键时刻还是要靠自己，宁愿多花些钱来培养自己厂里的技术人员，这几年来，厂里也确实培养了一批技术骨干，有些人还很拔尖。他也不喜欢高价做广告。他说我们的产品质量自己有数。我不能干这边排队卖，那边排队修的事。他把做广告的钱用来购买先进的技术设备，提高质量服务。他说等质量到经得起"吹"的时候再做广告。但实际上他们厂的产品质量还是不错的。开箱抽查，合格率达 99%。

该厂是市企业管理先进单位。工会是区"先进职工之家"，团支部是区"先进团支部"，他本人则荣获"市优秀厂长"和"局优秀党员"称号。但也有不少人认为，王厂长缺乏开拓精神，求稳怕变，按部就班，工作没有多大起色。按厂里的基础和实力，应该发展的更快些。他们的效益都比不上李厂长他们厂。和李厂长比，他显得保守、过于谨慎、处事比较圆通、不得罪人。王厂长听了这些议论，不以为然，依旧我行我素。

李厂长和王厂长谁当总经理更适合，上级领导部门至今议而未定。

资料来源：豆丁网：http://www.docin.com/p-1431396024.html，访问日期：2018 年 3 月 8 日。

【参考文献】

1. 刘宏、高丽君：《管理心理学》，清华大学出版社 2011 年版。
2. 范逢春：《管理心理学》，中国人民大学出版社 2013 年版。
3. 陈国海、李艳华、吴清兰：《管理心理学》，清华大学出版社 2008 年版。
4. 车丽萍：《管理心理学》，武汉大学出版社 2016 年版。
5. 程正方：《现代管理心理学》（第 5 版），北京师范大学出版社 2016 年版。

【复习思考题】

1. 什么是个性、气质、性格、能力？
2. 个性有哪些特征？
3. 气质的含义是什么？有哪些类型？
4. 个人的性格会对生活产生什么影响？
5. 怎样根据人的能力实施有效的管理？
6. 如何对员工的气质进行科学管理？
7. 何为个性与职业的匹配？

知觉的管理分析

第一节　知　觉

　　感觉、知觉、记忆、思维、语言等是人们认识与观察客观世界的工具，通过对客观世界信息的筛选与处理，人们在记忆系统中形成概念和表象。由于知觉系统的差异，当面对同样的事物时，不同个体会产生不同的看法。因此，我们有必要对人的知觉进行研究，发现其对管理活动的影响。

一、定义与分类

　　所谓知觉（perception），是指作用于感觉器官的客观事物的各种属性在人脑中的综合反映。感觉是知觉的基础，在感觉的基础上，大脑对事物的诸多个别属性进行综合和加工，从而形成对这一事物的整体认识，而这一过程就是知觉。

　　与知觉相关的另一个重要概念是感觉，人们常常混淆，实际上二者既有联系又有区别。就其联系而言，它们都是对直接作用于感觉器官的客观事物的反映。如果客观事物不作用于我们的感觉器官，那么我们就不能产生正确的感觉和知觉。当然，感觉和知觉反映的是两种截然不同的心理过程，感觉反映的是客观事物的个别属性，知觉反映的是客观事物的整体属性，即对客观事物的各种不同属性、各个部分及其相互关系的认识。感觉仅依赖个别感觉器官的活动，而知觉依赖多种感觉器官的联合活动。由此我们可以发现，感觉和知觉两者存在密切的联系。知觉是在感觉的基础上产生的，没有感觉，也就没有知觉。我们感觉到的事物的个别属性越多、越丰富，对事物的知觉也就越准确、越完整，但知觉并不是感觉的简单相加，因为在知觉过程中还有人的主观经验在起作用，人们应当借助已有的经验去解释所获得的当前事物的感觉信息，从而对当前事物做出识别。知觉与感觉通常是无法完全区分的，感觉是信息的初步加工，知觉是信息的深入加工。[1]

在研究和实践中，人们为了某种目的，常常需要区分不同的知觉类型。根据不同的分类标准，我们可以将知觉分为不同的种类：

（1）根据事物的空间、时间和运动的特性，可以把知觉区分为空间知觉、时间知觉和运动知觉。空间知觉就是我们对物体的形状、大小、深度、方位等空间特性的知觉。时间知觉就是我们对客观现象的持续性和顺序性的知觉；运动知觉就是我们对物体的静止和运动以及运动速度的知觉。

（2）根据知觉中哪一种感受器的活动占主导地位，可以把知觉分为视知觉、听知觉、嗅知觉以及视听知觉和触摸知觉等。

（3）根据知觉对象是人还是物，知觉可被区分为社会知觉和物体知觉。社会知觉是对人的知觉。除对人的知觉外，其他各种知觉都可被称为物体知觉。社会知觉和物体知觉有着较明显的区别。首先，两者的知觉方向与复杂程度不同。对物的知觉是单向的，对人的知觉则是双向的。对人的知觉相对来说更为复杂。其次，两者的关注重点和稳定性不同。对物体的知觉关注的多是自然属性，较稳定；而对人更多关注的是其社会属性，较易变。最后，两者受知觉主体的影响不同。物体知觉较少受个人偏好的影响，社会知觉常受个人偏好的影响。

二、知觉的特性

（一）整体性

知觉是对知觉对象的整体性认识，反映的不是局部、片断，而是整体。知觉的对象有不同的属性，由不同的部分组成，人们在知觉过程中，并不孤立地反映知觉对象的个别特性和属性，而是把知觉对象的多种属性整合为统一整体。人们往往根据自己的知识经验，把不完整的、零散的部分整合成一个完整而统一的整体。比如对一个熟悉的事物，只要感觉到其个别属性，就能获知其他属性。知觉的这种特性被称为知觉的整体性。影响知觉整体性的

---

〔1〕 刘宏、高丽君：《管理心理学》，清华大学出版社2011年版，第31页。

因素除知识经验外，还有接近、相似、连续和封闭等。[1]例如，一株绿树上开有红花，绿叶是一部分刺激，红花也是一部分刺激，我们将红花绿叶合起来，在心理上所得的美感知觉，超过了红与绿两种物理属性之和。

如前所述，知觉并非感觉信息的机械相加，而是源于感觉又高于感觉的一种认识活动。当人感知一个熟悉的对象时，只要感觉了它的个别属性或主要特征，就可以根据经验而知道它的其他属性或特征，从而形成整体认知。如果感觉的对象是不熟悉的，知觉会更多地依赖于感觉，并以感知对象的特点为转移，而把它知觉为具有一定结构的整体。例如，下面中三个图形（如图3-1所示），均可用来作为此种心理现象的说明。从客观的物理现象看，这三个图形没有一个是完整的，全是由一些不规则的线和面堆积而成的。可是，我们可以根据经验感知其整体意义。左图由两个三角形重叠，而后又覆盖在三个黑色方块上形成；中图是由白方块与黑十字重叠，再覆盖于四个黑色圆上形成；右图是由白色圆形与黑十字重叠，再覆盖于一个双边方形上所构成。居于各图中间第一层的三角形（左图）、方形（中图）和圆形（右图），虽然在实际上都没有边缘，没有轮廓，可是，在知觉经验上却都是边缘最清楚、轮廓最明确的图形。像此种刺激本身无轮廓，而在知觉经验上却显示"无中生有"的轮廓，称为主观轮廓。从主观轮廓的心理现象看，人类的知觉是非常有意思的。

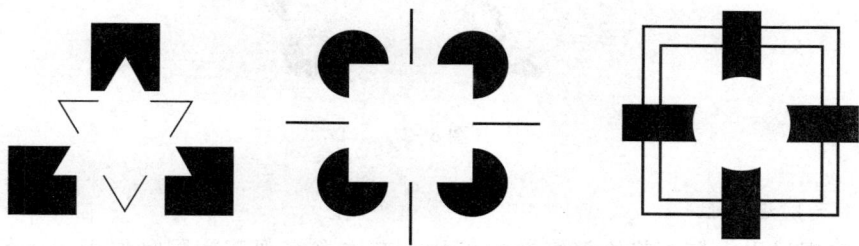

图3-1

（二）理解性

知觉不仅能反映客观事物的整体形象，还能反映事物的作用和意义。这说明知觉过程也包含着理解。人对事物的反映，不是平面镜般的客观反映，

---

[1] 段锦云：《管理心理学》（第2版），浙江大学出版社2017年版，第74页。

而是加入了主观成分。人们常常将没有意义或不知道意义的刺激，加上主观的意义。由于每个人的知识经验不同，对知觉对象的理解也不同，因而不同的人对同一事物会形成不同的解释，做出不同的判断。比如，对于一张检验报告，病人除了知觉一系列的符号和数字之外，并不知道什么意思；而医生看到它，不仅可以了解这些符号和数字的意义，而且可以做出准确的判断。对于一个静坐桌前出神的人，有的人认为他在思考一个重要的人生问题，而实际上他正在考虑下课后到哪里吃饭。再如下面图片中（如图3-2所示），我们可以看到一些黑色的斑点，但是我们根据经验并加上主观的理解，这些斑点可能具有"狗""狼"等人为建构的意义。知觉的理解性有助于我们从背景中区分出知觉对象，有助于我们形成整体知觉，从而扩大了知觉的范围，使知觉更加迅速。

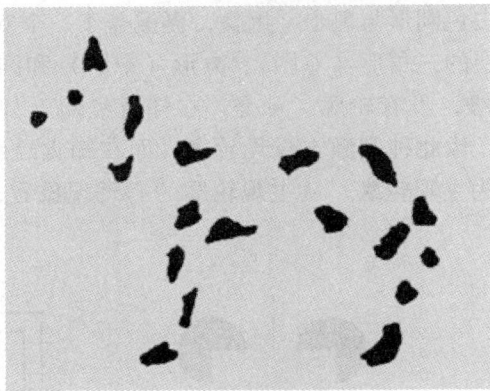

图 3-2

（三）选择性

客观世界中存在着纷繁复杂的事物，有许多客观事物同时作用于人的感官，但不是任何事物都会被纳入我们的视野，进入我们视野的永远只是其中的一小部分。为什么是这些事物成为人的知觉对象而不是其他事物呢？这是因为每个人都有知觉的选择性，即人根据当前需要，对外来刺激有选择地进行组织加工的过程，是主体优先把知觉对象从背景中区分出来的特性。

当外界事物作用于人的感官时，人们总是对少数外界的刺激感知得格外清楚，而对其余的刺激感知得比较模糊。感知得特别清楚的那部分客观对象称为知觉的对象，感知得比较模糊的那部分客观对象称为知觉的背景。知觉中对象和背景的关系并不是固定不变的，既受客观因素（如知觉对象本身特点、鲜艳的色彩、强度大的刺激物等）影响，又受主观因素（如个性特征、兴趣及经验等）影响。在知觉过程中，强度大的、对比明显的刺激容易成为知觉的对象。在空间上接近、连续，形状上相似的刺激也容易成为知觉的对象。在相对静止的背景上，运动的物体容易成为知觉的对象。刺激的多维变化比单维变化更容易成为知觉的对象。此外，凡是与人的需要、愿望、任务及以往经验联系密切的刺激，都容易成为知觉的对象。[1]

（四）投射性

所谓知觉的投射性是指我们在对外界事物感知的过程中往往以自身的知识、经验和思维来理解事物，因而感知的结果不可避免地投射着自己的动机、态度、情感等。"以小人之心度君子之腹""己所不欲，勿施于人""以己度人，推己及人"等都源于知觉的投射性特征。

我国春秋战国时期有个历史故事反映了人的投射性特征。当年庄子"流窜"到魏国。有人向相国惠施报告："庄子来了，他是想来抢您的相位吧！"惠施闻言很恐惧，在大梁搜查了三天三夜，想把庄子揪出来，踢出大梁去，但是没有抓到。后来，庄子主动跑来投案自首，说："老朋友见面，也不至于如此啊！我听说南方有一种鸟，名叫'鹓鶵'，是一种高贵的凤鸟。它发于南海，而飞于北海；非梧桐不止，非练实不食，非醴泉不饮。可是有一只可恶的猫头鹰，嘴里叼着个死老鼠，看见鹓鶵打头上经过，就立刻怒目而视，嗷嗷大叫，吓！滚开——别抢我的死老鼠！惠施先生不会是也想吓我吧？"这个历史典故非常形象地说明了惠施犯了"以己度人"的错误。

（五）恒常性

所谓知觉的恒常性是指人能在一定范围内不随知觉条件的改变而保持对知觉对象相对稳定的知觉。当我们从不同的角度、不同的距离、不同明暗度的情境之下观察某一熟知物体时，虽然该物体的物理特征（大小、形状、亮度、颜色等）受环境影响而有所改变，但我们对物体特征所获得的知觉经验，

---

〔1〕 刘玉梅：《管理心理学理论与实践》，复旦大学出版社 2009 年版，第 32 页。

却倾向于保持原样。当外在刺激因环境影响使其特征发生改变但在知觉经验上却维持不变的原因就是受到知觉恒常性的影响。

知觉的恒常性在视觉和听觉中表现得非常明显。例如从不同距离看同一个人，由于距离的改变，投射到视网膜上的视像大小会有差别，但我们总是认为大小没有改变，仍然依其实际大小来知觉他。又如，一张红纸，一半有阳光照射，一半没有阳光照射，颜色的明度、饱和度大不相同，但我们仍知觉为一张颜色相同的红纸，这是视觉的恒常性的结果。再如，雷声或火车的鸣笛声，如只按生理的听觉资料判断，远处的雷声或火车笛声，其音强未必高于近处的敲门声。可我们总觉得雷声或火车笛声较大，这是声音的恒常性的结果。

另外，知觉的恒常性也与过去的知识经验有关。知觉的恒常性在人的生活实践中具有重要意义，它使人能在不同的情况下都可以按照事物的实际面貌做出反应；但同时知觉恒常性也会使人们过于依赖过去的知识经验，使人们不能实事求是地去观察和知觉对象。[1]

（六）组织性

在感觉资料转化为心理性的知觉经验过程中，显然要对这些资料进行一番主观的选择处理，这种主观的选择处理过程是有组织性的、系统的、合乎逻辑的，而不是紊乱的。因此，心理学称此种由感觉转化到知觉的选择处理历程为知觉组织（perceptual organization）。心理学的格式塔理论（gestalt theory）认为，知觉组织法则主要有相似法则、接近法则、闭合法则、连续法则四种。如图3-3所示，其中图3-3-1很容易被看作是由斜叉组成的大方阵和当中另有一个由圆点组成的方阵。此种按刺激物相似特征组成知觉经验的方式就是遵循了相似法则。图3-3-2中，有A、B两个方阵，如单就各个圆点去看，它们之间不容易找出可供分类组织的特征。但如仔细观察，两图中点与点之间的间隔距离不尽相等：A图中两点之间的上下距离较其左右间隔为接近，故而看起来，20个点自动组成四个纵列。B图中两点之间的左右间隔较其上下距离为接近，故而看起来是20个点自动组成四行。此种按刺激物间距离关系组成知觉经验的心理倾向便是遵循了接近法则。图3-3-3中，只是有些不规则的黑色碎片和一些只有部分连接的白色线条。但如仔细察看，

─────────────

〔1〕 段锦云：《管理心理学》（第2版），浙江大学出版社2017年版，第74页。

就会觉得是一个白色立方体和一些黑色圆盘；也可能觉得，那是白色立方体的每一拐角上有一个黑色圆盘。假如你的知觉经验确是如此，说明你的知觉倾向符合闭合法则。在这里，知觉刺激物本身的条件并不闭合，也不连接，是观察者把不闭合的三块黑色无规则的图片看成一个完整的黑色的圆盘；同时把很多不闭合、不连接的白色线条在心理上连起来，闭合而成一个白色立方体。图 3-3-4 中，一般人总是将它看成是一条直线与一条曲线多次相交汇而成，没有人会看成是多个不连接的弧形与一横线构成。由此可知，知觉上的连续法则所指的"连续"，未必指事实上的连续，而是指心理上的连续。知觉上的连续法则在绘画艺术、建筑艺术以及服装设计上早已被广泛应用。以实物形象上的不连续使观察者产生心理上的连续知觉，从而形成更多的线条或色彩的变化，进而增加美感。听知觉也会有连续心理组织倾向，如多人一起合唱，或多种乐器合奏，有音乐修养的人，不会把不同声音混而为一，而是会分辨出每一种声音的前后连续。

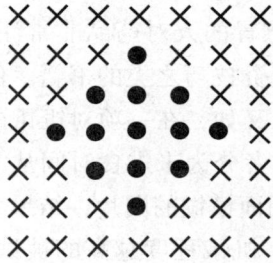

图 3-3-1

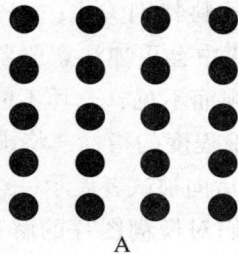

A

B

图 3-3-2

图 3-3-3

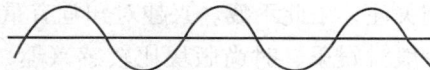

图 3-3-4

图 3-3

三、影响知觉的因素

现实中，人的知觉往往并不完全与实际情况相符，甚至会产生错觉。"风声鹤唳，草木皆兵"就是典型的例子。知觉的偏差会影响人的认识，导致决策的失误，误导人的行为，给工作造成损失。因此，在组织管理活动中，必须研究影响知觉准确性的因素，减少偏差和失误。影响知觉准确性的因素可以大致分为以下三个方面：

（一）影响知觉的主观因素

1. 需要和动机

人皆有需要，只有满足自身需要的东西才会对人构成价值。不同的需要和动机会影响人们知觉的选择性，甚至会导致对于同一对象的不同知觉。凡是能够满足人的需要、符合人的动机的事物，往往会成为知觉的对象、注意的中心，从而产生获取的欲望。反之，与人的需要和动机无关的事物则往往不被人所知觉。不满足的需要或动机会刺激个体并对他们的知觉产生强烈影响。例如，一个干渴的人对饮料特别关注；一个感冒的人对药品非常注意；一个想靠股票发家的人在书店中会更加注意股票投资技巧之类的书籍。但他们对眼前的其他事物却往往视而不见、充耳不闻。又如，在一项对饥饿的研究中，将未进食时间作为饥饿程度的指标，将被试者分为未进食时间从 1 小时到 16 小时不等的小组，然后向被试者展示一组画面模糊的图片，结果个体饥饿程度的不同影响到了他们对模糊图片的解释，饥饿程度越高的被试者，越容易把图片内容知觉为食物（Robbins，1997）。[1]

2. 兴趣

人们的兴趣是各不相同的，兴趣的差异往往会决定知觉选择上的差异。一般来说，人们在形成知觉时，总是容易注意感兴趣的事物，而把不感兴趣的事物排除在知觉之外。所以说，兴趣是最好的老师。只有感兴趣的事情，才会长期关注，乐此不疲。兴趣对知觉有重要的影响。比如，对同一份报纸，女孩子一般对娱乐、时尚版块比较感兴趣，而男生一般对体育、军事版块感兴趣。所以，优先看的都是自己最感兴趣的内容，而且看过之后，印象深刻，过目不忘。

---

〔1〕 段锦云：《管理心理学》（第 2 版），浙江大学出版社 2017 年版，第 75 页。

3. 性格

性格因素往往影响着知觉的选择性。比如自尊心强的人，对他人的态度非常敏感，非常重视别人对自己的评价；多疑的人，常常无中生有，从一些"蛛丝马迹"中探寻某些不存在的因果联系并对号入座。

4. 气质

气质对知觉的选择性，对于知觉的速度和数量都有重要的影响。比如多血质和胆汁质的人思维比较敏捷，知觉速度比较快，所以学东西很快，但是忘得也快。黏液质知觉速度较慢，花费的时间较长，但一旦掌握则不会轻易遗忘，长期效果好。抑郁质的人敏感，对事物的观察力强，但是由于其知觉的转换不灵活，因此，知觉的总量并不大，往往只是对某一方面的问题与事物的知觉很多，而对于相反的一方面知觉甚少。因此，抑郁者往往会顾影自怜，想到的往往都是自己的不幸，而感觉不到快乐。

5. 经验知识

过去的知识和经验对人们的注意力也会有所影响。知觉者所感知到的正是与自身有关的事物。所谓"仁者见仁，智者见智"正是这个道理。由于已有知识和经验的补充，人们才获得了对事物整体性的反映，但是在很多情况下，一个人过去的知识和经验也会减弱其对客体的兴趣。过去从未经历过的事件或物体会更吸引人们的注意力。知识和经验的个体差异性对于知觉的理解性影响很大。比如，某些电视大赛，观众评委更多的是从感觉方面进行打分，而专家评委则充分利用其专业知识和工作经验对选手表现进行评判。正因为受已有的知识和经验的影响，有时观众评委与专家评委打分会有较大差别。[1]此外，人们往往对经历过的事物比较敏感，我们一般容易在人群中认出熟人，而交警对车牌号的敏感度远强于常人。

6. 态度

态度是主体对特定对象做出价值判断后的反应倾向，是关于客观事物的评价性陈述。例如在组织管理中，不同的管理者对待风险会有不同的态度，有的管理者敢冒风险，将风险视作机会，有的经营者却惧怕风险，视之为陷阱。对待风险态度的不同造成了他们对于风险知觉的不同。

此外，个人的价值观、身体状况、自身条件等因素也会影响知觉的选择

---

〔1〕　刘宏、高丽君：《管理心理学》，清华大学出版社 2011 年版，第 36 页。

性。由主观因素造成的个体知觉差异，使人的知觉世界多姿多彩。虽然知觉反映了客体的本质属性，但在具体的反映形式和结果上，却体现着个人风格，形成了知觉差异。

（二）影响知觉的客观因素

知觉对象的特征是影响知觉的重要因素。知觉对象的色彩、强度、对比性、运动状态、新奇性和重复性等因素都会影响知觉的效果。

1. 知觉对象的色彩

颜色能够引起知觉差异，比如司机和行人对马路十字路口的红绿灯比较敏感。现在还出现了一些企业采取色彩差异进行管理的经营方式，例如日本三叶咖啡店的老板发现不同颜色会使人产生不同的感觉。于是他做了一个有趣的实验，邀请了 30 多人，每人各喝 4 杯浓度相同的咖啡，每杯咖啡分别使用不同颜色的咖啡杯盛着，咖啡杯的颜色分别是红色、咖啡色、黄色和青色。结果显示，几乎所有的人都认为使用红色杯子的咖啡调得太浓了；认为使用咖啡色杯子的咖啡太浓的人数约有 2/3；使用黄色杯子的感觉是浓度正好；而使用青色杯子的都觉得太淡了。从此以后，三叶咖啡店一律改用红色杯子盛咖啡，既节约了成本，又使顾客对咖啡质量和口味感到满意。三叶咖啡店的老板利用颜色对比错觉，提高了经济效益。

2. 知觉对象的强度

知觉对象的强度也可以理解为刺激物的强度。刺激物的强度对人的知觉影响很大，刺激物强度太强或太弱都不利于人的知觉。刺激太强，人虽能知觉到，但这种知觉不能持久，而且容易使人产生疲劳；刺激太弱，在阈限值以下，人不能产生知觉。

3. 知觉对象的对比性

两种刺激同时或接连出现时，由于彼此影响，能够加强两种刺激之间的差异的知觉强度。鹤立鸡群就是两种知觉对象之间对比而给予人们强烈差异的感受。

4. 知觉对象的运动状态。

运动的对象比静止的对象更容易被人所知觉。如同样的个人在照片中和在 DV 中出现相同的动作，人们更容易知觉到 DV 中的人。再如夜空中的飞机、商场中的动态的橱窗广告、人造卫星等都是由于自身的运动状态而提高了被知觉的概率。有人甚至利用人们对运动知觉的敏感性提高顾客满意度。

例如浙江黄岩区有一家切糕摊，店老板卖糕时，故意少切一点，过秤后见分量不足，切一点添上，再称一下，还是分量不足，又切下一点添上，最终使秤杆翘得高高的。作为顾客，亲眼见到这两添三过秤的过程，就会感到确实量足秤实，心中感觉踏实，对卖糕人很信任。如果卖糕人不这样做，而是切一大块上秤，再一块一块往下切，直到减少到你所要的分量时，你的感觉就会大不一样，眼见被一再切小的糕，总会有一种吃亏的感觉。聪明的卖糕人正是巧妙地利用了顾客对运动知觉极其微妙的心理，虽然两种方式在最终的量上没有差别，但给人的感受却大不一样。

5. 知觉对象的新奇性

知觉对象越新颖、越奇特、越与众不同，越容易为人所知觉。北京某商场门口的巨型皮鞋广告、青岛啤酒集团巨型啤酒瓶等常常为人所津津乐道，这些广告的成功正是较好地运用了知觉对象新奇性。

6. 知觉对象的重复性

知觉对象多次重复出现，会使知觉印象深刻而又清晰，如中央电视台春节联欢晚会中的有些歌曲，人们听第一遍时，并没有觉得好听，但是听过两遍或三遍后越听越好听，这就是知觉重复性的作用。

（三）影响知觉的情境因素

知觉的情境因素通过影响人的感受性而改变知觉的效果。所谓感受性就是人的感觉灵敏度，即人对外界刺激物的感觉能力。人的感受性在环境作用下发生的变化有以下表现：

1. 适应

刺激对眼睛、鼻子、舌头、皮肤等感觉器官的持续作用而引起感受性变化的现象叫适应。它可以表现为感受性的提高，也可以表现为感受性的降低。例如，白天进入熄灯的电影院，开始觉得一片漆黑，慢慢会辨别出周围物体的轮廓，这是视觉的适应现象；"入芝兰之室，久而不闻其香；入鲍鱼之肆，久而不闻其臭"，这是嗅觉的适应现象；臭豆腐刚品尝第一口时，觉得并不好吃，吃过几块后，越吃越上瘾，这是味觉的适应现象；冬泳刚下水时觉得很冷，几分钟后感觉不那么冷，这是皮肤对温度的适应现象。

2. 对比

同一感觉器官接受不同的刺激而使感受性发生变化的现象被称为对比。第一种情况是先后对比。例如，人吃了糖以后接着吃广柑会觉得广柑很酸就是先后对比的结果。第二种情况是同时对比，又称对象与背景的对比。比如，同一个人穿横条纹的衣服会显得胖些，穿竖条纹的衣服会显得瘦些。同一事物在不同的背景下，可以使人产生不同的知觉。事物与其背景的反差越大，越容易从背景中区别出来，"万绿丛中一点红"会使人感到格外鲜艳；反之，则难以区分。

3. 敏感化

在某些因素影响下，感受性暂时提高的现象被称为敏感化。它与适应不同，适应会使感受性提高或降低；而敏感化则由不同的适应原因引起，都表现为感受性的提高。例如，感觉的相互作用、人的心理活动的变化、兴奋性药物刺激等都能提高敏感性，加深人对某一事物、活动的知觉。

4. 感受性降低

感受性降低与适应引起的感受性变化不同，它是由其他因素引起的。如感觉的相互作用、人的生理因素和心理因素、不良嗜好的作用以及某些药物的刺激等都会导致感受性降低。

综上所述，人的知觉是知觉主体、知觉对象与外界环境因素相互作用、相互影响的结果，是一个主观反映客观的过程，它一般包括观察感觉、理解选择、组织、解释和反应等环节。由于任何知觉者自身都必然具有这样或那样的局限性，知觉对象的特征也会千奇百怪、参差不一，知觉环境不断转换，这些因素作用于人的知觉过程，就会使人们的知觉产生偏差。[1]

第二节　社会知觉

一、社会知觉的定义与特征

（一）社会知觉的定义

1947 年，美国心理学家布鲁纳（J. S. Bruner）提出"社会知觉"的概念，用以表达他对知觉的一种新观点。即社会知觉就是对社会对象的知觉，包括个人对群体，群体对个人，个人间的、群体间关系的知觉。简单说，社会知觉是对人和社会群体的知觉，实质上是对人的知觉，由于人是一种复杂的社

---

〔1〕　刘宏、高丽君：《管理心理学》，清华大学出版社 2011 年版，第 38 页。

会性动物，因此，对人的知觉也就不同于对物的知觉，不仅要涉及表象，还要涉及更为深层的社会属性。

（二）社会知觉的特征

1. 认知对象的特殊性

人能体验其内心世界，而动物不能，所以社会知觉的主体有可能同时还是社会知觉的对象。简单地说，社会知觉的对象是有意识的人、复杂的社会环境和人际关系，而人们对这些对象的知觉必须通过一些特殊的表现形式进行。比如，通过他人的言谈举止、表情、态度等来认识、判断。但是，无论是知觉的主体，还是知觉的对象，都会掩饰自己的内在动机。所以，人们的社会知觉判断有时可能是不正确的。

2. 社会知觉加工过程的特殊性

社会知觉是人的更复杂的认知活动。正确的社会知觉需要经过对知觉对象的各种信息进行组织和加工，社会知觉的过程不仅包括依据主体的社会经验对有关的信息、线索进行选择和识别的知觉活动，还包括分析、比较、归纳、概括、判断、推理等思维活动。

3. 社会知觉的利益性

社会知觉的主客体能够理解彼此间的行为对对方的利害关系，于是知觉者和被知觉者都可以有意识地操纵和利用彼此。当个体能够预测他人可能做出的行动时，他自己便可以预先计划自己的行动，相互间的期望会影响彼此的知觉。

4. 社会知觉的复杂性

客观世界是纷繁复杂的，社会环境也是千变万化的。生活在一定地区的人们由于宗教民族文化、种族差异致使人们的社会知觉判断出现失误。此外，社会知觉的主体可以不直接接触客体，而是通过第三者的口头描述来认识客体。但第三者的描述会受他的需要、态度等因素的影响，从而使主体不能如实地感知客体。

二、社会知觉分类与管理

（一）他人知觉

他人知觉是指通过对他人的外在形态如语言、行为特征的知觉，进而了解其心理活动。这些特征主要包括言谈、举止、仪表、风度等，而这些通过大脑的加工处理，就形成了一定的知觉。

他人知觉的内容非常丰富，包含对他人感情的认知，如感知他人的喜怒哀乐；对他人情绪的认知，如认知他人的心境、激情和应激；对他人能力的认知，如认知他人的思维能力、学习能力、工作能力；对他人意向的认知，如认知他人的需要、动机、兴趣、理想、信念与价值观；对他人个性特征的认知，如认知他人的气质和性格。由于我们受到主体因素（个性、态度、价值观、文化程度、民族、种族等）、客体因素（地位、角色、水平、接纳与排斥等）、情境因素（交互关系、组织层次、简繁程度、稳定性等）、认知与评估条件（标准和图示等）等的影响，对他人的知觉不免会带有主观色彩，也难免会有不符合实际的情况。因此，作为管理者有必要时刻反省自己，特别是要去除内心的成见，以如实地反映别人的情况。

（二）自我知觉

孔子曰："一日三省吾身"，就是自我知觉的一种形象说法。自我知觉是指人以自身的生理、心理和语言行为对对象的认知与判断活动。当问一个人关于某事物的态度时，个体首先会回忆他们与这种事物有关的行为，然后根据过去的行为推断出对该事物的态度。个人行动之前不仅要对周围的人与事物有正确的知觉，同时对自己的身体、欲望、感情与思想等也应有所认知。由此可见，作为社会主体的人，不但是认知客观世界的主体，而且也是被自己所认知的客体。

自我知觉的主要成分是自我概念和自尊。自我概念是个体关于自己的信念的集合，自尊则是个体对自己的评价及其带来的情绪体验。个体对自己的认识有多种来源，包括社会化、角色认知、对自己行为的观察、他人的反馈、与他人的比较、经历过的重要事件等。

自我概念是人格结构的核心部分，它是个人对自己身心特征的知觉和主观认识，是个体在社会化过程中逐渐形成与发展起来的，是一个关于自己及自己与周围环境关系的多方面、多层次的认知评价体系。具体而言，自我概念由三个部分组成：物质自我、社会自我和精神自我。其中物质自我是基础，社会自我高于物质自我，精神自我在最高层。

自尊是个体对自己做出的评价，即个体的自我价值感，它在很大程度上受到情境的影响，成功会提高自尊，而失败则会降低自尊。高自尊个体对自己持正面情感，认为自己既有优点又有缺点，但优点比缺点更重要。低自尊个体对自己的看法比较消极，较容易受他人对自己看法的影响，行为上趋近称赞自己或给自己正面反馈的人，而回避苛责自己或给自己负面反馈的人。多数情况下，高自尊个体更乐观、心理更健康，而低自尊个体可能更加焦虑、抑郁，容易产生某些行为问题。一个人的自尊程度会影响自身的其他态度，并对组织行为有重要意义。高自尊的人工作更出色，对自己的工作更满意。求职时，他们希望获得更高的职位。研究表明，一个由高自尊个体组成的工作小组比低自尊的工作小组成功的可能性更大。当自尊过高的人处于充满压力的情境中时，可能会不适当地自夸，这可能会造成他人的负面评价。总的来说，高自尊是一种正面的特点，所以管理者应该注意保护下属的自尊，给员工适当的挑战和获得成功的机会，从而达到激励目的。需要注意的是，单纯的表扬、鼓励或吹捧并不能真正提高自尊，自尊的主要来源是自身的成功体验，即通过努力获得成功，才会真正提高自尊。

那么，现实生活中人们对自己的评价是偏低还是偏高呢？相关学者的研究成果表明，多数人的自尊都偏高，表现出以对自己有利的方式知觉自己的倾向，即自利性偏差。自利性偏差主要有以下四种表现：

（1）人们对积极和消极事件诉诸不同的归因。他们往往把成功归结为自己的才能和努力，而把失败归结为运气差或问题本身的难度等外在因素。在组织中，当公司利润增加时，CEO 们往往会把这一成功归功于自己的管理能力，而当利润下降时，他们又会归咎于经济不景气、员工缺乏能力或努力等。员工也是如此，他们往往将失败归咎于工作负担过重、同事不易相处、目标不明确等，而且，只有当人们得到的奖金比大多数员工都高时，他们才认为是公平的。

（2）人们倾向于认为自己的业绩高于平均水平。当人们把自己与别人进行比较时，往往会认为自己符合社会赞许的方面多于平均水平。当被问及自己的职业能力时，90%的商业经理会认为自己的业绩优于同级经理的平均水平。澳大利亚的一项研究表明，86%的人把自己的工作成绩评价为高于平均水平，只有1%的人评价自己低于平均水平。多数外科医生均认为自己病人的死亡率低于平均水平。

（3）人们对未来的生活和工作过分乐观，对危险和消极事件发生的可能性估计不足。例如，大学生往往认为自己远比其他同学更可能找到好工作，有更好的薪酬，而且，他们认为诸如突发心脏病等消极事件不会发生在自己身上。事实上，尽管乐观可以提高自我效能、促进健康和幸福感，但过分乐观往往会使自己在事前无法做好充分准备，最终盲目乐观往往会造成最后的失败。

（4）人们容易高估自己的观点和缺点的普遍性，同时低估自己能力和品德的普遍性。例如，说谎的人会认为别人也不诚实，逃税或吸烟的人会认为大多数人都与他一样。相反，当人们工作做得不错或取得成功时，往往会认为自己比他人优秀。

自尊偏高所造成的自利性偏差有一定的适应性意义。高自尊的人通常自我感觉良好，更能应付日常生活压力，心理更健康。但是，这种偏差也会带来不利影响。研究表明，自利性偏差在一定程度上会毁掉整个群体，这一点对组织来说非常致命。心理学家曾对群体成员的自利性偏差进行实验，他们让被试者共同完成某些任务，然后告诉被诉者任务完成得很棒或很糟糕。结果发现，成功组的成员均宣称其对所在组的成功做出了贡献，多数人认为自己比群体中其他成员的贡献要多，而失败组则刚好相反。如果一个组织中的成员都认为，自己做出了超出平均水平的贡献但又没有获得相应的报酬和充分的赏识，那么很可能会产生不和谐和嫉妒，在这样的组织中，当宣布增加薪水时，总会有一半的人得到平均或低于平均水平的加薪，那么他们很可能会认为自己是不公平的受害者。[1]

总之，自我知觉的特点提醒我们："人贵有自知之明。"当局者迷，旁观者清，人们往往能识人，却不能识己。盲目自信和过度自卑都不利于发展。对于管理者而言，要正确看待自己，不能盲目自信，自以为是，不屑与同级或下属沟通，如果刚愎自用，一意孤行，只会碰壁。

（三）人际知觉

人际关系是指社会群体中因交往而构成的相互联系的社会关系，也被称为"人际交往"，包括亲属关系、朋友关系、同学关系、师生关系、雇佣关系、战友关系、同事及领导与被领导关系等。人际知觉是指对人与人之间关系的知觉，包括自己和他人的关系以及他人和他人的关系两方面。人际知觉的主要特点是有明显的情感因素参与知觉过程，即人们不但相互感知，而且彼此间会形成一定的态度，在这种态度基础上又会产生各种各样的情感。如

---

〔1〕 刘永芳：《管理心理学》，清华大学出版社 2008 年版，第 107 页。

对某些人喜爱，对某些人同情，而对另一些人则反感等。人际知觉过程中产生的情感取决于多种因素，如人们彼此间的接近程度、交往频繁程度以及彼此间相似程度等，这些都会对人际知觉过程中的情感产生很大影响。一般来说，人们彼此越接近，交往越频繁，相似之处越多，就越容易产生友谊、同情和好感。

　　每个个体均有其独特的思想、背景、态度、个性、行为模式及价值观，人际关系对每个人的情绪、生活、工作有很大的影响，甚至对组织气氛、组织沟通、组织运作、组织效率及个人与组织的关系均有极大的影响。人际关系的作用主要表现在三个方面：第一，人际关系对于工作的影响。同事关系实际上是人们最为重要的社会关系之一，和同事打交道，亲密配合，共同分享机会与成就的快乐甚至远远超过生命中最重要的亲人。有研究显示，工作中人际关系好的人比其他人有更高的工作效率、有更高的组织认同感，也更不容易产生职业枯竭和职业倦怠现象。第二，人际关系对于生活的影响。人是社会动物，人们需要朋友如同生物体需要空气、阳光和水分一样。这种交往需要在人的需要结构中占有十分重要的地位。如果生活中没有必要的社交活动，人们就会感到寂寞、孤独、空虚、压抑，脑细胞会因之加快萎缩，寿命也会因之缩短。只有广交朋友，彼此产生情绪互动作用，人们的郁闷才能得到排遣，感情才能得到宣泄，思想才会感到充实，精神才能得到满足，生活才会开心快乐，身体才会更加健康。因此，人际交往是群体生活中不可缺少的调节工具。第三，人际关系对于学习的影响。作家萧伯纳曾言："假如你有一个苹果，我有一个苹果，彼此交换，每个人只有一个苹果；如果你有一种思想，我有一种思想，彼此交换，每个人就有了两种思想。"一个人直接从书本上学到的知识毕竟是有限的，通过社交建立良好的人际关系后，就能以各种方式迅速地分享和获得信息，通过人际交往获得的信息比书本上的更广泛、渠道更直接、传播更迅速。建立良好的人际关系是获得成功人生不可缺少的一部分。

　　人际关系在人们的工作和生活中具有重要作用，但这种作用的发挥还会受到多种因素的影响。第一，主体自身因素。主体自身特点表现在主体的个性特征、兴趣爱好、态度、价值观、社会阅历等方面。心理学的研究表明，那些在人际交往中颇受好评，很得"人缘"的人一般具有以下特点：正直、宽容、乐观、聪明、有个性、独立性强、坦诚、有幽默感、能为他人着想、充满活力、积极向上、有责任心、有爱心等。而那些在人际交往中不太受欢迎的人一般具有以下特点：自私、心眼小、斤斤计较、依赖性强、自我中心、虚伪、自卑、孤傲、没有个性等。要想对人际关系有个正确的认识，除了具备良好的思想素质、心理素质和道德素质外，还要见多识广，阅历丰富，并掌握一定的认知他人的技巧。第二，知觉客体的因素。对人际关系的正确知觉和判断需要知觉对象坦诚交流。正如医生看病往往要望闻问切一样，如果病人诚实地回答医生询问的问题，更有利于医生了解病情，以便对症下药，促使病人身体尽快痊愈。社会心理学家约瑟夫教授和哈里教授，创立了人际交往中的"约哈里窗户"（Johari Window）理论，从理论上揭示了襟怀坦荡、开诚相见在人际交往中的重要性。他们将在人际交往中存在的人们互相了解的程度，分为四个区域：自己了解，别人也了解的"开放区域"；别人了解，而自己却不了解的"盲目区域"；仅仅自己了解，却从未向别人透露的"秘密区域"；自己和别人都不了解的"未知区域"。他们指出：人们的交往能否成功，人际关系能否和谐，在很大程度上取决于各自的"自我暴露"。因此，敞开胸怀，让别人了解自己，尽可能地通过各种交流手段向别人传递自己的信息，扩大自我的"开放区域"，缩小自我的"秘密区域"，是构建和谐人际关系的重要途径。第三，情境因素。人际知觉中，除去知觉的主体、客体外，知觉的情境也具有重要作用。个人所处的环境以及他同什么人为伍可以深刻地影响别人对他的认识和评价。西格尔的研究表明，同样一个男人，当他和一个美丽的女人坐在一起时，人们会认为他是和气友好、富有自信心的；而当他坐在一个丑陋的女人旁边时，人们对他的知觉印象就大不相同了。人们对知觉情境的理解能够转移到知觉对象的身上，影响着对知觉对象的认知。例如，人们看到西装笔挺、手拿高级公文包进出银行大楼的人，就倾向于认为他可能是银行高级职员或者公司经理，或者人们会认为他可能来存款或取款，人们一般不会把他与偷钱或是抢钱相联系。为什么情境对于认识一个人会具有如此重要的作用呢？这是因为，人们的行为是由情境所要求、所规定的。出席生日晚会的人，必须面带笑容，举杯祝贺；参加追悼会的人则满面愁容，而且要在一定位置采取一定姿势站立。既然行为是由情境决定的，那么，人们根据情境判断人的行为，或者认识一个人、判断一个人的时候，依赖于他所处的环境，也就不难理解了。第四，文化因素。人际关系与一个国家的传统文化关系密切。要想正确知觉人际关系，必须了解该国的传统文化。

当代中国人际关系的文化传承主要体现在儒家思想的影响上。最主要的特点表现为以重人伦为本，是"亲缘"关系的扩展，人情是维系当代中国人际关系的主要纽带，"面子"具体地调节着中国人际关系的方向和程度，重"信任"与"和谐"是中国人际关系建立的心理起点，集体主义原则在处理人己、群我关系中仍发挥着潜在的作用。中国人际关系复杂的原因在于中国人在处理问题时考虑得最多的是感情因素，而不是理性和科学，即中国的人际关系主要是由"人情"维系的，"人情"是人际交往的纽带，是人际关系的"黏合剂"。相比较而言，美国的人际关系简单得多，原因在于美国人行为做事主要依靠程序。[1]

总之，人际知觉是一个"以己度人"的活动，即个体根据自己的经验、知识等对来自他人的信息进行解释的活动。几乎所有的管理活动都依赖于人际知觉。在评价业绩时，管理者以他们对员工行为的知觉作为评价的基础，作为管理者不能总是高高在上，在保持适当距离、保证领导权威的同时，应尽量多地与下属交流，了解下属的情况和要求，塑造良好的上下级关系和干群关系。

（四）角色知觉

角色知觉是指个体对于自己或他人在特定的社会或组织中的地位、权利、义务、权力和职责以及由此产生的行为的知觉。通俗地讲，即主体对自己或他人在社会中所扮演的角色及其角色行为的社会标准的认知。一个完整的角色知觉过程包括角色认知、角色行为、角色期望和角色评价。

1. 角色认知

角色认知是知觉主体对自身应在社会和组织中所处的地位及应承担责任的认知。例如，父亲是一家之长，应当承担对家庭生计以及抚养和教育子女之责；子女应当孝敬父母，赡养老人；教师应当是人类文化与知识的传播者，学生灵魂的塑造者、心理健康的维护者；企业管理者应当搞好生产经营活动，确保企业的经济效益和社会效益的提高。

2. 角色行为

由社会或组织赋予角色的某种社会行为模式称为角色行为。每种社会角色都有自己的一套规范性的角色行为，有时也被称为角色标准化行为。在社

---

〔1〕 刘宏、高丽君：《管理心理学》，清华大学出版社 2011 年版，第 47 页。

会实践活动中，各种人际关系的建立，常常是以彼此对应的角色为基础的，只要你获得了某种角色，社会的其他人就会以相应的角色行为来要求你。例如，领导者要善于计划、组织、指挥、协调和控制组织的各项活动，重视创新，重视信息的收集整理，遵守组织规章制度，公正、公平、公开地处理组织事务，要高瞻远瞩、雷厉风行、敢于冒险等。总之，领导者就要具备领导者的素质。然而，生活在社会中的个体经常扮演着两种或两种以上的不同的社会角色，这些社会角色常常会引起不同的角色行为，当这些角色行为发生矛盾的时候，就会在个体内心产生角色冲突。

3. 角色期望

角色期望又称角色期待，是指组织或他人对个体承担某角色所应有的行为所寄予的希望与期待。组织或他人对个体所期待的行为，一般来说是个体承担某角色的一种规范化的行为，而这种规范化的行为标准不是每个人都能做到的，但是通过角色期待可以起到皮克马利翁效应，即激励对方的作用。在组织中，领导对员工角色期待越高，对员工的激励作用越大。社会角色期待实际上是一种鼓励、一份信任、一种激励、一份关爱。当个体感受到这份真诚的期望时，无论是领导还是员工，他们都会努力工作以回报对方。应当注意，对员工的激励仅仅靠社会角色期待还是不够的，这只是激励中的一种手段，要与其他手段配合才能产生更好的效果。

4. 角色评价

角色评价是指他人对个体的角色扮演状况的评论与估价。联想的创始人、联想控股主席柳传志曾经对联想集团 CEO 杨元庆作出过这样的评价："在我的心中，胡锦涛、温家宝受到尊敬，杨元庆同样受到尊敬，因为他们都是敢于高举大旗、迎接困难、不屈不挠、奋勇向前的人。"这说明，杨元庆在扮演 CEO 的角色上是非常成功的。

社会大舞台，人生一场戏。每个人都在扮演着不同的角色，既是演员又是观众。如同其他知觉类型一样，角色知觉也受到诸如社会角色期待、社会角色冲突、社会角色负担、社会环境等多种因素的影响，每个人都需要努力根据角色要求和情境扮演好自己的角色。作为职工就应努力工作，听从领导；作为管理者就应做好指挥协调，而不应事必躬亲，像个办事员。同时，每个人都存在一个角色转换的问题，这也反映了一个人角色知觉能力的高低。比如管理者不能把领导作风带回家里，医生不能把医院的卫生习惯带回家里，否则就极易发生矛盾。

三、社会知觉偏差与管理

由于受某些主观条件的限制，人在反映对象时经常会出现某些偏差，主要有：

（一）首因效应

又称第一印象效应。第一印象是指一个人在与他人接触时给人留下的最初印象。在人对人的知觉中，第一印象是十分重要的。如果一个人在初次见面时给别人留下了良好印象，就会有助于人们对他以后的一系列评价，反之亦然。

【案例】

有人曾做过这样一个实验，给两组大学生看同一个人的照片，这个人的特征是两眼深陷、额头高耸。在看照片之前，对一组大学生说，照片上的人是一个著名的学者；而对另一组大学生说，照片上的人是一个屡教不改的罪犯。然后，让这两组大学生分别从这个人的外貌来说明他的性格特征。结果两组大学生的说法截然不同。

【学者组】第一组大学生说，照片中那个人深沉的目光表明他思想的深刻性，高耸的额头表明了在科学道路的探索上坚忍不拔的坚强意志。

【罪犯组】第二组大学生则说，他深陷的目光里隐藏着阴险，高耸的额头表明了死不悔改的决心。

这个实验充分说明了第一印象对社会知觉的重要影响。

人们往往重视对第一印象的知觉，总是力图给别人留下一个好的第一印象。如果第一印象好，即使以后表现差点，也容易被人理解和原谅，甚至会为之开脱。如果第一印象不好，即使以后表现得再好，也很难改变别人对他的最初看法，这是人的思维定势在作怪。在组织管理中，必须充分认识到第一印象的危害，若总以第一印象看人，难免会出现失误。因为许多人都知道第一印象的重要性，为了讨好管理者甚至不惜伪装，很容易蒙蔽管理者。去除第一印象影响的最好方法是细心和耐心，细心是指仔细认真观察，通过细节看主体，通过现象看本质；耐心是相信日久见人心，"试玉要烧三日满，辨才须待七年期"。

作为管理者，一方面在日常的工作中，要多观察，多留意，多听听周围的评价，是金子总会发光的，是狐狸总会露出尾巴的，时间是最好的裁判。另一方面，管理者也应当努力在下属面前留下良好的第一印象，以便以后工作的开展。

（二）近因效应

首因效应指在知觉的过程中，最先留下的印象较为深刻；近因效应，则是指最后也就是最近留下的印象较为深刻。与首因效应相反，近因指在交往过程中，我们容易对他人的最近、最新的表现印象深刻，从而掩盖以往形成的评价，因此，也被称为"新颖效应"。

多年不见的朋友，在自己的脑海中的印象最深的，往往是临别时的情景；一个朋友总是让你生气，可是谈起生气的原因，大概只能说上最近发生的两三条，这也是近因效应的一种表现。

首因效应与近因效应在理论依据方面的差别在于最先提供的信息不受前摄抑制的影响，印象深刻；最后获得的信息不受倒摄抑制的影响，印象也比较深刻，相应的人们一般感觉早晚两个时间段记忆效果最好。

（三）晕轮效应

晕轮就好像在平静的湖面投下小石子。晕轮效应又称"光环效应""成见效应"，它是一种影响人际知觉的因素，指知觉主体因对知觉客体的某一特征印象深刻，进而将这一印象扩大为对该客体的整体印象。当个体建立了对某知觉对象某方面的正面印象时，就会倾向于认为该人的所有方面都是好的。类似地，当形成对某人某方面的负面印象时，就倾向于认为该人的所有方面都是不好的，这两种现象都属于晕轮效应。如爱屋及乌，情人眼里出西施等。其特点是抓住一点，不计其余（遍及其余），表现是一美遮百丑或是一丑遮百美。这是产生偏见的主要原因。常见的晕轮效应表现为以个体的外表特征来推断其他特征，例如，长相漂亮的人往往被认为具有善良、聪慧等优点。在组织中，当管理者评价下属时，晕轮效应很容易出现，当管理者将某个下属评价为在某些维度上表现良好时，很可能会认为该下属在其他方面也很好，从而在别的维度上的评分也较高。晕轮效应很可能是造成下属在不同维度上的分数呈现高相关的原因。当出现这种现象时，评价的结果是不可靠的。在管理中，管理者必须警惕晕轮效应的影响，对职工作出全面、正确的评价。

（四）定型效应（刻板印象）

指主体已对某一社会对象形成了固定的认识。刻板印象的存在形式通常是"X 人群具有 Y 属性"。比如山东人等于山东大汉，纯朴豪爽；戴眼镜的人文雅、勤奋、害羞、不活跃；老年人不善于学习新知识；女员工不能吃苦；美国人开放民主、日本人务实能干、德国人朴实理性、法国人浪漫、英国人绅士等。

刻板印象意味着，由于认定了特定群体具有类似的特征和性格，因此据此推断这个群体中的所有人都具备该特点。刻板印象有时可以节省人的认知资源，人们在思考他人时，倾向于尽量降低所需的认知努力程度。把某人归于某一群体，假定这一群体的人有类似的特点和行为，据此认为这个人具有群体已知的特点，这样可以节省我们了解他人所花费的时间和精力。而且我们每天都要接触许多人，了解每个人的每件事情是不可能做到的，因此个体往往依赖可以利用的信息，如年龄、性别、种族、工作类型等作为组织知觉的方式。刻板印象有其优势，积极的刻板印象可以为组织树立品牌形象。例如，著名企业海尔、华为的成功与其多年来追求创新、锐意改革、精益求精的企业发展理念密不可分，与此同时，正是这种良好的品牌形象使这些企业在市场竞争中处于有利地位。

但是，刻板印象在多数情况下是负面的，因为这种对某个群体的刻板印象往往并不准确，过于泛化，忽略了个体之间的巨大差异。刻板印象使得知觉者仅仅根据对象所属的类别过早地下判断，而不去搜集和了解更多的信息，而且形成错误印象之后，短时间内很难被检验和改变，并且很容易作为一种印象定势得到广泛传播。如果一个人力资源经理认为某个群体的成员是懒惰的，他可能会有意地避免雇用或晋升属于那个群体的个体。这个经理可能坚持相信他收集了所有必需的信息，做出了很好的判断，而实际上他可能并没有觉察其所持有的刻板印象已经影响了他的判断。因此，某些个体的命运已经被不公平地决定了，决定其命运的并不是他的行为，而是其所属的某个特定群体。由于自我实现预言的作用，如由于罗森塔尔效应的作用，被贴上标签的群体成员往往会表现出与上司刻板印象一致的行为。例如，一个典型的刻板印象认为记忆随着年龄的增长而衰退。研究发现，接受这一观点的老人比否认这一观点的老人更多地表现出记忆衰退。[1]

---

〔1〕 刘永芳：《管理心理学》，清华大学出版社 2008 年版，第 111 页。

学习社会知觉知识的意义在于培养人们正确认知社会、认知他人、认知群体和组织能力，建立良好的人际关系，建立和谐的社会，使组织内部更加融洽、凝聚力更强，确保组织的工作效率的提高，促进组织经济效益和社会效益的提高。

【参考文献】

1. 车丽萍主编：《管理心理学》（第 2 版），武汉大学出版社 2016 年版。
2. 刘永芳主编：《管理心理学》（第 2 版），清华大学出版社 2016 年版。
3. 段锦云主编：《管理心理学》（第 2 版），浙江大学出版社 2016 年版。
4. 范逢春主编：《管理心理学》，中国人民大学出版社 2013 年版。
5. 刘永芳主编：《管理心理学》，清华大学出版社 2008 年版。
6. 刘玉梅主编：《管理心理学理论与实践》，复旦大学出版社 2009 年版。
7. 程正方主编：《现代管理心理学》（第 5 版），北京师范大学出版社 2016 年版。

【阅读材料】

《百万英镑》中的社会知觉

27 岁那年，我正给旧金山的一个矿业经纪人打工，把证券交易所的门槛摸得清清楚楚。我是只身混世界，除了自己的聪明才智和一身清白，就再也没什么可依靠的了。不过，这反倒让我脚踏实地，不做那没影儿的发财梦，死心塌地奔自己的前程。每到星期六下午股市收了盘，时间就全都是我自己的了，我喜欢弄条小船到海湾里去消磨这些时光。有一天，我驶得远了点儿，漂到了茫茫大海上。正当夜幕降临，眼看就要没了盼头的时候，一艘开往伦敦的双桅帆船搭救了我。漫漫的旅途风狂雨暴，他们让我以工代票，干普通水手的活儿。到伦敦上岸的时候，我鹑衣百结，兜里只剩了 1 块钱。连吃带住，我用这 1 块钱顶了 24 个小时。再往后的 24 个小时里，我就饥肠辘辘，无处栖身了。第二天上午大约 10 点钟光景，我破衣烂衫，饿着肚子正沿波特兰大道往前蹭。这时候，一个保姆领着孩子路过，那孩子把手上刚咬了一口的大个儿甜梨扔进了下水道。不用说，我停了下来，满含欲望的眼光罩住了那个脏兮兮的宝物儿。我口水直淌，肚子里都伸出手来，全心全意地乞求这个宝贝儿。可是，只要我刚一动弹，想去拣梨，总有哪一双过路的火眼金睛明察秋毫。我自然又站得直直的，没事人一样，好像从来就没在那个烂梨身上打过主意。这出戏演了一回又一回，我就是得不着那个梨。我受尽煎熬正打算放开胆量、撕破脸皮去抓梨的时候，我身后的一扇窗子打开了，一位先生从里面发话："请到这儿来。"一个衣着华丽的仆人把我接了进去，领到一个豪华房间，里头坐着两位上了岁数的绅士。他们打发走仆人，让我坐下。他们刚刚吃了早餐，看着那些残羹剩饭，我简直透不过气来。有这些吃的东西在场，我无论如何也集中不了精力，可是人家没请我品尝，我也只好尽力忍着。他们告诉我，我正合他们的心意。我说，我打心眼里高兴，可不知道这心意到底是什么意思。这时，俩人当中的一位交给我一个信封，说打开一看便知。我正要打开，可他又不让；要我带到住处去仔仔细细地看，不要草率从事，也不用慌慌张张。我满腹狐疑，想把话头再往外引一引，可是他们不干。我只好揣着一肚子被侮辱与被损害的感觉往外走，他们明摆着是自己逗乐，拿我耍着玩。不过，我还是得顺着他们，这时的处境容不得我对这些阔佬大亨耍脾气。本来，我能把那个梨捡起来，明目张胆地吃进肚子去，可现在那个梨已经无影无踪。就因为那倒霉的差事，把我的梨弄丢了。想到这里，我对那两个人就气不打一处来。走到看不见那所房子的地方，我打开信封一看，里边装的是钱哪！说真的，这时我对他们可是另眼相看喽！我急不可待地把信和钱往马甲兜里一塞，撒腿就朝最近的小吃店跑。好，这一顿猛吃呀！最后，肚子实在塞不下东西去了，我掏出那张钞票来展开，只扫了一眼，我就差点昏倒。100 万英镑！乖乖，我懵了。我盯着那张大钞头晕眼花，想必足足过了一分钟才清醒过来。这时候，首先映入我眼帘的是小吃店老板。他的目光粘在大钞上，像五雷轰顶一般。他正在全心全意地祷告上帝，看来手脚都不能动弹了。我一下子计上心来，做了这时按人之常情应该做的事。我把那张大钞递到他眼前，小心翼翼地说："请找钱吧。"他恢复了常态，连连道歉说他找不开这张大票，不论我怎么说他也不接。他心里想看，一个劲地打量那张大票。好像怎么看也饱不了眼福，可就是战战兢兢地不敢碰它，就好像凡夫俗子一接那票子上的仙气就会折了寿。我说："不好意思，给您添麻烦了，可这事还得办哪。请您找钱吧，我没带别的票子。"他却说没关系，这点小钱儿何足挂齿，日后再说吧。我说，我一时半会儿不会再到这儿来了。可他说那也不要紧，他可以等着，而且，我想什么时候来就什么时候来，想点什么就点什么，这账呢，想什么时候结就什么时候结。他说，我只不过因为好图个乐子，愿意打扮成这样来跟老百姓开个玩笑，他总不至于因此就信不过像我这么有钱的先生吧。这时候又进来了一位顾客，小吃店老板示意我收起那张巨无霸，然后作揖打躬地一直把我送了出来。我径直奔那所宅子去找钞票的主人，让他们在警察把我抓起来之前纠正这个错误，尽管这不是我的错，可我还是提心吊胆。说实在的，简直是胆战心惊。我见人见得多了，我明白，要是他们发现把100万镑的大钞错当1镑给了一个流浪汉，他们绝不会怪自己眼神不好，非把那个流浪汉骂个狗血喷头。快走到那宅子的时候，我看到一切如常，断定还没有人发觉这错票的事，也就不那么紧张了。我摁了门铃。原先那个仆人又出来了。我求见那两位先生。"他们走了。"他用这类人那种不可一世的冷冰冰的口气说。"走了？去哪儿了？""出远门了。""上哪儿啦？""我想是去欧洲大陆了吧。""欧洲大陆？""没错，先生。""怎么走的？走的是哪条路呀？""我说不上，先生。""什么时候回来呢？""他们说，得一个月吧。""一个月！唉，这可糟了！帮忙想想办法，看怎么能给他们传个话。这事要紧着哪。""实在办不到。他们上哪儿了我一无所知，先生。""那，我一定要见这家的其他人。""其他人也走了，出国好几个月了。我想，是去埃及和印度了吧。""伙计，出了件大错特错的事。他们不到天黑就会转回来。请你告诉他们我来过，不把这事全办妥，我还会接着来，他们用不着担心。""只要他们回来我就转告，不过，我想他们不会回来。他们说过，不出一个钟头你就会来打听，我呢，一定要告诉你什么事都没有，等时候一到，他们自然会在这儿候着你。"我只好打住，走开了。搞的什么鬼！我真是摸不着头脑。"等时候一到"他们会在这儿。这是什么意思？哦，没准那封信上说了。我把刚才忘了的那封信抽出来一看，信上是这样说的："看面相可知，你是个聪明又诚实的人。我们猜，你很穷，是个外地人。你会在信封里找到一笔钱。这笔钱借你用30天，不计利息。期满时来此宅通报。我们在你身上打了一个赌。假如我赢了，你可以在我的职权范围内随意择一职位。也就是说，你能证明自己熟悉和胜任的任何职位均可。"没落款，没地址，也没有日期。好嘛，这真是一团乱麻！我来到一个公园坐下来，想理清头绪，看看我怎么办才好。我经过一个小时的推理，得出了如下结论：那两个人也许对我是好意，也许是歹意，无从推断，这且不去管它；他们是玩把戏，搞阴谋，做实验，还是搞其他勾当，无从推断，且不去管它；他们拿我打了一个赌，赌什么无从推断，也不去管它。这些确定不了的部分清理完毕，其他的事就看得见、摸得着、实实在在，可以归为确定无疑之类了。假如我要求英格兰银行把这钞票存入它的主人账下，银行会照办的，因为虽然我不知道他是谁，银行却会知道；不过银行会盘问钞票怎么会到了我手里。说真话，他们自然会送我去收容所；说假话，他们就会送我去拘留所。假如我拿这钞票随便到哪儿换钱，或者是靠它去借钱，后果也是一样。无论愿不愿意，我只能背着这个大包袱走来走去，直到那两个人回来。虽然这东西对我毫无用处，形同粪土，可是我却要一边乞讨度日，一边照管它，看护它。就算我想把它给人，也出不了手，因为不管是老实的良民还是拦路抢劫的强盗，无论如何都不会收下它，甚至连碰都不会碰一下。那两兄弟可以高枕无忧了。就算我把他们的钞票丢了、烧了，他们依然平安无事，因为他们能挂失，银行照样让他们分文不缺。与此同时，我倒要受一个月的罪，没薪水，也不分红。除非我能帮着赢了那个赌，谋到那个许给我的职位。我当然愿得到这职位，这种人赏下来的无论什么职位都值得一干。我对那份美差浮想联翩，期望值也开始上升。不用说，薪水绝不是个小数目。过一个月就要开始上班，从此我就会万事如意了。转眼间，我的自我感觉好极了。这时，我又在大街上逛了起来。看到一家服装店，一股热望涌上我的心头：甩掉这身破衣裳，给自己换一身体面的行头。我能买得起吗？不行。除了那一百万英镑，我在这世上一无所有。于是，我克制住自己，从服装店前走了过去。可是，不一会儿我又转了回来。那诱惑把我折磨得好苦。我在服装店前面来来回回走了足有六趟，以男子汉的气概奋勇抗争着。终于，我投降了；我只有投降。我问他们手头有没有顾客试过的不合身的衣服。我问的伙计没搭理我，只是朝另一个点点头。我向他点头示意的伙计走过去，那一个也不说话，又朝第三个人点点头，我朝第三个走过去。他说："这就来。"我等着。他忙完了手头的事，把我带到后面的一个房间，在一摞退货当中翻了一通，给我挑出一套最寒酸的来。我换上了这套衣服。这衣服不合身，毫无魅力可言，可它总是新的，而我正急着要衣服穿呢，没什么可挑剔的。我迟迟疑疑地说："要是你们能等两天再结账。就帮了我的忙了。现在我一点零钱都没带。"那店员端出一副刻薄至极的嘴脸说："哦，您没带零钱？说真的，我想您也没带。我以为像您这样的先生光会带大票子呢。"我火了，说："朋友，对外地来的，你们不能总拿衣帽取人哪。这套衣服我买得起，就是不愿让你们找不开一张大票，添麻烦。"他稍稍收敛了一点，可那种口气还是暴露无遗。他说："我可没成心出口伤人，不过，您要是出难题的话，我告诉您，您一张口就咬定我们找不开您带的什么票子，这可是多管闲事。正相反，我们找得开。"我把那张钞票递给他，说："哦，那好，对不起了。"他笑着接了过去，这是那种无处不在的笑容，笑里有皱，笑里带褶，一圈儿一圈儿的，就像往水池子里面扔了一块砖头。可是，只瞟了一眼钞票，他的笑容就凝固了，脸色大变，就像你在维苏威火山山麓那些平坎上看到的起起伏伏、像虫子爬似的凝固熔岩。我从来没见过谁的笑脸定格成如此这般的永恒状态。这家伙站在那儿捏着钞票，用这副架势定定地瞅。老板过来看到底出了什么事，老板神采奕奕地发问："哎，怎么啦？有什么问题？想要点什么？"我说："什么问题也没有。我正等着找钱哪。""快点，快点！找给他钱，托德，找给他钱。"托德反唇相讥："找给他钱！说得轻巧，先生，自个儿看看吧，您哪。"那老板看了一眼，低低地吹了一声动听的口哨，一头扎进那摞退货的衣服里乱翻起来。一边翻，一边不停唠叨，好像是自言自语："把一套拿不出手的衣服卖给一位非同寻常的百万富翁！托德这个傻瓜！天生的傻瓜。老是这个样子。把一个个百万富翁都气走了，就因为他分不清谁是百万富翁，谁是流浪汉，从来就没分清过。啊，我找的就是这件。先生，请把这些东西脱了，都扔到火里头去。您赏我一个脸，穿上这件衬衫和这身套装。合适，太合适了！简洁、考究、庄重，完全是王公贵族的气派！这是给一位外国亲王定做的，先生可能认识，就是尊敬的哈利法克斯公国的亲王殿下，他把这套衣服放在这儿，又做了一套丧服，因为他母亲快不行了。可后来又没有死。不过这没关系，事情哪能老按咱们，这个，老按他们。嘿！裤子正好，正合您的身，先生。再试试马甲，啊哈，也合适！再穿上外衣，上帝！看看，喏！绝了！真是绝了！我干了一辈子还没见过这么漂亮的衣服哪！"我表示满意。"您圣明，先生，圣明！我敢说，这套衣裳还能先顶一阵儿。不过，您等着，瞧我们按您自个儿的尺码给您做衣裳。快，托德，拿本子和笔，我说你记。裤长 32 英寸……"如此等等。还没等我插一句嘴，他已经量完了，正在吩咐做晚礼服、晨礼服、衬衫以及各色各样的衣服。我插了一个空子说："亲爱的先生，我不能定做这些衣服，除非您能不定结账的日子，要不然就得给我换开这张钞票。""不定日子！这几个字还不够劲，先生，还不够劲。您得说永远！这才对哩，先生。托德，赶紧把这些衣服赶做出来，一刻也别耽搁，送到这位先生的府上去。让那些不要紧的顾客等着。把这位先生的地址记下来，过几天……""我就要搬家了。我什么时候来再留新地址。""您圣明，先生，您圣明。稍等，我送送您，先生。好，您走好，先生，您走好。"……

　　资料来源：节选自马克·吐温《百万英镑》。

【复习思考题】

1. 简述感觉与知觉的区别与联系。
2. 简述知觉的特征，并举例说明。
3. 简述影响知觉的因素，并举例说明。
4. 简述社会知觉的特征。
5. 简述社会知觉的偏差，并举例说明。

态度与管理

在现实生活和组织的管理过程中，人们由于社会经历、生活环境、教育水平等原因，不仅形成了不同的个性特征、兴趣爱好、思想方法等，也形成了对人对事的独特态度和不同的处世价值观念。态度与价值观的差异是导致个体行动倾向差异的重要影响因素，在很大程度上影响着人们的生活方式和工作行为。在组织工作中，员工的积极向上的态度和良好的价值观念能够大大提高其工作效率，提高员工的心理承受力和抗压能力，减少职业倦怠，保持员工对组织的忠诚度。因此，对于态度的性质，影响、改变态度的方法和价值观的形成与分类等理论探索，对管理心理学的研究具有重要意义。

第一节　态度概述

一、态度的含义

态度是个人对某一对象所持的评价与表现出来的较持久、较稳定的行为倾向。态度对象的范围非常广泛，包括纳入人们视野的所有事物，人们会对这些事物做出评价或是表现出一定的行为倾向，这些对人或事物的评价与行为倾向，表明了人的某些态度。它作为主体的一种内在的心理动力，激励着主体采取与态度相适应的行为，作用于对象，同时又在行为中促进态度的发展。

态度一般由三方面的因素构成：其一是认知，指主体对态度对象的认知，包括感知、思维、理解。构成认知的因素除了具体的知识外，还包括人的信念，即相信态度对象的某方面特征会带来一定的结果，以及人在社会现实中获得的价值判断。其二是情感，指主体对态度对象的情感体验，在认知的基础上对事物作出评价，从中获得情感体验，如对某事物是喜欢还是厌恶，热爱还是敌视。情感以认知为线索，好的评价产生喜欢的情感，不好的评价产生厌恶的情感。其三是意向，指行为前的准备状态，它是指个体对特定对象可能做出行为的反应倾向。行为倾向并不是行为，而是个体内心对于行为的准备状态。态度中的行为倾向成分反映态度对个体行为的动力和指导作用。

态度的三个构成因素相互联系、相互制约、相互协调，形成一个相对稳定的统一体。态度是外界刺激作用于个体之后，个体经过心理过程的认知、情感、动机等态度构成因素的综合；个体与环境相适应，产生相应的态度；态度又进而刺激个体做出一定的行为，即对外界刺激的反应。[1]整个过程如图 4-1 所示。

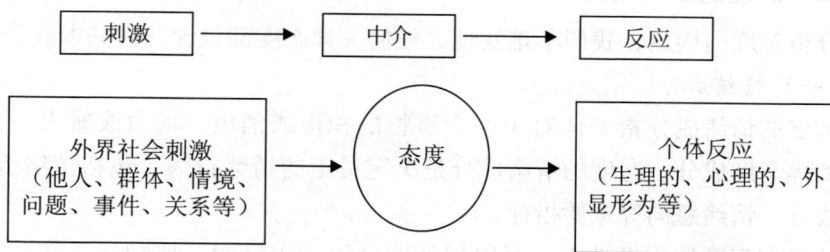

图 4-1 态度的中介模式

态度并不是行为，行为以态度作为内在的心理准备。态度始于认知，主要是沿着情感的方向，激励着主体采取相应的行为，作用于对象。态度中的这三种因素相互联系，相互影响，相互制约，相互协调，形成相对稳定的统一体，这就是知、情、意的统一。

在组织活动中，员工难免会对组织的管理方法、工作环境等产生不满情绪，当员工出现负面情绪时，一般有如下几种表现方式（见图 4-2）：①退出：辞职与申请调离组织团队；②建议：提出积极的、建设性的改进建议；③忠诚：相信与信任组织的措施；④忽视：敷衍了事的消极态度。

---

〔1〕 范逢春：《管理心理学》，中国人民大学出版社 2013 年版，第 73 页。

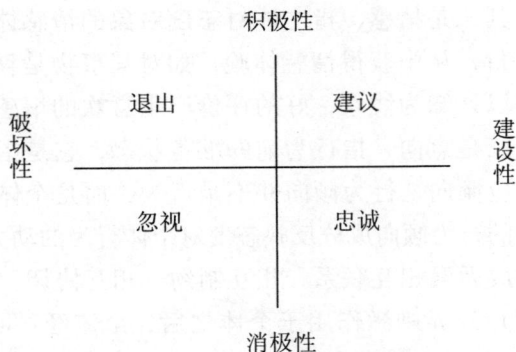

图 4-2　员工对工作不满意的反应〔1〕

（图中文字：积极性、破坏性、退出、建议、建设性、忽视、忠诚、消极性）

二、态度的组成成分

分析态度的构成，我们不难发现，任何一种态度都包含三种基本成分。

（一）情绪成分

态度的情绪成分指个体对于一个事物的积极或消极、增力或减力、趋近或远离等态度成分。态度的情绪成分是决定员工的情绪行为，包括情绪劳动、情绪表达、情绪意向等重要指标。

从工作态度的积极性上，可以把态度分为：积极的，如勤奋工作；消极的，如懈怠敷衍；中性的，如只干好分内工作，其他事情不理不问。从工作态度的动力上，可以把态度分为：增力的，如自我激励、自我努力的；减力的，如自我退缩，自我放弃。从工作态度的方向上，可以把态度分为：趋近的，如勇于承担责任，视组织为家；远离的，如迟到早退、旷工，仅仅把组织看作维持生计的平台。

（二）信息成分

态度的信息成分是指个体对于某个事物已经形成的信念和所获得的信息之间的匹配程度。如果一种信息和员工以往的信念体系相符，那么他们会持肯定态度；如果信息和员工以往的信念体系相差甚远，那么他会持怀疑态度甚至反对态度。例如，一名企业经理可能认为在某个岗位工作的员工需要进行 2 周的培训才能胜任工作，但实际上，员工在进行了 4 天培训后就已经能

---

〔1〕 程正方：《学校管理心理学》，中央广播电视大学出版社 2006 年版，第 118 页。

够胜任本岗位工作了。因此，这名企业经理给予员工的培训信息很可能使员工对他产生消极的态度，也会使4天以后的培训工作形同虚设。

（三）行为成分

态度的行为成分指个体以一种特定的态度对某件事情所采取的应答行为。例如，当组织成员在情绪上表现为积极倾向，在信息接收上不存在认知失调时，他们会以一种合作的、服从的行为方式开始工作。反之，当员工在情绪上表现为消极倾向，在信息接收上存在认知失调时，他们就会以另外一种截然相反的行为方式如消极怠工、敷衍甚至抗拒等方式从事工作。当人们在考虑态度与行为的关系时，人们常常会认为有什么样的态度就会有什么样的行为，但事实上却并非如此。[1]

【案例】拉皮尔的"言行不一"实验

20世纪30年代，美国心理学家拉皮尔同一对年轻的中国夫妇在美国旅游，光顾过66家旅店、184家餐馆，都受到了良好的接待，只有一次被拒之门外。当时美国人普遍存在对有色人种的歧视心态，因此拉皮尔进行了深入研究。他给200多家旅店、餐馆发出问卷，收回128份，其中93.4%表示不愿意接待中国顾客，这种表述的态度和实际行为相去甚远的现象被称为"拉皮尔悖论"。[2]

在态度的三种成分中，只有行为成分能够被直接观察到，管理者的任务就是从对员工行为的观察中推断他们的情绪成分和信息成分，进而从调节情绪和吻合信息的角度出发，调节和改变组织成员的态度，使之与组织的总体目标相一致。

三、态度的类型

个体的态度是复杂多样的，其中与管理活动和工作相联系的态度主要可分为三种：

（一）工作满意度

工作满意度指个体对他所从事的工作的满意和认可程度。个体的工作满

---

〔1〕 王晓均：《管理心理学》（第2版），高等教育出版社2014年版，第141页。
〔2〕 范逢春：《管理心理学》，中国人民大学出版社2013年版，第77页。

意度越高，就越有可能对工作持积极的态度。反之，工作满意度越低的人，就越有可能对工作持消极态度。在组织中，当管理者谈论组织成员的工作态度时，几乎无不涉及组织成员的工作满意度问题。因此，工作满意度是工作态度的首要指标。近年来的研究指出，工作满意度的内涵包括两个方面：第一，工作满意度是人们对工作情境的一种情绪反应，尽管我们无法直观看出，但是可以通过许多间接的测量、行为观察等分析出来。第二，工作满意度是一种由行为结果与期望的符合程度决定的内心体验。例如，如果组织成员感到自己比其他人辛苦，但是得到的薪酬和别人一样多，甚至更少，他很可能会对管理者以及工作本身产生强烈的不满。反之，如果他认为自己的付出和所得相符，他就会对管理者以及工作本身产生明显的满意感。

一般而言，工作满意度来源于以下几个方面：

1. 工作的挑战性

富有挑战性的工作为员工提供施展才能和技术的机会，有一定难度、有一定的自主权和责任的工作容易使员工获得心理满足，而缺乏挑战性的工作易使人厌倦。当然，如果挑战性过强，则易使员工产生挫折感，员工一般对挑战性适中的工作较为满意。

2. 公平的报酬

工作报酬是否公正、明确，是否与员工的愿望一致，是决定工作满意度水平的另一重要因素。员工所期望的报酬并非仅指工资，工作地点、工作时间以及晋升的机会都是员工公平感的来源。

3. 支持性的工作环境

员工对工作环境的关心，既是为了个人舒适，也是为了更好地完成工作。研究证明，员工希望工作的物理环境是安全的、舒适的。员工也希望获得职业、养老保险等基本保障；大多数员工都愿意工作场所离家较近，设施现代化，有充足的工具和机械设备。

4. 友好和谐的同事关系

研究发现，与上级的人事关系是影响满意度的重要因素。如果直接主管善解人意、友好公正、平易近人，那么员工的满意度就会较高。

5. 个人特征与工作的匹配

当个性及个人的知识技能与工作相适应时，人们更容易获得工作上的成功，取得成绩，而事业成功会大大增加个人的满意度。[1]

（二）工作参与

工作参与是指个体在心理上对自己工作的认同程度，以及其绩效水平与自我价值的关联程度。工作参与程度高的组织成员对他们的工作有强烈的认同感，并且会把他的价值感和工作本身密切结合在一起。研究表明，工作参与和缺勤率、离职率有明显的负相关关系。

（三）组织承诺

组织承诺是组织行为中的重要态度。与工作满意度和工作参与因素不同，它针对的不是个体工作层面，而是一个建立在组织层面上的因素。组织承诺是员工对所在组织的承诺，是组织成员随着对组织投入的增加而产生的积极投入组织工作的一种情感。也就是说，组织承诺反映的是组织成员对组织的忠诚度。通过组织承诺，组织成员表达了他们对组织及其将来的成功和发展的关注。因此，高工作参与意味着个体对特定工作的认同，高组织承诺则意味着个体对于所在组织的认同。

组织承诺的影响因素包括个人因素，如年龄、在组织中的任期、资历等；组织因素，如工作分配、上级的领导风格等；非组织因素，如外部诱惑等也会影响组织承诺。一项研究表明，低经济需求的人与高经济需求的人相比，其组织承诺与绩效之间的相关更高。另一项研究发现，对上级的承诺与绩效之间的相关，比组织承诺与绩效之间的相关要高。这些研究和其他研究都表明，组织承诺是一种复杂的态度。但总体来说，大多数研究者认为，组织承诺较之工作满意度，能更好地预测绩效、离职率等变量。[2]

四、态度的特性

（一）社会性

态度的社会性指态度产生于社会，并指向和作用于社会，没有一种不带有社会性的态度。态度的社会性不是由遗传获得的，而是在社会生活、社会活动及学习中逐渐形成的，即使是对自然对象的态度也不例外，态度或多或少地渗透着某种社会意涵。态度在形成后则会反作用于社会，态度就是在不

---

〔1〕　伊强：《组织行为学》，知识产权出版社 2014 年版，第 72 页。
〔2〕　王晓均：《管理心理学》（第 2 版），高等教育出版社 2014 年版，第 145 页。

断与社会发生相互作用的过程中，不断得到修正，从而使个体的态度体系趋于完善的。[1]

（二）针对性

又称对象性。态度的针对性指态度具有特定的对象。任何一种态度都有其相对应的对象，也就是所谓的态度对象。没有任何针对性的态度是不存在的。有时态度对象可能比较抽象或是较为宽泛，不是针对某一具体的事物，而是某种状态或某种观念，但绝不是无的放矢。

（三）协调性

一般来讲，构成一种态度的各个因素（知情意）是协调一致的，一般过程为：人们在认知的基础上产生相应的情感，进而在情感的激励下产生相应的意向，这一过程在相对稳定的条件下是不发生矛盾的。

情感是态度的核心因素，意向则是态度的外观。情感与意向的协调性是较为完全的，一般有什么样的情感就会产生与之相适应的意向，因而意向是受情感支配的。它们之间的协调性高于认知与情感或认知与意向。认知的改变往往比情感的改变容易，因为认知基于理性，情感是基于感性，有道理可讲往往比无道理可讲在改变方面更有效率。认知与情感的不协调性，有可能导致认知与意向的不完全协调性。因此，人们常说："知是一回事，做是另一回事。"

（四）稳定性

人的态度是在社会生活实践中逐渐形成的，并与人的理想、信念、价值观、世界观紧密相连。这种与人的个性倾向性相联系的态度形成后比较稳定而且持久，在行为反应上表现出一定的规律性，使个体易于适应社会。一般来说，态度形成初期不够稳定，这时如果加强正面宣传教育容易收到转变态度的效果。但是态度形成并巩固之后，想通过宣传教育改变态度就较为困难了。[2]因为态度一旦形成，将持续一段时间不易改变，在这方面情感起着突出作用，往往认知因素已经改变，但情感还在左右为难，导致行为上犹豫不决。

（五）间接性

间接性指态度只是行为表现前的一种心理状态，即行为的准备状态，所以态度本身是难以直接观察的。行为是由外界事物刺激引起的，但它们之间

〔1〕 刘宏、高丽君：《管理心理学》，清华大学出版社2011年版，第169页。
〔2〕 程正方：《现代管理心理学》，北京师范大学出版社2010年版，第214页。

并非是直接的机械对应关系，而必须经由态度的中介作用。人们的态度可以通过他们的行为进行推测了解，所以态度具有一定的间接性，需要通过深入观察分析和推测才能够挖掘出来。[1]

五、态度的影响

每个人对任何事物都会有一定的态度，而态度又涉及心理机能的知、情、意三大方面，因此态度对人的影响是全面而又深刻的。

（一）态度对社会认知的影响

态度是建立在过去认知和情感体验基础上的经验性的行为倾向。一旦形成，就相对固定，难以改变。态度也易使人形成成见，因为态度较为稳定，而周围的人与事物都处于不断的发展变化之中，因此态度往往难以适应这种变化。这就要求管理者在管理过程中，注意态度的这种相对滞后性，努力使自己的态度与事物的发展保持一致。

（二）态度对学习和接受新事物的影响

人的一生是一个不断学习和经验积累的过程，后面的学习和经验总是建立在前面已有的知识和经验基础之上。一个人能够接受某些新经验、新知识总是与其知识背景有着密切联系。一个新事物进入人的视野，如果与其知识背景完全相悖，那么这样的新事物就很难被接受。因此，在学习和工作过程中，管理者应当建立一个丰富而又开放的知识体系和认知体系，这样才有利于广泛地接受更多新的东西。在管理中，应当引导员工拓展自己的思维空间，开阔眼界，不断接受新的知识和理念。

（三）态度对耐受力的影响

耐受力就是忍耐力和抗打击力。忍耐力反映了人们对复杂繁重工作的承受能力；抗打击力则是人们应对工作挫折，抵抗打击的能力。首先，耐受力与群体态度有关。

【案例】

1960 年加拿大心理学家兰伯特做过一个"会员群体对耐痛力增长特色的效应"实验。他们分别以基督教徒与犹太教徒大学生作为测试者，使用一种

---

〔1〕　刘宏、高丽君：《管理心理学》，清华大学出版社 2011 年版，第 169 页。

类似血压计的改装耐压器（在充气皮绑带上置一尖凸起，绑在测试者手臂上，充气后会使人产生痛感）来测定耐受力的水平。实验前告诉测试者，测试目的是为了确定正常人耐痛的程度。初测时，仅仅是记录两教派群体个人的耐痛水平。休息时，对基督教徒的一半测试者说："据某一报告认为，基督教徒的耐痛力不如犹太教徒。"对犹太教徒的一半测试者说："据某一报告认为，犹太教徒的耐痛力不如基督教徒。"结果，再测时发现，那些被告知上述话语的两组测试者，其耐痛水平都显著提高，其余未被告诉上述话语的两组测试者，其耐痛水平与初测结果无显著差别。研究者认为，这种戏剧性的变化主要是由休息时实验者的指导语激起了各半组测试者对自己宗教群体的效忠态度所致，即成效远优于第二组。[1]

其次，耐受力与态度性质有关。研究发现，态度的性质对耐受力影响很大，如果一个人有积极乐观的工作态度，有坚定的目标，那么无论多繁重的工作，多大的挫折，都能较好地应对。管理者的一个重要任务就是要培养员工积极乐观的工作态度，能够正确处理在工作中遇到的挫折与压力。

（四）态度对工作效率的影响。

一般来讲，工作态度的积极程度与工作效率的高低是成正比的。因此，努力提高员工的工作积极性是十分必要的。当然，同时也必须看到，影响工作效率的因素是多方面的，因而员工的态度与工作效率的高低不是直接相关的。一个人的工作态度是消极的，不愿从事某项工作，但是如果工作报酬很高，而且与工作成果挂钩，也可以促使他保持较高的工作效率。因此，员工即使有好的态度，也必须有其他的激励手段作为支持，必须重视从多个方面对员工的工作态度进行激励。

非正式群体的态度对组织工作效率的影响也是不可忽视的。组织中往往存在着非正式群体，有着局部的共同利益和交往关系，群体中的大多数人都愿意随波逐流，这就导致在非正式团体中，员工的工作效率是较为平均的，因此，要提高工作效率还必须注意改变非正式群体的工作态度。

---

〔1〕 范逢春：《管理心理学》，清华大学出版社 2013 年版，第 77 页。

第二节　态度与价值观

价值观是态度的核心，影响着人们的态度和行为。价值观是研究组织行为，了解员工态度动机的基础。对于管理者而言，不仅要及时了解员工的态度，及时把握组织的态度导向，更要注意组织员工不同的价值观，并针对组织成员的价值观的差异委以不同类型的工作，使组织成员能够人尽其才，发挥更大的价值。通过以下案例，我们可以认识到价值观研究的重要性。

【案例】雷尼尔效应

美国西雅图的华盛顿大学准备修建一个体育馆。消息传出，立刻引起了教授们的反对。最终，校方只好顺从了教授们的意愿，取消了这项计划。教授们为什么会反对呢？原因是校方选定的位置是在校园的华盛顿湖畔，体育馆一旦建成，恰好会挡住从教职工餐厅窗户可以欣赏到的美丽风光。为什么校方又如此尊重教授们的意见呢？原来，与美国教授平均工资水平相比，华盛顿大学教授的工资一般要低20%左右。教授们之所以愿意接受较低的工资，而不到其他大学去寻找更高报酬的教职，完全是出于留恋西雅图的湖光山色：西雅图位于太平洋沿岸，华盛顿湖大大小小的水域星罗棋布，天气晴朗时可以看到美洲的雪山之一——雷尼尔山峰，开车出去还可以游览一息尚存的活火山——海伦火山。[1]

该案例中的教授们为了美好的景色而愿意牺牲更高的收入机会，这被华盛顿大学经济系称为"雷尼尔效应"。这个效应告诉我们，人们的价值取向决定着人的行为方式。通常来说，追求经济价值的人在工作过程中往往追求的是高额的工资，而非经济价值取向的人在工作过程中更看重的往往是其他方面，如工作环境、人际关系、上级领导的工作作风、工作本身等因素。

价值观作为人类行为的心理基础，对个人行为的决定性影响是显而易见的。而企业组织以个体集合的形式存在，其间既有个人的价值观，又有群体的价值观，因此价值观对于组织管理的作用不可低估。

---

〔1〕　李原：《墨菲定律》，北京联合出版公司2015年版，第309页。

一、概念

价值观是指一个人对周围事物的意义、重要性的总的评价与看法。它是态度的核心部分。

所谓价值，就是主客体之间的需要与满足的关系。对个体来说，他认为最需要、最有意义和最重要的东西就是最有价值的东西。人们对诸多事物的看法和评价，以及这些事物在人们心目中的主次、轻重的排列次序，就构成了价值观体系，这实际上是人们态度的综合和重要性序列的浓缩。因此，价值观和价值观体系构成了决定人们行为的心理基础。

人的价值观是伴随着人的成长逐步积累形成的。一个人从出生起，就生活在特定的社会环境中，家庭生活、学校教育、朋友交往、电视、报纸等都会对个人价值观念的形成产生影响，因而人们形成的价值观念体系各不相同，对周围事物的评价也会呈现出个体差异性。[1]

价值观是社会成员用来评价行为、事物以及从各种可能的目标中选择自己合意目标的准则。价值观通过人们的行为取向及对事物的评价、态度反映出来，价值观决定于人生观和世界观，是后天的社会性产物，受家庭、社会的影响很大。价值观一旦形成很难改变，除非内心受到巨大触动或较长期的异向扭转。青少年期是人们价值观形成和稳定的关键时期，人在这一时期价值观的变化最大，因此也最不稳定，中年之后人的价值观逐渐定型，但也不是一成不变的。随着经济、社会地位的变动、生活条件的改变，人们的世界观和人生观会发生变化，价值观念体系也会随之改变。

二、价值观的作用

价值观不仅影响着个体行为，它对组织行为也有着重要影响，影响着整个组织的经济效益与社会效益。在同一组织中，相同条件下，对于同一事物，人们由于价值观不同，就会有不同的反应与看法。价值观的作用主要表现在以下几个方面：

（一）了解员工的态度和动机

价值观是员工对特定的人或事物所持有的是非对错的基本信念，它影响

---

〔1〕 顾琴轩：《组织行为学》（第 4 版），格致出版社、上海人民出版社 2015 年版，第 93 页。

着员工的知觉和判断。因此，通过对员工价值观的了解，可以帮助管理者认清员工的态度，了解员工行为的动机。

（二）影响员工的决策和行为

动机决定了行为，价值观的不同决定了员工在相同的情境下具有不同的动机，从而产生不同的行为。如果管理者能够了解员工的基本价值观，就能够对员工的决策和行为进行预测，从而引导员工做出有利于组织的决策和行为。如果员工的个人价值观与组织的价值观相一致，那么员工就会认真贯彻组织的规章制度，努力实现组织的目标，从而形成良好的组织氛围，提高组织的经济效益和社会效益。[1]

在同一个组织中，有人注重工作成就，有人看重金钱报酬，也有人重视地位权力，这是因为他们的价值观不同；同一个规章制度，如果两个人的价值观相反，那么，他们就会采取完全不同的行为。认为这个规章制度是合理的人就会认真贯彻执行，认为这个规章制度是错误的人则会拒不执行，而这种截然相反的行为将对组织目标的实现起到完全不同的作用。因此，为了提高工作效率，管理者在选择组织目标时，必须考虑与组织有关的各种人员和群体的价值观。管理人员不仅应该了解职工的价值观，还应该探讨组织应建立什么样的价值观，以及如何培养职工应该具有的与组织发展目标相一致的价值观，以此引导职工的行为。[2]管理者也一定要充分考虑组织内部和组织外部人员的价值观的差异，只有在综合平衡考虑各方面价值观的基础上，才能选择合适的组织目标并作出正确的决策。在实际的组织运作中，需要兼顾各方面的利益，努力平衡各方利益，否则就有可能给组织造成致命打击。

（三）影响整个组织行为

对于一个组织来讲，价值观的建立也是十分必要的。这是古今中外许多成功组织的经验总结。就企业而言，就是需要树立企业理念和企业信念，这构成了企业文化的核心，以下两个案例就是最好的说明。

【案例】松下幸之助"服务社会"的经营价值观

松下幸之助（1894 年~1989 年）是享誉世界的松下电器的创始人。他的

---

〔1〕 夏洪胜、张世贤：《组织行为学》，经济管理出版社 2014 年版，第 67 页。
〔2〕 袁秋菊、高慧：《组织行为学》，首都经济贸易大学出版社 2015 年版，第 79 页。

成功，与其服务社会的经营价值观分不开。松下认为，经营者成功与失败的分水岭在于是否能最大限度地做到无私，乃至以公利之心观察和处理事情。他一再强调松下电器的真正使命是"以生产再生产，无穷无尽地供应物质产品和建设乐土作为终结"。

松下说："所谓的企业经营或者国家经营，归根结底是人们为了共同的幸福而进行的活动。"在松下看来，经营企业如同经营人生，二者在本质上是一致的。他把事业报国作为松下七大精神的首要精神，并以此衡量经营行为。以大众为服务对象的理念是松下毕生的经营理念。

松下说："我的任务就是制造像自来水一样的电器用具，这是我的生产使命，尽管实际上不容易办到，但我仍要尽力使物品的价格降低到最便宜的水准。"这就是松下的"自来水哲学"。松下认为，企业经营者应对国家和国民负责，企业要以光明正大的态度缴纳税金。缴纳税金是企业贡献社会的重要途径。企业离不开社会，社会离不开企业，社会与企业是共存共荣的关系。[1]

【案例】IBM 的成功之道

IBM 公司总裁托马斯·沃森在《一个企业和它的信念》一书中指出："我坚信：第一，任何组织要生存和取得成功，必须有一套健全的信念，作为该企业一切政策和行动的出发点；第二，公司成功的最重要因素是严守这套信念；第三，一个企业在其生命历程中，为了适应不断变化的世界，必须准备改变自己的一切，但唯一不能改变的就是自己的信念。"

这是小沃森在回顾和总结其父老沃森创建公司的几十年成功经验时得出的结论。IBM 公司的价值观和信念中最核心的内容，就是为顾客提供世界上任何公司都比不上的优质服务，以及对公司职工的尊重，也正是因为严守了这样的信念，该公司才得以在长期的激烈的竞争中独占鳌头。

三、价值观的分类

关于价值观的类别，主要有以下集中经典表述：

（一）斯普朗格对价值观的分类

德国著名哲学家斯普朗格曾提出过六种类型的价值取向。[2]

---

〔1〕 李雪青："松下幸之助'服务社会'的经营价值观"，载《中外企业文化》2000 年第 11 期。

〔2〕 何萍："斯普朗格的生活形式的文化哲学"，载《社会科学家》2015 年第 2 期。

（1）理论型：注重以批判和理性的方法寻求真理，求知欲强，富于幻想。

（2）经济型：强调有效和实用，追求财富，具有务实的特点。

（3）审美型：重视外形与和谐匀称的价值，以美的原则，如对称、均衡、和谐等评价事物。

（4）社会型：强调对人的热爱，热心社会活动，尊重他人的价值，注重人文关怀。

（5）政治型：重视拥有权力、声望和影响力，喜欢支配和控制他人。

（6）宗教型：关心对宇宙整体的理解和体验的融合，寻求把自己与宇宙联系起来。

（二）格雷夫斯对价值观的分类

管理心理学家格雷夫斯，在对企业组织各类人员进行大量调查的基础上，曾把多种多样的价值观，按照价值观的表现形态不同，将价值观分为如下几个类型：

1. 反应型

主要表现为只从自己的需求出发做出反应，无视周围人的存在和感受，自我世界无限膨胀。该类型的人素质较低且数量较少。

2. 宗法忠诚型

表现为对上级有一种封建宗法式的忠诚，习惯于在别人的指挥下从事日常性事务。该类型的人往往具有很强的依赖性，屈从于权势，缺乏创新精神，独立意识差。

3. 自我中心型

表现为自我意识强，干劲足，有为实现目标奋斗的热情，对自己的要求也较为严格。同时，对下属也严格要求，对有能力的上级比较尊重。但由于经常自作主张，对别人的考虑和关心不够，显得比较自私和独断专行。

4. 顺从型

这种类型的人往往工作努力，勤勤恳恳，与世无争，喜欢从事目标明确的工作，工作态度认真、谨慎，是老黄牛式的员工。

5. 权术型

权术型的人普遍重现实，有野心，喜欢玩弄花招、手段，以欺骗蒙蔽别人为乐；对上司阿谀奉承，媚上欺下。

6. 社交型

这种价值类型的人重视别人对自己的评价，喜欢交往，以朋友多、能为别人办事为傲，也重视工作集体的和谐，喜欢友好的监督和平等的人际关系，把善于与人相处和被人喜爱看得重于自己的发展。

7. 自我实现型

表现为崇尚自由，追求人生的意义与价值；喜欢从事具有挑战性的工作，将自我实现和自我完善看作是最重要的价值，对自身的利益得失不太看重。对于组织的不合理现象，他们往往也能直言不讳。[1]

在美国的一项组织调查研究中，研究者采用以上七个等级来分析组织中的不同价值观，得出了这样一种看法和结论：组织成员的价值观分布在第二级和第七级之间。就管理人员来说，过去属于第四级和第五级价值观的人是多数。目前虽然属于第六级和第七级的人还是少数，但从发展趋势来看，属于这两级的管理人员正在逐步取代属于其他级价值观的管理人员。[2]

（三）米尔顿·洛克奇对价值观的分类

美国社会心理学家米尔顿·洛克奇（Milton Rokeach）于 1973 年在《人类价值观的本质》中提出：价值观是个人或社会偏好某种行为方式或生存目标的持久性信念。他总结了 13 种价值观偏好：

（1）成就感：提升社会地位，得到社会认同，希望工作能受到他人的认可，对工作的完成和挑战成功感到满足。

（2）美感的追求：能有机会多方面地欣赏周遭的人、事、物或任何自己觉得重要且有意义的事物。

（3）挑战：能有机会运用聪明才智来解决困难，舍弃传统的方法，而选择创新的方法处理事物。

（4）健康：包括身体和心理健康。工作能够免于焦虑、紧张和恐惧，希望能够心平气和地处理事物。

（5）收入与财富：工作能够明显、有效地改变自己的财务状况，希望能够得到金钱所能买到的东西。

〔1〕 C. Graves, "Levels of Existence: An Open Systems Theory of Values", *Journal of Humanistic Psychology*, 1970 (10): 131~154.
〔2〕 罗倩文：《组织行为学》，西南师范大学出版社 2015 年版，第 36 页。

（6）独立性：在工作中能有弹性，可以充分掌握自己的时间和行动，自由度高。

（7）爱、家庭、人际关系：关心他人，与别人分享，协助别人解决问题，体贴、关爱，对周遭的人慷慨。

（8）道德感：与组织的目标、价值观、宗教观和工作使命能够不相冲突，紧密结合。

（9）欢乐：享受生命，结交新朋友，与别人共处，一同享受美好时光。

（10）权力：能够影响或控制他人，使他人照着自己的意思去行动。

（11）安全感：能够满足基本的需求，有安全感，远离突如其来的变动。

（12）自我成长：能够追求知性上的刺激，寻求更圆融的人生，在智慧、知识与人生的体会上有所提升。

（13）协助他人：认识到自己的付出对团体是有帮助的，别人因为你的行为而收获颇多。

洛克奇还认为人所拥有的价值观可分为终极型价值观和工具型价值观。终极型价值观，指的是一种期望存在的终极状况，它是一个人希望通过一生而实现的目标，偏重人对于生命意义及生活目标的信念，也就是关于成为什么样的人、过什么样的生活之类的想法；工具型价值观，指的是偏爱的行为方式或实现终极价值观的手段，偏重人对生活手段及行为方法的信念，也就是关于何种特质或条件较佳、如何实现生活目标之类的想法。

洛克奇编制了"价值调查表"（Rokeach Value Survery，RVS）以测量工具型价值观和终极型价值观中诸因素的相对强度，每一类型各有 18 项具体内容，如表 4-1 所示。[1]

表 4-1　终极性价值观与工具性价值观对照表

终极价值观	工具价值观
舒适的生活（富足的生活）	雄心勃勃（辛勤工作、奋发向上）
振奋的生活（刺激的、积极的生活）	心胸开阔（开放）
成就感（持续的贡献）	能干（有能力、有效率）

---

〔1〕〔美〕斯蒂芬·罗宾斯：《组织行为学》（第 10 版），孙健敏、李原译，中国人民大学出版社 2012 年版，第 123 页。

终极价值观	工具价值观
和平的世界（没有冲突和战争）	欢乐（轻松愉快）
美丽的世界（艺术和自然的美）	清洁（卫生、整洁）
平等（兄弟情谊、机会均等）	勇敢（坚持自己的信仰）
家庭安全（照顾自己所爱的人）	宽容（谅解他人）
自由（独立、自主地选择）	助人为乐（为他人的福利工作）
幸福（满足）	正直（真挚、诚实）
内在和谐（没有内心冲突）	富于想象（大胆、有创造性）
成熟的爱（性和精神上的亲密）	独立（自力更生、自给自足）
国家的安全（免遭攻击）	智慧（有知识、善思考）
快乐（快乐的、休闲的生活）	符合逻辑（理性的）
救世（得救的、永恒的生活）	博爱（温情的、温柔的）
自尊（自重）	顺从（有责任感、尊重的）
社会承认（尊重、赞赏）	礼貌（有礼的、性情好）
真挚的友谊（亲密关系）	负责（可靠地）
睿智（对生活有成熟的理解）	自控（自律、自我约束）

　　实践研究表明，不同人群的 RVS 价值观有较大差异。表 4-2 为通过量表所测量出的公司经营者、钢铁业工会成员和社区工作者在终极价值观和工具价值观的不同排序。调查说明，社区工作者认为"平等"是最重要的终极价值观，而公司管理者和工会会员却分别将其排在第 14 位和第 13 位；社区工作者将"助人为乐"排在工具价值观的第 2 位，而公司管理者和工会会员却将其排在第 14 位。这些差异表明，人们要想对具体问题达成一致意见是有困难的。

表4-2　公司经营者、钢铁业工会成员和社区工作者的价值观排序〔1〕

公司经营者		钢铁业工会成员		社区工作者	
终极价值观	工具价值观	终极价值观	工具价值观	终极价值观	工具价值观
1. 自尊	1. 诚实	1. 家庭安全	1. 平等	1. 平等	1. 诚实
2. 家庭安全	2. 负责	2. 自由	2. 诚实	2. 世界和平	2. 助人为乐
3. 自由	3. 能干	3. 快乐	3. 勇敢	3. 家庭安全	3. 勇敢
4. 成就感	4. 雄心勃勃	4. 自尊	4. 独立	4. 自尊	4. 负责
5. 快乐	5. 独立	5. 能干	5. 自由	5. 自由	5. 能干

第三节　态度的改变

如前所述，态度是指个人对某一对象所持的评价以及表现出来的行为倾向。态度并不是非常稳定的心理过程，任何态度都非一成不变，都处于不断的发展变化之中，只是态度变化的幅度与方向有所区别，这就为在管理中转变员工的态度提供了前提和基础。

态度的改变大体上可分为两类：第一种是态度的一致性改变，即只改变态度的强度，而不改变其方向；第二种是态度的不一致性改变，也就是态度的方向发生了变化，即新的态度取代了旧的态度。详细划分的话则可从以下几个方面来理解：

（1）态度的方向性转变，即质的变化。例如，对人的看法由否定变肯定，对工作的态度由消极变积极，对变革的认识由观望变赞成等。

（2）态度强度或程度上的转变，即量的转变。例如，某人对变革的态度由一般赞成转变为非常赞成。

（3）态度的中心趋势的变化，指与个人的思想、信念体系相关的态度变化。

（4）态度的明显程度的变化，指人对某事物或对象的态度由暧昧到明朗或由明朗到暧昧的变化。态度的明显程度和中心趋势与态度的强度有关，通

---

〔1〕［美］斯蒂芬·罗宾斯：《组织行为学》（第10版），孙健敏、李原译，中国人民大学出版社2012年版，第123页。

常，态度的中心趋势越明确，强度越大，态度就明朗，反之亦然。

（5）态度的自觉程度的变化，指人的态度由不自觉向自觉转变的过程。在上述含义中，最基本的是方向和强度，这是态度转变的最主要的指标。[1]

在本书中所研究的态度改变范围包括如何将组织成员的消极态度转变为积极态度，把较弱的积极态度转变为较强的积极态度，或者把组织成员的较强的消极态度转变为较弱的消极态度以及把消极态度转变为积极态度。转变组织成员的态度是组织管理的重要方面，同时也是提高管理绩效的有效途径。

针对态度的改变，我们主要谈三个问题：影响态度改变的因素、态度改变的理论和改变态度的主要方法。

一、影响态度改变的主要因素

（一）主体需求状况的变化

个体的生存与发展，总是受种种需求与欲望支配的。凡是能够直接或间接满足人们需求的事物，人们都会产生喜爱的情感与趋近的行为倾向。反之，则会产生厌恶的情绪和疏远的行为倾向。需求在主体态度方面的关键作用决定了需求的改变必然会带来价值评价体系的变化，所以，需求的变化是态度变化的深层心理因素。态度的形成以人的需要态度或者愿望满足为中介。一般的需要与愿望引起的是一般性态度，社会性的高层次需要和高水平的愿望引起的是和人的理想、信念、世界观相联系的具有中心特性的态度。

（二）新知识、新信息的获得

如前所述，态度是知、情、行为倾向三者共同作用的结果。态度中的认知成分是态度形成和改变的基础。个人掌握知识的广度和深度，个人获得信息的多少和准确性都会影响个人态度的形成。态度的改变受个人所获得的新的知识、信息的影响，当原有的态度与新的信息相一致的时候，原有的态度将会进一步确定、强化。如不一致，则可能会因认知系统的改变而导致态度的改变。当然，主体也可能歪曲新的信息，继续坚持原有的态度，但是，原有的态度如果要发生改变，不纳入新的信息是不太可能的。

（三）个体与群体的关系

个体总是属于某一或某些社会群体的，只有在群体中，个体才会获得安

---

[1] 程正方：《现代管理心理学》，北京师范大学出版社 2010 年版，第 214 页。

全感、归属感。由于担心被群体所孤立、排斥和打击，个体常常有意无意地在态度上、行动上与群体保持一致。一般来说，群体中大多数成员的态度是大体类似的，群体信仰的一致性、群体的整体意识、群体行为规范控制并调节着每个成员的态度与行为，使群体的价值观内化为成员的自我价值体系的中心部分。依从群体标准迫使个人遵循群体的行为规范，认同群体标准使个人愿意遵循群体规范，内化群体标准使个人高度自觉自愿地遵守群体的行为规范。[1]

个体在群体中的地位也影响态度的改变，一般情况下，个体在群体中的地位越高，则越容易接受群体规范，并随群体态度的变化而变化；在群体中有较高心理威望的个体，也倾向于随群体态度的变化而变化；参与管理，参加讨论制定群体活动规范的个体，也容易自觉地与群体的态度保持一致。

（四）态度自身的特性

一般而言，下列态度由于自身的特殊性，进行改变的难度较大：幼年时形成的态度；经过长期实践检验形成的态度；走向极端的态度；已形成习惯性反应的态度；认知、情感、行为倾向三种成分完全协调且稳定的态度；与多种需要的满足相关的态度。如果态度具有以上任意一种甚至多种特性，那么改变起来的难度将比较大。

（五）个体的个性特征

能力、气质和性格等个性心理特征作为主观的心理条件经常影响态度的改变。

1. 人的认知能力（理性）的高低会影响态度的改变

能力高的人具有较高的独立性和判断力，能够全面吸收、分析外部的各种观点，并作出准确判断，从而主动地决定是否改变自己的态度；能力低的人判断能力差，容易受他人的暗示，易受外界力量的左右，往往会因受暗示和"随大流"而被动改变自己的态度。

2. 不同气质类型的人在态度改变的速度与幅度上也存在差异

如多血质的人灵活性与可塑性大，较易改变态度；而黏液质和抑郁质的人由于灵活性和可塑性较差，不容易改变态度。

---

〔1〕　程正方：《现代管理心理学》，北京师范大学出版社 2010 年版，第 214 页。

3. 不同的性格类型也影响态度的改变

缺乏主见、依赖性强的人往往由于服从权威，缺乏判断力，迷信他人而容易改变自己的态度；固执、倔强的人往往对劝告表示抗拒，有时甚至拒绝了解新观点，否定权威，在思想上保守僵化，行动上因循守旧，不太容易改变态度[1]；外向型与顺从型的人较易改变态度，而内向型及独立型的人则较难改变态度；自尊心不强的人较容易改变态度，自尊心强的人不易改变态度。

（六）社会文化及其他因素的影响

人的态度形成也是社会化的结果。不同的家庭、学校及社会教育，不同的社会风气和习俗，不同的社会文化背景等，对人的态度形成会产生不同的影响，人的中心性态度往往会被打上深刻的社会烙印。自由民主型的教育使人产生友善的态度；封闭型的教育，容易使学生形成守纪律、听话、循规蹈矩的态度；开放式的教育和文化，有利于学生形成开拓进、取善于创新的态度。

此外，在社会文化与教育的影响下，交替学习与模仿式学习，一次性创伤或者戏剧性经验，经验的累积与分化等，都能影响态度的形成。[2]

二、态度改变的理论

（一）霍夫兰德的态度改变说服理论

日常生活中我们经常会遇到试图说服别人和被别人说服的情形，从而时常面临着态度方向的改变和强度的增减。态度的形成和改变更多的是在沟通中完成的，以形成和改变人的态度为目标的沟通就是劝导性沟通。美国社会心理学家霍夫兰德（Hofflander）及其同事曾对劝导性沟通过程进行了详细研究，提出了说服模型。该模型主要强调信息和背景的作用（如图 4-3 所示）。

---

〔1〕 刘宏、高丽君：《管理心理学》，清华大学出版社 2011 年版，第 178 页。
〔2〕 程正方：《现代管理心理学》，北京师范大学出版社 2010 年版，第 215 页。

| 外部刺激 | 目标对象 | 作用过程 | 结　果 |

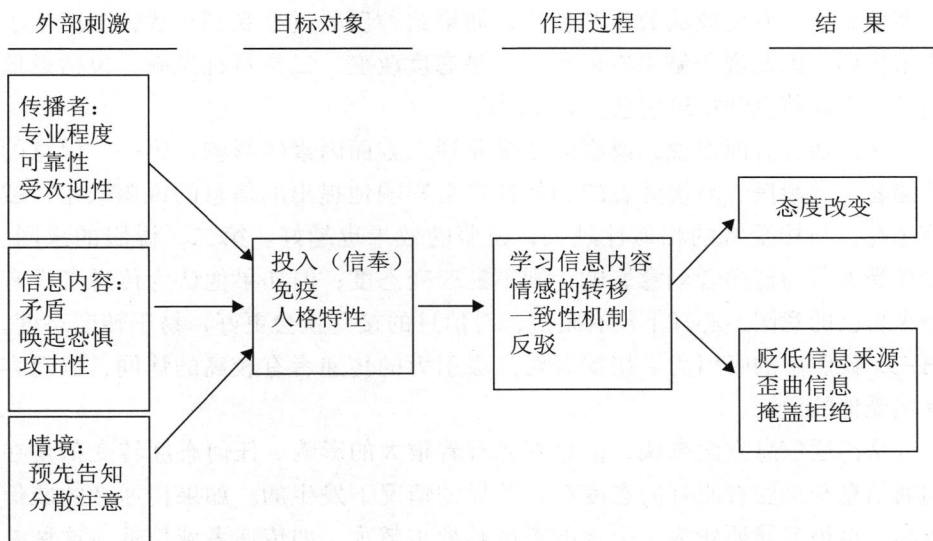

图 4-3　霍夫兰德的说服改变模型

说服模型的外部刺激包括信息来源（是否有专业性、可靠性、受欢迎性的传播者）、信息内容（是否出现矛盾、唤起恐惧、攻击性）、信息环境（是否预先告知、分散注意等）。说服目标对象包括对原态度的投入信奉程度、对劝说内容的防御能力与免疫性及人格（如自尊、智力等）特性。态度转变过程的心理机制，即指外部刺激与目标对象内部因素的交互作用过程，包括学习信息内容所要求的立场、正性情感的迁移作用、是否有一致性压力及反驳等。说服的结果有两种：其一，改变态度；其二，坚持原有态度的反应（采取贬低、歪曲、掩盖拒绝新信息的态度）。[1]

在态度改变的过程中，态度主体首先要学习信息的内容，在学习的基础上发生情感转移，把对一个事物的情感转移到与该事物有关的其他事物之上。当接收到的信息与原有的态度不一致时便会产生心理上的紧张，一致性机制便开始起作用，有许多种方式可以用来减轻这种紧张。有时候人们还会以反驳的方式对待劝导信息，人们在接收到来自他人的信息后，会产生一系列的主动思考，这些思考将决定个体对信息的整体反应。态度的改变主要取决于

―――――――
〔1〕　程正方：《现代管理心理学》，北京师范大学出版社 2010 年版，第 215 页。

这些信息所引发反驳的数量和性质，如果这种反驳过程受到干扰，则产生了说服作用。因此说服结果有两个，一是态度改变，二是对抗说服，包括贬低信息、歪曲信息和拒绝信息。具体而言：

从传递者方面来说，说服的结果受到三方面因素的影响。第一，信息的传递者。其威信、与接受者的相似性都会影响他提出的信息的说服效果。威信越高，与接受者的相似性越大，说服的效果也越好。第二，说服的意图。如接受者认为传递者刻意影响，则不易改变态度；但如果他认为传递者没有操纵自己的意图，心理上没有阻抗，对信息的接受就会更好，易于转变态度。第三，说服者的吸引力。接受者对高吸引力的传递者有较高的认同，因而容易接受他的说服。

从沟通信息方面来说，信息差异有着很大的影响。任何态度转变都是在沟通信息与接受者原有的态度存在差异的情况下发生的。如果传递者的威信较高，这种差异便较大，引发的态度转变也较大；如传递者威信低，这种差异适中，引发的态度转变就较小。[1]

（二）费斯廷格的认知失调理论

费斯廷格认为，人们为了自己内心平静与和谐，常在认识中寻求一致性，但是不协调作为认知关系中的一种，必然导致心理上的不和谐，而心理上的不和谐对于个人构造自己内心世界是有影响和效力的，所以常常推动人们去重新建构自己的认知，去根除一切搅扰。

1. 认知不协调的两大基本假设

在上述思想指导下，费斯廷格提出了有关认知不协调的两大基本假设：①心理不适，不协调的存在将推动人们去努力减少不协调，并达到协调一致的目的；②当不协调出现时，除设法减少它以外，人们还可以能动地避开那些很可能使这种不协调增加的情境因素和信息因素。可见，这里不协调状态已具有了动力学的意义，正是由于认知上的不协调才引起人类的行为。他将人类行为的动因从需求水平转移到认知水平上，突出了人类理性的力量。

2. 认知不协调的基本条件

费斯廷格认为认知不协调的基本单位是认知，它是个体对环境、他人及自身行为的看法、信念、知识和态度。个体身上有许多认知因素是独立的，

---

〔1〕 李洁：《大学生人生态度现状与转化研究》，上海人民出版社 2015 年版，第 27 页。

互不相关的，可以分为两类：第一类是有关行为的，如"我今天去上班"；第二类是有关环境的，如"天下雪了"。认知因素是相对于个体的整个认知结构而言的，认知结构由诸多基本的认知元素构成，认知结构的状态也就自然取决于这些基本的认知元素相互间的关系。费斯廷格将认知元素间的关系划分为三种：①不相干。此时两种认知元素间没有联系，例如"我每天早上七点钟吃早饭"与"我对足球不感兴趣"。②协调。此时两种元素的含义一致，彼此不矛盾，如"我是一个品德高尚的人"与"我做了一件帮助他人的事情"。③不协调。此时如果考虑到这两个认知元素单独存在的情况，假如从 y 产出非 x，那么 x 和 y 就是不协调的。例如"我是一个品德高尚的人"和"我做了一件损人利己的事情"，两者间就是不协调的，费斯廷格主要是研究后两类关系，把注意力放在不协调关系上。[1]

费斯廷格还认为，认知因素之间的不协调程度越大，则人们想要减轻或消除不协调关系的动机也就越强烈。失调的程度可用如下公式表达：

$$D = \frac{\sum d \times V_1}{\sum A \times V_2}$$

其中 D 为失调程度，d 是不一致认知，A 是一致认知，V_1、V_2 是两认知的重要性。解决不协调关系的方式有下列几种。①改变某种认知因素，使双方趋于协调。以"抽烟"与"致癌"的不协调关系来说，可以用"怀疑抽烟致癌"的理由来协调。②强调某种认知因素的重要性，使双方趋于协调。③增添新的认知因素，以缓和双方的矛盾，如"抽过滤嘴香烟或尼古丁少的香烟"或"我有抵抗力"。④改变行为，使对行为的认知符合态度的认知。如戒烟，不过改变行为比改变态度要难。[2]⑤改变与认知主体行为有关的某一要素，使之与其他认知因素不协调的关系趋于协调。⑥减少选择感。让自己相信自己之所以做出与态度相矛盾的行为是因为自己没有选择。这些都是通过自我调节，达到认知平衡而改变原有态度。由于不协调在主观上被体验为心理上的不适，这种心理上的不适，在不同的个体间体验是不同的，因此对于个体选择减少失调的具体途径，认知不协调理论不能做出明确判断。

---

〔1〕　刘宏、高丽君：《管理心理学》，清华大学出版社 2011 年版，第 180 页。
〔2〕　程正方：《现代管理心理学》，北京师范大学出版社 2010 年版，第 217 页。

当一个人产生认知失调时，是否一定会采取措施减少不协调，从而导致态度的改变呢？这取决于以下三个方面的因素：①造成失调的因素的重要性程度；②个体认为自己受到这些因素控制的程度；③个体在失调状态下的受益程度。

如果造成不协调的因素相对来说不太重要，调整这种不平衡的压力比较小，对原来态度的威胁也就比较小，那么态度改变的可能性就比较小，反之则比较大。个体相信自己对于这些因素的支配和把握程度也会影响到他们对不协调做出的反应。当他们感到这种不协调是一种不可控的结果，即他们没有选择的余地时，则不太可能改变自己的态度。如某些人认为自己之所以做出与态度相矛盾的行为是因为自己没有选择（比如认为生活压力过大，只能通过抽烟、喝酒缓解）。尽管此时失调依然存在，但人们很容易把它合理化并做出解释。外部的奖赏也会影响到个体减少失调的动机强度。如果高度失调伴随着高度的奖赏，则失调产生的紧张程度就会降低，态度改变的可能性也会大幅降低。

由此可见，认知失调理论强调个体通过自我调节取得认知平衡，从而解除紧张，趋于协调。[1]

（三）海德的 P-O-X 模型

这是海德（F. Heider，1896 年~1988 年）于 1958 年提出来的平衡理论。其假设有两个：其一，他认为在人们的认知结构系统中存在着"趋向一致（或平衡）的压力"，其二是"不平衡结构趋向于转变成平衡结构"，这是该理论的核心。[2]

他认为，我们认知的对象（世界上各种人、各种事物或概念）有的各自分离，有的相互联系，组合成一个整体被我们所认知。而这种构成一个整体的两个对象的关系，称为单元（或认知）关系。一个整体就是一个单元，它可以形成类似、接近、因果、相属等不同的单元关系。人们在与各种认知对象发生心理联系时都会产生喜欢或厌恶，赞成或反对的评价或感情，他称之为感情关系。单元关系和感情关系相联系就形成了特定的模式和结构。海德的平衡理论，原则上与费斯廷格的认知失调理论是相同的，但海德强调一个

---

〔1〕 王怀明：《组织行为学：理论与应用》，清华大学出版社 2014 年版，第 128 页。
〔2〕 王晓均：《管理心理学》（第 2 版），高等教育出版社 2014 年版，第 79 页。

人对某一认知对象的态度，常常受他人对该对象的态度的影响，即海德十分重视人际关系对态度的影响力。例如，相互有关系的两个人（P 与 O）如果对某一物体、事件或活动（X）发生一致或者不一致的感情关系，就会形成一个模式（见图 4-4）。海德认为，P（主体的人），O（客体的人），X（客体事物）三者之间的关系存在着两种情况，一种是平衡状态，另一种是不平衡状态。

海德认为，根据 P-O-X 模型中三者间的认知、感情关系，可以推出八种模式状态，其中有四种平衡，四种不平衡。由图示可得出两条规律：（1）平衡结构必须符合三条边的符号相乘为正（1 项或 3 项为正时）；（2）非平衡结构必须是三条边符号相乘为负（1 项或 3 项为负时）。例如，P 为学生，O 为所尊敬的师长，X 为爵士音乐。若 P 喜欢 X，又得知 O 赞美 X，则 P-O-X 图式为 P 的态度体系呈平衡状态；若 P 喜欢 X，得知 O 批判 X，则呈不平衡状态。

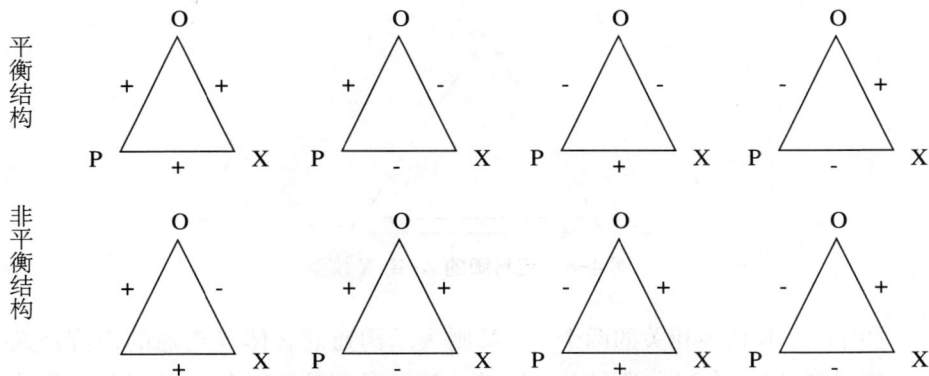

图 4-4　海德的平衡理论图解[1]

海德的平衡理论认为个人（P）对 X 的态度平衡与否常受他人（O）的影响。因此，达到平衡的方法很多，平衡理论常常运用"最小努力原则"（自己改变最小）来预测不平衡如何转变成平衡的效果，使个体尽可能少地改变情感关系，以恢复平衡结构。主体 P 解除不平衡状态的方法有：①O 将 O-X 的关系变负为正，即教师（O）与学生（P）态度一致都喜欢爵士音乐（X）；

〔1〕　刘宏、高丽君：《管理心理学》，清华大学出版社 2011 年版，第 183 页。

②将 P-X 的关系由正变负，即受教师影响，学生（P）变得也不喜欢爵士音乐（X）；③学生（P）改变对教师（X）的评估，即 P-O 的关系由正变负。

（四）纽科姆的 A-B-X 模式

纽科姆 A-B-X 模式（Newcomb's A-B-X Model）又称纽科姆的对称模式，是一种关于认知过程中人际互动与认知系统的变化及态度变化之间的相互关系的假说。由美国社会心理学家纽科姆于 1953 年提出。它由 3 种要素、4 种关系构成。3 种要素是：认知者 A、对方 B、认知对象 X。4 种关系是：A-B 感情关系、A-X 认知关系、B-A 感情反馈（B 对 A-B 感情关系的认知）、B-X 认知反馈（B 对 A-X 认知关系的认知）。4 种关系构成认知主体 A 的认知系统；当把反馈包括在认知系统中时，A 和 B 的地位是互换的，A 是认知主体，又是认知对方；B 亦然。于是，B 作为认知主体出现时，也形成一个认知系统。A 的认知系统和 B 的认知系统组成一个复合系统，呈集合状态，是一种群体式认知系统，如图 4-5 所示。

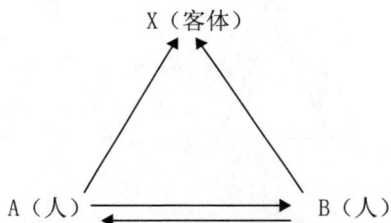

图 4-5　纽科姆的 A-B-X 模型

图中 A、B 代表相关的两个人，X 则表示沟通的客体（沟通的内容：人、事、物或观念）。在这个模型中，A、B、X 三者都是相对独立又相互联系的，由此便组成了一个包含 4 个方面的系统：第一，A 对 X 的倾向，包括 A 把 X 作为一个对象接近或回避的态度以及对 X 的认知态度；第二，A 对 B 的倾向，也是完全一样的情况（为了避免用词的混淆，纽科姆把对人倾向说成是正面或反面的吸引，把对 x 的倾向说成是喜欢和不喜欢的态度）；第三，B 对 X 的倾向；第四，B 对 A 的倾向。

从图中可以看出：A 与 B 和 X 之间构成了三角形的三个角。如果 A 与 B 和 X 之间的倾向越强，即双方都希望能够全面了解 X，并且有关 X 的信息对于 A 和 B 都是公开的、流通的，那么 A 和 B 与 X 的关系会像 A-B-X 模型一样形成一个稳固的等腰三角形。图中 A 与 B 之间的吸引力越小，A 与 B 之间的距离就越大，但是他们为了保证这个模型对称，必须维持 A-X 和 B-X 这两条边对等的关系，这种对等关系是建立联系所必需的。但是如果 A 和 B 对 X 产生了不同的认识，A 会不顾 B-X，或者 B 会不顾 A-X，那么 A-X 和 B-X 之间的影响就会不同。A-B-X 模型就会失去对称和平衡，则 A-B 间的失衡关系更加速了 A 和 B 关于 X 的不一致观点。

就是说，A 与 B 这两个个体相互有意向，并对 X 也各有意向，传播被设想为支撑这个意向结构的过程，传播就在这个相互意向中产生。通过传递关于变动的信息并且允许对发生的变动做出相应的调整来维持或改进三者之间的这种对称性关系。该模式的基本设想是，如果条件许可，要求态度和关系一致的压力将刺激传播。若 A 与 B 对双方所关切的事物 X 有不一致的态度或认知，则 A 与 B 双方都会产生趋向调和的压力。面向趋向调和的压力增加，要达成一个调和的状态，A 与 B 关于 X 的沟通就会成为可能。从这个模式中可以引出这样一些主要命题：A 与 B 之间对 X 的意向上的差异将刺激传播的发生；而这种传播的效果将趋向于恢复平衡，这种平衡将被假定是一个关系系统的"正常状态"。随后，纽科姆于 1959 年对他早年的命题加上了一些限定条件。他提出：传播只有在某些条件下才可能活跃；人之间要存在强烈的吸引力；物体至少要对参与者中的一方具有重要性；物体 X 对传播双方来说都是恰当的。

从认知均衡这种思考方式看，纽科姆的模型与海德的平衡理论十分接近。但是，海德的模型是关于认知主体自身的认知平衡，纽科姆的模型则是把认知平衡扩大到人际互动过程和群体关系。纽科姆对人认知理论的基本观点是，人们相互之间的感情、态度、信念有一定的联系和相互作用，因此人们的认知系统有趋向于某种一致性的倾向。他认为，认知不平衡是由趋于一致性的倾向在人们的心理上形成的压力造成的。他把这种压力叫作"趋对称压力"。在这种压力下产生的认知不平衡，沿着趋对称压力的方向变化，人际关系中的认知变化并不取决于任何认知主体自身的心理力，而是人际互动中的合力。[1]

纽科姆 A-B-X 模式意义主要有以下几个方面：

---

[1] 刘宏、高丽君：《管理心理学》，清华大学出版社 2011 年版，第 185 页。

1. 解释了人际关系

彼此间态度是否相似或接近也影响着友谊的可能与否。1961 年，纽科姆在密歇根大学把学生的集体宿舍进行了人为安排，他们先以测验和问卷的方式把学生分为对人对事态度相似和相异的，然后把态度相似的学生安排在同一房间住读，再把态度相异的也安排在同一房间住读，然后就不再干扰他们的生活和学习。过了段时间再对这些学生进行调查，发现态度相似的同屋人一般都成了朋友，而那些态度相异的则未能成为朋友。可见，人们都强烈地倾向喜欢那些和自己相似的人，而且社会一般也认为这是对的。这也许是因为共同的态度与价值观不仅容易获得对方的支持与共鸣，同时也容易预测对方的情感与反应倾向，因此在交互作用过程中，彼此容易适应而建立起积极的人际关系，正所谓"物以类聚，人以群分"，A–B–X 模式不仅向我们说明了这样一种现象，还解释了我们应该如何去建立和谐人际关系。当 A 向 B 讲述 X 时，A 与 B 好，对 X 的看法相同，均衡；A 与 B 不好，对 X 的看法不同，均衡；A 与 B 好，对 X 的看法不同，不均衡；A 与 B 不好，对 X 的看法相同，不均衡。当 A 与 B 处于不均衡状态时，X 为 A 与 B 所关注，并对于一方有意义时，强烈倾向 X 的一方会促使另一方改变态度，双方趋于一致，由此而言，人际传播过程是双方关系逐步协调的过程，伴随而来的是和谐现实的人际关系的建立。

2. 平衡的意义

前面我们说到，人类在自己的认识中都有一种寻求一致或追求和谐的倾向，纽科姆的模式意味着，任何一个特定系统都有力量平衡的特征，系统中任何部分的任何改变都会导致倾向平衡或对称的张力，因为不平衡或缺乏对称会造成心理上的不舒服并产生内在的压力以恢复平衡。施皮格尔博士分析说，认知不和谐是个人的一种心理机制，当他发现他的行为不是必然地符合其思想或心理信念时，他必须找出某种办法，使这两者之间产生联系，或是使它们归于和谐。如果你花了大把银子在电脑上，你必须捍卫购买它的正确性。因而，我们需要这种平衡对称来支撑我们的选择，强化现存的观点。对称的好处是从一个人（A）可以估量出另一个人（B）的行为。同时对称也能确认一个人对 X 的倾向。这是我们所持态度需要社会和心理支持的一种说法。当我们与自己尊敬的 B 对 X 的评价一致时，我们会对自己的倾向更具信心。接下来，我们会与自己尊敬的人交流对我们认为很重要的对象、事件、人物、思想（X）的评价，试图达到某种共识或是共同的倾向。[1]

3. 和同关系

生活在社会中的人由于生活经历、生活环境、教育程度等各不相同，在看待问题时必然存在认知上的差异。在看待同一件事情上，由于所掌握情况的多少也会造成意见的分歧。但这种分歧是可以随着情况的明朗化而逐渐消失的。比如，在改革之初，有人可以看到改革所带来的进步，有的人就只看到改革中的弊端以及一些现有利益的丧失，这样就产生了很大的分歧，但是，随着有关改革的各方面的信息的增多，人们在全方位审视改革时，就会承认改革利大于弊，从而达到认识统一。这种统一比不了解情况只听一面之词而形成的一致稳定得多。所以，最初一定差异的存在不一定必然导致整合力下降，要视情况而定。

美国社会心理学家纽科姆提出的这种模型与 P-O-X 模型有相似之处，都是用来说明人际态度的紧张与平衡的，若 A 与 B 这两个人之间保持和谐或不和谐关系，则这两个人对第三者 X（指人或事物）就会产生相应的态度，A、B、X 三者会构成一个体系。假若此体系内部发生不平衡，那么为了求得平衡，必须在体系内部发生变化，由不均衡转向均衡。例如，A 与 B 两个好朋友之间有意见分歧，对工作安排（X）有不同看法，出现心理紧张，处于不均衡状态。为了解除紧张，求得平衡，两人或者通过沟通、统一看法、调和矛盾或者关系破裂，分道扬镳。这与海德理论相似，但是，在对不均衡的认识与解释上二者有差别。海德认为必须通过主体（P）的认知体系来调整；而纽科姆则认为 A 与 B 都可能是认知体系的主体，不必限定是其中的哪一个。其实两者并无本质上的不同。[2]

（五）凯尔曼的态度转变与形成三阶段论

心理学家凯尔曼（H. C. Kellmen，1927 年~）通过研究，提出态度的形成过程主要经历了三个阶段：服从、同化和内化。

1. 依从（顺从）

个人为了获得奖励或避免惩罚，按照社会的要求、群体的规范或别人的意志采取的表面服从的行为，这一阶段人的态度和行为的特点是：

---

〔1〕　刘宏、高丽君：《管理心理学》，清华大学出版社 2011 年版，第 186 页。
〔2〕　程正方：《现代管理心理学》，北京师范大学出版社 2010 年版，第 219 页。

（1）态度受外界压力或诱惑的影响；

（2）表面上顺从，但内心并不服；

（3）服从行为往往是暂时性的，有监督就服从，无监督就违反；

（4）从被迫服从，逐渐形成习惯，可能转化为自觉服从。

态度的形成和转变，也可能从不知不觉地机械模仿他人的态度开始。社会生活实践表明，许多人的态度形成和转变并不一定受外界强制力量的影响，常是从无意识地模仿父母、教师、成人及自己崇拜的对象的态度和行为开始的。这是形成和改变自己态度的一种最常见的方式。[1]

2. 认同

认同即个体自愿地接受他人的观点、信念和行为，使自己的态度逐渐与他人相一致的过程。在此阶段，个体自愿接受他人的观点、信息或群体规范，使自己与他人一致，不再像顺从阶段那样被迫地接受某种态度，这时他已经产生了一定的情感成分，他愿意接受某种态度是因为他希望得到别人的赞许和接纳，想要与别人建立良好的关系。例如，一个学生看到别的同学都在案例讨论时积极发表自己的观点，他也不愿意与别人不一致，于是就对案例讨论发言建立起了比较积极的态度。[2]

3. 内化

真正从内心深处相信并接受他人的观点，完全形成或彻底转变自己的态度。这意味着他把外部的新思想、新观点纳入了自己的思想体系之中，成为自己态度体系的一个有机的组成部分。内化阶段是人们的态度真正形成或彻底转化的阶段，也是人的态度和行为最稳定、最持久、较为系统的阶段。例如，北京房山区窦店村仉振亮任村党支部书记近四十年，坚决恪守不吃请的原则。他的高尚品德被其他干部认同，并也将其内化为自己的信念与行为准则，因而这个村所有的干部始终坚持不吃请、不陪客，不收礼、不受贿，不多要一分额外报酬。

（六）墨菲的沟通改变态度理论

沟通改变态度理论起源于心理学家墨菲关于白人对黑人态度的研究。他选择了一批白人随机把他们分为两个组——实验组和控制组——并用瑟斯顿

---

〔1〕 王怀明：《组织行为学：理论与应用》，清华大学出版社 2014 年版，第 129 页。

〔2〕 范逢春：《管理心理学》，中国人民大学出版社 2013 年版，第 76 页。

量表法将他们作为被试者，证实他们对种族歧视的态度大体相同。随后，让实验组看宣传黑人成就的电影、电视和画报，控制组则不参加这种活动。结果发现，实验组对黑人的态度发生了显著的改变，而控制组的态度则没有变化。这个实验告诉我们：

（1）沟通者是信息的来源，他本人所具有的能力、风度、可信任和人格魅力等特点可以影响人们对信息的接受程度。

（2）沟通过程中，组织工作的特点、信息表达的方式等因素都会影响沟通的效果。

（3）沟通对象的特点，如独立性、智力水平、自尊心、自信心以及原有的态度等，都会对态度的变化构成影响。[1]

（七）勒温的参与改变理论

参与改变理论是著名心理学家勒温提出来的。他认为个体在群体中所从事的活动性质，对其态度的形成与改变起着决定性的作用。他把人分为主动型和被动型两大类。主动型的人主动参与群体活动，如政策、规范的制定，权力的执行等，因此，他们对群体中的制度、规范等就会自觉遵守。而被动型的人，参与群体活动是被动的，他们对权威、制度、政策等规范要求也能遵守。勒温通过实验证明，主动型的人由于采取的是主动参与，共同讨论，共同决策，因此态度改变很显著，速度也很快，执行也自觉。相反，被动型的人由于在群体活动中其行为是被动接受他人的告知，因此态度改变很缓慢。

这一理论可以帮助我们在组织管理中进行民主管理。在民主管理过程中，管理者一方面要针对不同的对象做好思想工作，另一方面还要调动劳动者当家做主的积极性。群体参与制定的规章制度、任务指标等要求群体中的每个成员都以自觉的态度遵守与完成。这样通过多种途径，促使人的态度得以改变。目前勒温提出的这一参与改变态度的理论，已在现代管理中取得了一定的成效。[2]

---

〔1〕　韩平：《组织行为学》，西安交通大学出版社 2015 年版，第 54 页。

〔2〕　韩平：《组织行为学》，西安交通大学出版社 2015 年版，第 55 页。

（八）预言实现改变态度理论

【案例】皮格马利翁效应

1968 年，美国心理学家罗森塔尔在加利福尼亚的一所小学做了一个著名实验。他故意对 1 年级~6 年级的学生做了一次智力测验，然后随意从每班抽 3 名学生共 18 人写在一张表格上，交给校长。其极为认真地说："这 18 名学生经过科学测定全都是智商型人才。"事过半年，罗森又来到该校，发现这 18 名学生的确超过一般，长进很大，再后来这 18 人全都在不同的岗位上干出了非凡的成绩。这就是自我预言的实现。原本可能智力平平的学生，由于教师受到心理学家的有意影响，对那些学生产生了积极良好的期望，而这种良好期望会促使教师对他们做出更积极的教育行为，自然有利于学生的发展，最终结果是心理学家罗森塔尔预言的实现。

该实验证明：别人的预见以及由此采取的对待方式会影响个体的心理。称赞和鼓励会诱发个体上进的动机；经常遭受指责、歧视，会导致个体消极、自暴自弃。用公式表示[1]：

$$员工的行为 = f（管理者的期望 \times 对待方式）$$

三、改变态度的方法

（一）活动参与法

要改变一个人的态度，往往需要引导他积极地参与有关活动，这比只是让他被动地旁观和听他人的劝导效果要好得多。在现实的管理活动中，有些管理者往往要求下属"理解的要执行，不理解的也要执行"，这就是要通过参与实际活动影响下属的行为倾向，进而为态度的改变创造条件。这种方式的作用机理是：一方面，通过行为方式的改变和习惯化，促使认知、情感和行为倾向之间发生失调；另一方面，通过行为结果的积极反馈，促使认知和情感的改变，进而变更态度。

角色扮演法是从外在行为入手改变态度的有效办法。人们所扮演的社会

---

〔1〕 李永勤、郭颖梅：《组织行为学》，中国农业出版社 2014 年版，第 47 页。

角色对于态度转变有很大的影响。态度与个体所承担的社会角色密切相关，如果能让主体有机会担任特定的社会角色，按其角色要求做事，就比较容易改变主体原有的态度。

（二）群体规范压力法

【案例】

勒温曾做过一个"参与改变态度"的实验。第二次世界大战期间，美国家庭主妇一般不喜欢用动物内脏做菜，由于当时食品短缺，政府当局希望能说服主妇改变态度。勒温做过如下实验：他把家庭主妇编成六个组，前三组听讲解人劝说，得知这种菜味美、营养价值高，还能得到一份食谱，后三个组被告知团体规定今后要改用动物内脏做菜，一周后检查，讲解组中仅8%的人改变了态度，而团体规定组有32%的人改变了态度。现实生活中也经常如此，有时仅靠说服教育不一定起作用，而用纪律、公约和规范等强制方式，目标反而更易达成。[1]

每个人都处于一定的组织中，组织的准则、价值、规范化的规则都可以有效地影响人的态度。组织规范法就是利用群体规范的强制力、约束力，或者采用一定的行政手段、经济手段和规章制度，迫使员工了解管理者发出的信息，促使其逐步改变态度的一种方法。员工开始可能是在压力强制下被迫地去接受规定，随着时间的推移，变得越来越习惯，进而越来越自觉，以致最后改变原来的态度。这种方法一般运用在当管理层与员工的态度立场严重对立，采取一般的宣传说服难以奏效的时候。

人的群体归属需要和群体的压力是影响态度改变的重要因素。利用这一因素的作用，通过制定群体约定的公约、规则，形成群体压力，可以有效地改变人们的态度。这也是管理规范、制度产生的重要原因之一。

管理中一些重大问题的决策可适当采用讨论的方法形成决议，充分运用团体对个人的影响作用，并通过在组织中形成独特的团体精神、企业风气来有效地影响员工的态度。

（三）价值重组法

所谓价值重组法，是指对现存的价值体系进行转变和重组以改变内在态

---

〔1〕　范逢春：《管理心理学》，中国人民大学出版社2013年版，第77页。

度。例如，在组织管理工作中最好不要提"禁止吸烟""必须与厂方保持一致""谁砸企业的牌子，就砸谁的饭碗"等宣传口号。因为这种提法会给人们一种不愉快的感受，是一种专断式的管理气氛。如将口号改成"我们能创造出高效率""注意熄火""让我们生产出高质量产品来""集体关心我，我关心集体""保住企业牌子就是保住自己的饭碗"等，引进新的参照框架，从而能对事实有新的解释，可以激发员工的主人翁自豪感，从而积极主动地改变组织成员的态度。[1]

（四）逐步矫正法与过度矫正法

又称得寸进尺和矫枉过正法。得寸进尺是指如果向人们提出的改变态度的要求与原有的态度差距悬殊，即向人提出了过高的要求，则不易使态度发生改变。但如果将这一要求分解为若干较小的要求，逐步提出，在前面的小要求被接受后，则后面的其他要求也容易被接受，从而使人们的态度与要求之间的差距逐渐缩小。这种逐步提出要求的方式，叫"得寸进尺"，其作用机理是得寸之后容易进尺。这种方法之所以有效，就在于在社会交往中，人们往往有一种体现自己个性稳定可靠，努力保持其外在形象前后一致的倾向，并以此作为人际交往的重要基础。善变或行动方式前后矛盾总是被人认为是不光彩或是尴尬的，他自己也会感觉到有损自己的人格，产生心理上的不适感。正是这种保持形象和做法前后一致的倾向，使人们一旦多次接受了改变态度的小要求后，就很难再拒绝对方的进一步要求。

矫枉过正与得寸进尺相反，在要求对方改变态度时，先故意提出使对方明显力所难及的要求，再提出较低的要求，这样，这个较低要求就容易被接受，这就是矫枉过正。其作用机理是在求尺之后容易得寸。在商业交易中的"先漫天要价，再落地还钱"的做法就是这种战术。矫枉过正用在那些已有相当交往基础，人际关系良好的人身上时效果最为明显。

（五）说服宣传法

宣传法就是借助一定的传播媒介，如简报、广播、讲座、电视、网络、录像、广告等，把企业的文化、价值观、组织目标等信息传递给员工，使其态度发生转变。宣传可以分为单向宣传和双向宣传，单向宣传是指管理者仅

---

〔1〕 郑可和、江历明、李中斌：《组织行为学理论与实务》，浙江大学出版社 2014 年版，第 68页。

向员工宣传事情有利或不利的一个方面，双向宣传则是全面宣传事情有利和不利的两个方面。双向宣传是一种更公正的讲评方式，一定程度上可以减少员工的对抗或防御心理，更容易说服员工。单向宣传被认为是有偏见的，可能会增强员工的抵抗心理。对于文化程度较高的员工，双向宣传更有效；对文化程度较低的员工，单向宣传更能改变其态度。[1]说服宣传是最常用的方法之一。如何才能使说服宣传取得良好的效果呢？总结起来应主要注意以下几个方面：

1. 从说服宣传者角度

说服宣传者本身的威信与吸引力是极其重要的，这就是权威效应的作用。

【案例】 权威效应

美国心理学家们曾经做过一个实验：在给某大学心理学系的学生们讲课时，向学生介绍一位从外校请来的德语教师，说这位德语教师是从德国来的著名化学家。试验中这位"化学家"煞有其事地拿出一个装有蒸馏水的瓶子，说这是他新发现的一种化学物质，有某种特殊气味，请闻到气味的学生举手，结果多数学生都举起了手。对于本来没有气味的蒸馏水，为什么多数学生都认为有气味而举手呢？这是因为有一种普遍存在的社会心理现象——"权威效应"。

所谓"权威效应"，就是说服宣传者如果地位高，有威信，受人敬重，则所说的话容易引起别人重视，并容易相信。"权威效应"的作用机理如下：首先是由于人们有"安全心理"，即人们总认为权威人物往往是正确观点的代言人，服从他们会使自己产生安全感，增加不出错的"保险系数"；其次是由于人们有"赞许心理"，即人们总认为权威人物的要求往往与社会规范相一致，按照权威人物的要求去做，会得到各方面的认可与赞许。

2. 从说服宣传的方式角度

说服宣传只有合适的人选还不能达到目的，必须运用合理的方式，才能取得好的效果。从说服宣传的方式方面，主要应注意两个"效应"和两个"唤起"：

---

〔1〕 马中宝：《管理心理学》，国防工业出版社 2011 年版，第 127 页。

（1）名片效应和自己人效应。名片效应指宣传者在论述自己的观点之前，先表明自己在某些方面与宣传对象有一致的意见，给宣传对象造成宣传者的观点与他较为接近、有共同之处的印象，从而使宣传对象更容易接受所宣传的观点。这是因为事先声明有共同见解，可以有效地减少宣传对象的对立情绪，削弱对象对宣传观点的挑剔态度和逆反心理，有利于解决问题。

【案例】

有一位求职青年，应聘几家单位都被拒之门外，感到十分沮丧。最后，他又抱着一线希望到一家公司应聘，在此之前，他先打听该公司老总的历史，通过了解，他发现这个公司的老总以前也有类似的经历，于是他如获至宝。在应聘时，他就与老总畅谈自己的求职经历，以及自己怀才不遇的愤慨，果然博得了老总的同情和赏识，最终被录用为业务经理。这位青年的成功正是运用了名片效应的结果。

"自己人效应"与"名片效应"相似，但更进一层，即主动宣称宣传者与宣传对象之间不仅在观点上一致，而且在其他方面也有相似性，如性别、年龄、籍贯、职业、地位、经历、兴趣等都会使宣传对象产生信任感、亲近感，视宣传者为"自己人"，更容易接受宣传内容。

（2）恐惧的唤起和感情的唤起。恐惧的唤起：唤起恐惧在说服宣传中起到重要的引导作用，能够调动宣传对象的联想，引起恐惧情绪，起到制止某种行为的目的。

贾尼斯在研究恐惧与态度改变的关系时发现恐惧程度是一个很重要的变量。当被唤起的恐惧程度处于中等水平时，恐惧程度越高，所产生的态度改变的效果越大；但超出某一限度后，由于唤起的恐惧过于强烈，反而会引起人的心理防卫作用，产生的态度改变反而变小。二者之间的关系，是一种倒U形的关系。

感情的唤起即在说服宣传中，既需要理性的说服，也需要借助感情的唤起来影响宣传对象，做到晓之以理，动之以情。一般来讲，凡是能触动人灵魂的宣传的效果都比较好。

以上我们学习了影响态度改变的因素和改变态度的一些方法，但态度的改变绝非易事，要取得好的效果，还必须仔细研究宣传对象的特点，最重要的就是针对宣传对象的特点，采取恰当的方法，只有因人而异，因事而异，有的放矢，才能取得良好的效果。

【参考文献】

1. 范逢春：《管理心理学》，中国人民大学出版社 2013 年版。

2. 程正方：《学校管理心理学》，中央广播电视大学出版社 2006 年版。

3. 王晓均：《管理心理学》（第 2 版），高等教育出版社 2014 年版。

4. 伊强：《组织行为学》，知识产权出版社 2014 年版。

5. 刘宏、高丽君：《管理心理学》，清华大学出版社 2011 年版。

6. 李原：《墨菲定律》，北京联合出版公司 2015 年版。

7. 顾琴轩：《组织行为学》（第 4 版），格致出版社、上海人民出版社 2015 年版。

8. 夏洪胜、张世贤：《组织行为学》，经济管理出版社 2014 年版。

9. 袁秋菊、高慧：《组织行为学》，首都经济贸易大学出版社 2015 年版。

10. 李雪青："松下幸之助'服务社会'的经营价值观"，载《中外企业文化》2000 年第 11 期。

11. 何萍："斯普朗格的生活形式的文化哲学"，载《社会科学家》2015 年第 2 期。

12. C. Graves， "Levels of Existence：An Open Systems Theory of Values"， *Journal of Humanistic Psychology*， 1970（10）：131~154.

13. 罗倩文：《组织行为学》，西南师范大学出版社 2015 年版。

14. ［美］斯蒂芬·罗宾斯：《组织行为学》（第 10 版），孙健敏、李原译，中国人民大学出版社 2012 年版。

15. 李洁：《大学生人生态度现状与转化研究》，上海人民出版社 2015 年版。

16. 王怀明：《组织行为学：理论与应用》，清华大学出版社 2014 年版。

17. 韩平：《组织行为学》，西安交通大学出版社 2015 年版。

18. 李永勤、郭颖梅：《组织行为学》，中国农业出版社 2014 年版。

19. 郑可和、江历明、李中斌：《组织行为学理论与实务》，浙江大学出版社 2014 年版。

20. 马中宝：《管理心理学》，国防工业出版社 2011 年版。

【阅读材料】

阿里巴巴的价值观管理

阿里巴巴的价值观建立方法：

自 1999 年创立以来，阿里巴巴取得了较好的发展。然而，2000 年底阿里巴巴遇到了成长的瓶颈，部分原因在于互联网行业环境的萧条，即"互联网的冬天"，阿里巴巴在财务压力下无法负担起高额的人力成本。

更重要的是，相比初期的 18 个人，此时的阿里巴巴已经变得很大，拥有了数百名员工，一些新员工没能对阿里巴巴的价值观有一个很好的认识。由此，阿里巴巴开始调整人力资源以获得合适的员工，裁掉了那些与组织价值观不相符的员工。并且，最重要的举措是对首席运营官的甄选，该职位的任务就是设计出系统的组织价值观。

关明生，这个曾经在通用电气有过 15 年工作经验的职业经理人，成了最佳人选，因为诸如通用电气等成功企业一直都是阿里巴巴学习的榜样。在关明生的帮助下，阿里巴巴构建了系统的价值观，被称为"独孤九剑"，即群策群力、教学相长、质量、简易、激情、开放、创新、专注、服务与尊重。同时，阿里巴巴发起了"整风运动"。这一运动的目的是统一思想，如马云所说，就像延安整风运动，首先要统一思想，什么是阿里巴巴的共同目标？就是要做 80 年持续发展的企业，成为世界十大网站，只要是商人都要用阿里巴巴。告诉员工，如果认为我们是疯子就请你离开，阿里巴巴要做 80 年的企业，整风运动要把价值观贯彻到每一个人身上。

此外，阿里巴巴还发起了一个名为"百年大计"的销售培训，培训的最重要的内容不是销售技能本身而是组织的价值观，在培训中所有的管理者都变成了培训师。总之，整风运动和百年大计都是可以强化系统设计的新价值观的有效教育工具。

阿里巴巴的考核机制：

"整风运动"和"百年大计"之后，阿里巴巴经历了高速成长并很快成为一家在 2003 年就拥有数千员工的大公司，尽管价值观的培训曾经是一种有效的措施，但此时已经不够用了。阿里巴巴开始了一项新的方法来进行价值观管理，该方法被称作价值观考核，这与那些仅仅聚焦于关键业绩指标的一般公司的考核体制非常不同。2 个基本的考核维度分成了 4 个象限：一个维度是传统的业绩因素，另外一个是创新的价值观因素，一个有高业绩的人在一般的企业里会有很好的评价，但是，在阿里巴巴还不够，如果价值观得分低，也不会是一个胜任工作的人，从而落在第一象限，这类员工被比喻为"野狗"。相反，有的人可能在价值观上获得高分，但如果不能取得高的业绩也不合格，会被称作"小白兔"，落在第三象限中；只有第二象限的员工是被鼓励的，被称作"阿里人"，价值观和业绩得分都很高。由此，第一象限和第三象限的人应当自我调整以成为"阿里人"。当然，没有公司会聘用第四象限中的价值观和业绩得分都低的人。马云欣赏中国的太极哲学，其由阴阳两面构成，阿里巴巴考核机制的原理正是基于这种哲学，如同马云所言，价值观的功能就像是道德相对于法律的作用一样。

资料来源：http://www.360doc.com/content/16/0420/11/32466010_552252125.shtml，访问日期：2018 年 3 月 9 日。

【复习思考题】

1. 概括说明态度的组成成分及态度的类型。
2. 影响改变态度的方法。
3. 简述费斯廷格的认知失调理论。
4. 影响态度改变的因素。
5. 试分析价值观的作用。

人性假设理论及其相应管理理论

古今中外，对人及人性的看法不同，会导致不同的管理理论及管理方法。因此，管理学从产生之日起，其核心内容之一便是对人性的关照。

人性问题是个复杂的问题，又是哲学家们关心的问题，多学科的争论也纷纷扬扬。马克思说："人的本质并不是单个人所固有的抽象物，在其现实性上，它是一切社会关系的总和。"这一观点指出了，人性并不是一个可以抽象地进行讨论的问题，必须将其置于特定的社会关系之中，从人们所处的社会地位出发来进行研究。这一观点一经出现便为这一领域的研究指明了方向。在管理心理学的研究当中，马克思主义关于人性的观点具有指导意义，是人性研究的重要理论依据。

这里的人性观主要是指管理者对职工的需要和劳动态度的看法，不涉及职工其他的观点和态度。在西方管理心理学研究中，先后出现了"经济人"假设、社会人假设、自我实现人假设、复杂人假设等四种不同的人性，近年来又出现了文化人假设和决策人假设。下面本书将分别对这些人性假设的基本观点、所派生出来的管理建议及其局限性加以介绍和分析。[1]

第一节　人性理论概述

一、关于人的本性

组织有人、财、物、时间、信息等多种资源，在诸多资源当中，只有人

---

〔1〕　刘永芳：《管理心理学》，清华大学出版社 2008 年版，第 29 页。

力资源是能动的、可以开发其他资源的资源，也是唯一可以产生新价值的资源。

管理现代化的一个极为重要的问题，就是如何科学地管理人，以充分调动人的生产、工作积极性的问题。而对人的科学管理，其理论和实践都必然地要建立在对人的科学认识的基础之上。因此，管理心理学中的人性理论问题是管理科学中的一个十分重要的基础理论问题。而要明白人性的问题首先应该明白人是什么。在古希腊，哲学家巴门尼德认为，人是从土中生出来的；德谟克利特认为，人是从地里出来的，就和虫豸之类产生的方式一样。

在这一时期的宗教家看来，人没有独立的本性，人是上帝创造出来的，上帝就是人的本质。近代资产阶级及其学者对人做过系统和富有成果的研究。他们用人权反对封建主义的神权，引起了对人的研究的普遍兴趣。他们反对把人归结为上帝，主张还其自然，认为人是有血有肉、有着各种欲望并应得到各种享受的。但他们的说法又各不相同。英国哲学家培根说："人不过是自然的仆役和翻译官。"法国哲学家拉美特利说："人是一架复杂的机器。"德国哲学家路德维希·费尔巴哈是近代资产阶级学者中，对人的研究最富有理论成果的学者。费尔巴哈反对用神学的观点来解释人，认为人不是上帝的作品而是自然界的产物，人的本质不是上帝而是它自身，"理性、爱、意志力"等就是人的本质。

费尔巴哈从认识自然界的产物去考察人的本性，这无疑是反对宗教神学的一颗有力的炮弹，但他考察的仅仅是"人自身"，而不是现实的历史的人，是抽象的人而不是处在一定社会关系中的人。

在人的问题上，马克思、恩格斯从社会关系的总和方面去考察人，考察人的本性。马克思说："人的本质并不是单个人所固有的抽象物。在其现实性上，它是一切社会关系的总和。"这是对人的本质最科学、最深刻的说明。马克思这个论断的根据有以下几个方面：生产劳动、语言、思维，是人特有的属性，是人区别于动物的根据，是人的社会性的最重要的表现。语言是人类交流思想的工具。思维是语言的内容。语言是思维存在、传播的载体形式。

它是意识区别于动物心理的最主要的方面。生产劳动、语言、思维的结合，形成了人类特有的主观能动性。这就是说，人在劳动中借助于语言的思维形式反映事物的内在属性，尤其是事物存在和发展的规律性。人类正是在思维指导下，通过语言协调人们的行动以改造自然和社会。

人有动物属性或自然属性，也有社会属性。人类的这两种属性无疑是客观存在的，却不是同等重要的，不是并行存在、平行发展的。人的自然属性受人的社会属性的限制。在人身上，像疾病、睡眠等自然属性已经不是纯粹而自然了，它受到了人的社会属性如生产劳动的影响，甚至控制。它们已经是带上社会性的自然属性了。人身上没有纯粹的自然属性这一情况表明，人的本质确实是各种社会关系的总和。

总之，马克思主义主张，人的本质是历史的发展着的各种社会关系的总和。这是有充分历史根据和现实根据的关于人的本质的科学理论。

二、人性理论的涵义与意义

人性理论与"人性论"相关，但二者之间有着层次上的区别。人性理论中的"人"指的是处于特定管理活动范围内的"人"，而不是泛指的最一般意义上的"人"，即哲学上"人性论"中的"人"。二者有关联，但不等同，后者可以为前者提供方法论指导。

人性假设理论，属于管理理论的深层次问题。有什么样的人性理论，就会有什么样的管理理论，以及相应的管理制度。具体来看，管理心理学中的人性理论，是对影响人的生产、工作积极性的最根本的人性方面的因素进行研究和探索时所形成的理论成果；是对人的生产、工作行为中的动力源泉和追求对象的系统认识。人性假设理论，是管理学家根据自己对人性问题的探索研究的结果，对管理活动中的"人"的本质特征所做的理论假定。这些理论假定，是进一步决定人们的管理思想、管理制度、管理方式和管理方法的根据和前提。

（一）中国古代关于人性的假设

人性问题一直是古圣先贤们探讨的重要问题之一，为儒家、法家、道家、法家等所关注，并形成了人性善、人性恶、人性崇尚自然等多种认识。

"人之初，性本善，性相近，习相远"，这些现代人耳熟能详的语句，实际上是对人性问题的最初探讨。同时，荀子又在《性恶篇》中提出了"性本恶"的观点。人性到底是善还是恶，成了一个困扰人们千年的问题。

荀子的性恶说。荀子是性恶论的早期代表人物，其在《性恶篇》中明确主张"人之性恶，其善伪也"，意思是说人性本来就是恶的，人们之所以有善的表现是后天人为的。所以，就顺理成章推出了"礼"。荀子认为，人们如果完全按照本性去做事，迟早会出乱子，要靠礼法来规范人们的行为才能防止人们行恶。在荀子看来，"饥而欲饱，寒而欲暖，劳而欲休"，这是本性。"饥见长而不敢先食；劳而不敢求息"，这是人为，完全是依赖后天的教育获得的，这不是人的本性。承认人本性是恶的，但也承认人完全可以去除掉恶的本性，基本的办法就是人为。荀子认为，"涂之人可以为禹"。即使是一个非常普通的人，经过礼仪教化，经过后天的努力和培养也可以成为圣人。人有为善的可能，要通过学习来达成目的。这一看法与西方管理学中的 X 理论不谋而合，代表了一种对人性的看法。

孟子的性善说。战国时期，孟子主张"人之初，性本善"，他认为人人有善的萌芽，统治者能保持发展它，庶民则不能。[1]同出于儒家学派，但是对于人性的看法，孟子与荀子持有截然不同的观点。孟子曾言，"人皆有不忍人之心"，可见人性皆善。并举例说明人性善的现实表现，比如"见孺子将人于井，无论何人，必立即趋而救之"。在孟子看来，人们之所以这样做，"非所以内交于孺子之父母也；非所以要誉于乡党朋友也；非恶其声而然也"，完全就是人们本能的反应。孟子又从心理上建立性善之论据，认为"人有仁义礼智是基于心，良能不学而能，良知不虑而知，理义为人心之所同然"。孟子将善恶作为人与禽兽之间的区别，人之所以区别于禽兽就在于人的本性是善的。善性存于心，往往受环境的影响，把原来的善端压抑丧失了，以致成为恶人。因此，人如果恶了，并不是因为他本来就是恶的，而是后天影响的结果，即后天力量改进不够。

老庄的自然主义说。老庄是道家学派的代表人物，崇尚自然。道家学派的自然主义有两重意思，第一重意义是泛神论的意义，老子说"天法道，道法自然"，是以自然为极，而无高居于其上者，以自然为第一原理。庄子亦谓："道无所不在通天下一气耳。"第二重意义是放任说的意义，老庄崇自然，极于放任，不加干涉。老子说："我无为而民自化。"一切皆以自然为本旨。庄子亦说："不忘其所始，不求其所终，不以心损道，不皆放任自然，不加人事。"从老庄的论述中，我们没有看到明确的人性善恶的表达，既没有承认人性善，也没有承认人性恶，但主张消极无为，主张无情无欲以免危害天性。

到了汉代，又有思想家提出了善恶混杂的人性观，类似于西方管理学中

---

〔1〕 段锦云：《管理心理学》，浙江大学出版社 2017 年版，第 27 页。

出现的"Z 理论"。清代的王夫之提出了"日生日成"的人性学说，人性不是天生的，而是在后天的环境中逐步形成的。为了保证人性朝着善的方向发展，要改造现实的环境，改造人的思想和行动。这里体现了朴素的辩证唯物主义的思想。[1]

（二）近代西方的主要人性假设理论与时代价值

人是社会生产中最珍贵的资源，是一种可以开发其他各种资源的资源，一旦人力资源被充分开发，即人巨大的体力和心理智慧的潜力被充分开发出来，社会经济就会获得空前的繁荣。

人性理论的重要作用，主要是通过对管理理论的形成和管理实践发生影响来实现的。在各种管理理论的形成中，在各种各样的管理实践中，管理科学家和实际管理工作者对人性问题所持的基本观点，从根本上影响着他们确立什么样的管理理论和管理思想，实行什么样的管理制度和管理原则，选择什么样的管理方式和管理方法。因而，有人认为，科学的人性理论是现代管理心理学理论的基石。

正是由于人性理论具有上述诸多方面的重要意义，我们有必要对西方的人性理论以及与各种人性理论相对应的管理理论，进行系统的介绍和阐述，并对近代以来产生的人性理论及相应的管理理论进行介绍。

1. 人性假设的主要流派

由于对人性的基本看法从根本上影响着人们的管理思想、管理制度和管理的方式、方法，所以，对人性问题的理论探讨，几乎是伴随着管理科学的产生和发展进行的。19 世纪末以来，随着管理科学的长足发展，西方先后出现了以下几种关于人性假设的理论：

（1）19 世纪末到 20 世纪初，出现了以泰勒为代表人物的"经济人"的人性假设理论；

（2）20 世纪 30 年代，出现了以梅奥为代表人物的"社会人"的人性假设理论；

（3）20 世纪 50 年代，出现了以马斯洛、阿基里斯等人为代表人物的"自我实现人"的人性假设理论；

（4）20 世纪 60 年代，出现了以沙因为代表人物的"复杂人"的人性假

---

〔1〕 车丽萍：《管理心理学》，武汉大学出版社 2016 年版，第 61 页。

设理论；

（5）20世纪70年代，出现了以西蒙等人为代表人物的"决策人"的人性理论观点；

（6）20世纪80年代，又逐渐形成了一种"文化人"的人性理论观点。

2. 人性假设理论的时代价值

人性的发展性决定了人性与社会历史发展阶段的耦合性，人类社会的发展阶段也反映了人性生成发展具有一定的阶段性，这种阶段性是随着人对自身和社会的认识而不断发展的，因而人性假设理论是人对人自身认识和研究的阶段性认识和总结，是顺应人类社会发展规律的理论与实践。

（1）为人性研究提供了理论前提。人性假设并不是将人性固化，也不是先入为主地将人性先验地规定下来。人性假设理论是建立在人的存在与实践的基础上而提出的人性判断与概括，它的理论基础是对人的本质的认识。人性假设是对人的存在意义进行价值判断的有效路径。研究人首先要回答的问题就是人的实然状态和应然状态是什么，即"人现在怎样，本来应该是怎样"的问题。对人的实然状态的现实判断为人性研究提供了逻辑起点，而对人性状态的预设期望又为人性研究架构了理论前提。有了这样的前提条件和逻辑起点就可以对人作出价值判断，从而回答好人的应然状态是什么，即人应该怎样进行价值选择和价值塑造的问题。当然，要研究好人的"实然"和"应然"状态，更应该有科学的研究方法，使人的研究在方法设计和价值落实上有理论架构的存在，那就是以人性假设作为一种前提，推动人性假设在诸多学科领域涉及人的研究中得到普遍应用。首先，人性假设表现为一个阶段对人性的高度概括和理论总结，从理论层面阐释人性的实然是什么以及人性的应然要怎样，在对人性假设的理论进行梳理中，很多人性假设都是作为某学科理论的逻辑起点。在哲学、社会学、管理学、经济学、政治学等学科领域都有相应的人性假设，这些人性假设理论都同样在回答人性的"实然"与"应然"，但它们的切入点和侧重点却各有所不同，故而也有着相互联系和相互借鉴的逻辑关系。所有人性假设理论都可以被划分为两个模型，一个是以"是"为始基，即事实型人性假设；另一个则是以"应该"为始基，即价值型人性假设。其次，人性假设还表现着人性假设理论的推理演绎，即以人性假设为起点，实现人性假设的发展模式，如从"经济人""理性人"到"理性经济人"等，这可视为发展型人性假设。

随着人性假设理论设计的不断演进，人们对人性假设作为一种理论架构和理论基础的认识也趋于认同，在诸多领域中形成自发到自觉的成熟状态，开始形成一定的价值体系。人性假设是种公理性概括，通过人性假设推理演绎出系列哲学经济学、管理学等学科的理论体系。

（2）为人性涵化提供了实践指导。人性假设是从人的现实形态对人的本质进行事实判断和对人性应该成为的样态进行展望而提出的，所以，人性假设的内涵是人性在特定时代中的普遍性与特殊性的统一。人性假设是人的发展水平的现实反映，也是人类社会发展阶段的现实反映，它受社会发展物质条件的制约。同时又受社会形态对人的发展的现实要求的制约，人性假设是对人的现实存在设定的理论范式，是特定的社会发展条件下人的共同属性和区别于其他动物的根本特性。这种共同属性，既是对人的规范与约束，又是人之于社会的共同要求，因而对主体的人具有引导和示范的效果，直接作用于人的身心发展，起到教育人的目的。

人性涵化在本质上就是对普遍性人性的思想教化和德性内化。人性假设与人性涵化在逻辑上存在着三种关系：一是理论上的支持关系；二是实践上的互动关系；三是方法上的指导关系。

在理论上人性假设为人的现实存在本质作出了事实判断，是对人共同本质进行外化的概括与总结，它包括人的自然本质、社会本质和精神本质，这三者是人的全面发展的重要内容。一方面，人性假设是对人的本质的普遍性阐释，对现实的人具有思想武装、情感固化的作用，这是人对自身认识作用于具体人的反衬作用，在一定意义上，现实的人、具体的人也受着人性假设抽象的人的本质的影响，通过具体的现实的人把抽象的人性本质化为人的具体思维，并以此为基础，在人的实践活动中生成和发展；另一方面，人性假设理论源自对人性普遍性的概括，又是对具体人性的超越，它蕴含着对人的价值实现的愿景。人之为人的价值不仅表现在人的自然本质和社会本质，更表现为对精神价值的不懈追求，是人的德性走向崇高并内化于心的过程。人的理性、欲望、情感的合理化生成就是人的品质得到塑造并趋于健全的表现。

在实践上，人性假设理论只有置于某一学科领域的入口之处才具有实践的价值，"经济人"假设奠定了西方经济学研究的基础，"社会人"假设开拓了管理科学新的领域。从某种意义上说，人性假设理论与实践的互动性促进了理论本身不断发展深化，也在各学科领域的实践中找到了自身的价值。同时，人性假设理论为人的思想教化和道德内化提供了思想基础，也为人性涵化的实践提供了路径和价值观。

在方法上，人性假设为人性涵化提供了方法论。人性假设是研究人性的范式，人性假设具有目的指向性。人性假设所提出的相关概念一定是与人们普遍存在的行为相互联系的，人性假设是质的分析与量的分析相统一的研究方法。人性假设方法是对人的思维和行为的分析方法，通过假设人的需求和动机特点，推导出人性的基本模式。它是基于演绎逻辑的一种方法，而演绎方法的特点就在于能够通过内涵的设定获得较为全面的外延变量。人性假设对人性涵化来说，不仅提供了宏观的方法论指导，在微观方面更是具体方法和途径的呈现。人性假设以人的现实需要为出发点，概括人的需要与动机，反映出人的本质特点，这为形成社会管理规范提供了可能。有效、成熟的管理规范就是一种制度安排，是人性涵化在方法论上的最高追求。

（3）为人性发展提供了实现步骤。人的实践存在决定了人性是处于动态生成与发展之中的，实践的历史性决定了人性发展的历史阶段性，人性的发展与人类社会历史发展具有吻合性和适应性，人性发展的阶段性是由人类社会发展的阶段性决定的。人性假设是人性发展的阶段性表现和概括。人性假设理论的发展过程是人性发展中量变引起部分质变的过程，从而体现了人的全面自由发展的过程性与阶段性，保证了人的全面自由发展目标实现的可能性和现实性。人性发展是理论与实践的统一，也就是人性的理论假设与人性的实践生成的统一。人性不是一成不变的，而是处于不断生成与发展之中，人性随着人类历史发展而演变，以人性假设为主要内容的人性理论也是阶段性不断演变的。一方面，人性的现实表现是人性假设理论的现实基础，是人性假设得以丰富和发展的前提条件。人是社会的产物，人在社会生产劳动中的本质体现和实践要求可以通过人性假设理论反映出来。人性假设是对一定历史阶段的人性的科学概括和对人性发展的期盼，并通过实践表现出来；另一方面，人性假设作用于人的思想，形成人性价值观念，并直接地塑造着人的人性，使现实的人性朝着人性假设对人性期盼的方向发展，故也可以说人性假设理论对人性涵化具有指导意义。人性假设的理论与实践的相互作用与相互促进，推动着人性的螺旋式发展。然而这种人性发展是阶段性和过程性的统一，阶段性反映了人性发展部分质变的过程，过程性反映了人性发展的轨迹。人性发展是量变引起部分质变的历史过程，每次质变都使人的全面自由发展向前迈进一步，这是人的全面自由发展的根本动力，也是人的全面自由发展得以实现的根本保证。

第二节 "经济人" 人性假设及相应的管理理论

一、"经济人" 人性假设

"经济人"也被称作"唯利人"或"实利人"。这种人性观产生于管理学早期阶段。当时，管理学者开始从经济的角度寻求工作的最主要的动机，不再把人看作完全被动的"工具人"。"经济人"假设的哲学基础是享乐主义哲学，其代表人物亚当·斯密关于劳动交换的经济理论，认为人的行为动机源于经济诱因，在于追求自身的最大利益。[1]

对于"经济人"的特征，美国管理心理学家沙因在 1965 年作了如下概括：

1. 人是唯利是图的

人是由经济诱因来引发工作动机的，谋求个人经济利益的最大化。

2. 人是被动的，受组织操纵的

组织控制经济诱因，人被动地受组织的操纵、激发和控制而工作，因而组织必须要干涉他所追求的私利。

3. 人是非理性的

人的情感是非理性的，组织必须设法控制个人的情感。

二、X 理论的基本内容

这里所说的 X 理论，是一种建立在"经济人"的人性理论假设基础上的管理理论，而不是一种人性理论。X 理论阐述的是：假设人都是"经济人"，那么管理者应如何去进行相应的管理。X 理论是麦克雷戈 1965 年对"经济人"人性假设指导下的管理工作进行理论概括后提出来的，其内容要点有：

1. 管理的必要性

多数人天生是懒惰的，他们会尽量逃避工作，所以必须进行严格管理。

---

〔1〕 段锦云：《管理心理学》，浙江大学出版社 2017 年版，第 27 页。

2. 指挥的必要性

多数人是没有雄心壮志的,不愿意负任何责任,喜欢依赖别人,乐于受他人指挥。

3. 强制和惩罚的必要性

多数人的个人目标与管理目标是相矛盾的,追求个人利益的最大化,必须采取强制的、惩罚的办法,才能迫使他们为达到组织目标而工作。

4. 物质和奖励的重要性

多数人干工作是为了满足自己的生理的和安全的需要,因此,只有金钱和其他物质利益才能激励他们努力工作。

5. 管理专业化的必要性

人大致可分为两类,大多数人具有上述特性,属被管理者;少数人能够自我激励,能够自我约束而成为管理者。

基于以上理论内容,X 理论启示管理者在管理工作中需要注意以下三个方面:

第一,摆正管理理论、管理者观念与管理政策、管理措施之间的关系。要制定管理政策、管理措施,首先就需要确立适当的管理理论与管理观念。一般来说,在一个组织当中,管理者的管理理论修养以及管理观念会直接影响到他所负责的任务的完成,包括他可能采取的行动方案、对员工之间的沟通与交流以及组织目标的达成等。

第二,强调在管理中要注重开发人力资源,发掘人的潜在力量。麦格雷戈认为:"须知一项事业的管理方式,往往决定管理阶层对所属人员的潜在力量的认知,及对如何开发这份潜在力量的认知。倘使我们对管理发展的研究,系自各项管理发展计划的形式上的制度着手,我们便将走错路。"

第三,管理者所持观点一定要旗帜鲜明,防止管理实践中出现混乱。一般来说,管理者所持有的管理理论及相关的理论假设,直接影响到管理实践,影响到他们所选择的管理人员等。因此,要明确管理理论及假设。

三、相应管理措施和方法

在"经济人"的人性理论与 X 理论影响下出现的管理模式有以下几个特点:

1. 管理方式——以任务为中心

实行任务管理的管理者认为,管理就是计划、组织、经营、指导、控制、监督。他们只重视提高生产效率，完成任务指标，从根本上忽视了人的情感、需要、动机、人际交往等心理因素在管理中的作用。

2. 管理理念——单向度管理

管理只是少数管理者的事，与广大职工无关，不允许工人参加管理，强调工人只是服从命令，听从指挥，接受管理，拼命工作。

3. 管理方法——胡萝卜加大棒

在管理方法上主张用金钱来刺激工人的生产积极性，用惩罚来对付工人的消极怠工行为。通俗地说，就是采取"胡萝卜加大棒"的政策。泰勒制就是"经济人"观点的典型代表。泰勒所提倡的"时间-动作"分析，虽有其科学性的一面，但他的出发点是考虑如何提高劳动生产率，而对工人的思想感情则甚少注意。泰勒甚至对于工人不像牛那样愚蠢而感到遗憾。他认为，如果工人真能像牛那样愚蠢，就可以让他们俯首帖耳地按照他所设计的标准动作进行工作，工作效率也许会更高。

4. 管理方式——管理专业化

泰勒主张把管理者与工人严格区分开来，绝不允许工人参与企业管理。泰勒还认为，工人做工完全是出自追求金钱的动机，或者是为了避免惩罚。因而，在他的管理思想和具体管理措施中，只以金钱或处罚来调动和维持工人生产的积极性。所有这些，是"经济人"的人性假设在管理活动中的典型反映。

四、对"经济人"人性假设理论的简要评析

1. 理论贡献

"经济人"的人性理论及其相应的管理理论 X 理论，从经济人的角度寻求调动工人生产、工作积极性的途径、方法和措施。"经济人"的人性假设的一个显著特点就是注重反映人的经济需求，认为人的经济需求是客观的、基本的，是人劳动工作的根本性动机。这些认识都具有很高的科学性。

经济人假设和 X 理论的产生有其特定的历史背景。在当时生产力不发达，物资比较匮乏的条件下，劳资矛盾突出的主要原因是工资待遇低下，管理者考虑问题的重心也主要落在人性的自然层面。经济人假设的提出对于缓解劳资矛盾，提高生产力，提供了具有操作性的理论基础。尽管现在在一些发达的资本主义国家的大企业中，该理论已不再适用，但在一些欠发达国家或一些中小型劳动密集型企业的管理实践中，仍然能看到这种理论的影子。

正因为上述原因，X 理论虽然在一些比较发达国家的管理界，尤其是在大中型企业、事业单位，被认为是不合时宜的过时理论，但在一些发展中国家甚至在一些发达国家的不发达地区，这一理论及与之相适应的管理思想、管理措施的影响还是比较普遍的。

2. 理论缺陷

首先，"经济人"的人性假设理论的理论缺陷在于它以享乐主义为其哲学基础，这种假设认为人天生是好逸恶劳的，与这种假设相适应，管理理论、管理原则和措施的基调就是控制，以金钱激励为主而采用机械式的管理，劳动者缺乏主人翁意识，缺乏创造性，只是被动地参与其中。

其次，该理论认为大多数人都是缺乏责任心的，他们没有雄心壮志，宁愿受别人领导也不愿意积极主动地采取行动。在这样的理念之下，管理者反对工人参与管理，在管理与被管理之间划了一条分界线，使二者对立起来。

最后，该理论和假设不关心员工的思想感情，反对工人参加管理，甚至对于人不像牛那么愚蠢而感到遗憾，它不可能真正激发劳动者的工作动机，所以也不可能最大限度地发挥人的积极作用。[1]在这种人性理论指导下产生的管理措施，不可能真正地、持久地调动人的生产工作的积极主动性，激发人的劳动热情和创造精神。

3. 经济人理论在我国的发展概况

在一个很长的历史时期里，我国管理界并没有受到西方人性假设理论的直接影响。但是，我们的管理思想与管理活动也必然是以某种关于人的本质的看法为思想基础的。

（1）新中国成立前的我国企业管理的思想及其措施普遍地与"经济人"的人性理论不谋而合，同时掺杂了传统的、地方的文化色彩。

（2）新中国成立初期，我们既注意了人的社会性，也注意了人的自然性，既重视思想改造和政治教育，又注意不断地满足人们基本的生理、安全的需要，提出"生产长一寸，福利长一分"的口号，收到了很好的效果。

（3）1956 年之后，在一个较长时期内，在"左"的思想干扰下，我国过分强调人的精神力量和阶级本性的一面，而忽视了人的"自然"的一面。在管理上，很少考虑被管理者的物质欲求、经济需要，大批"奖金挂帅"和

---

〔1〕 刘永芳：《管理心理学》，清华大学出版社 2008 年版，第 30 页。

"物质刺激"，以思想觉悟的高低和阶级成分来归属和规范人的行为，造成诸如夫妻长期两地分居、女工产假太短等问题，但这些问题在管理实践中都不被看作是"问题"。由于管理指导思想的错误和其他制度性原因，我国职工的工作积极性在总体上长期处于一个较低的水平。

（4）十一届三中全会以后，我国认真贯彻落实了"按劳分配"的原则，注重从各方面解决被管理者生活中的实际问题，重视满足人们的物质和精神需要，这是一个重大的转折。当然，在这一过程中出现了一些偏颇，如在恢复奖金制度后，一些领导、管理干部，思想出现了偏差，倾向于把人看作"经济实利人"，认为物质刺激是调动被管理者积极性的、最有效的甚至是唯一的手段，忽视了人的"社会属性"，轻视思想政治工作。在许多单位，奖金额越发越高，但被管理者的工作积极性却并未如愿提高，职工患得患失，与组织斤斤计较的观念也越来越强。这实际上是在走西方走过的弯路，其教训是深刻的，这是不研究管理科学，不按科学管理规律办事的结果。

第三节　"社会人" 人性假设及相应的管理理论

一、"社会人"人性假设理论的涵义

该人性假设产生于 20 世纪 30 年代至 50 年代，由社会学家梅奥（Elton Mayo）等经过实验而得出。当时的时代背景是"经济人"假设受到质疑，工人在拿到理想的物质报酬之后，劳动生产率并没有同步相应地提高。于是，人们就开始研究其中出现了什么问题。在这种情况下，梅奥教授在霍桑试验的基础上提出了与之前不同的人性假设，认为良好的人际关系是调动人的生产积极性的主要因素，人们在工作中得到的物质利益对于调动生产积极性只有次要意义。梅奥在著名的霍桑实验后，提出了人际关系学说，其在 1933 年出版的《工业文明中的人的问题》一书中提出了社会人假设的基本观点。[1]他认为良好的人际关系是调动人的积极性的决定性因素，管理中的人不是"经济人"，而是"社会人"。

---

〔1〕 刘永芳：《管理心理学》，清华大学出版社 2008 年版，第 31 页。

二、"社会人"的人性假设理论与霍桑实验

"社会人"的人性假设理论的形成和确立与霍桑实验有着极密切的关系，特别是与霍桑实验后期的谈话实验的内容与结果有关。这次谈话实验又叫疏导实验。

梅奥在霍桑工厂进行了一次大规模的调查。他用了两年多时间，找工人谈话两万多人次。并规定调查人员在谈话过程中，要做详细的书面记录，对工人的讲话要耐心听，不反驳、不训斥、不报复。这项实验收到了意想不到的效果，霍桑工厂的产量直线上升。工人经过谈话，发泄了不满，心情舒畅，使产量大幅度提高。

根据霍桑实验，尤其是根据谈话实验的结果，梅奥批评了"经济人"的人性假设理论，确立"社会人"的人性假设理论。他在1945年出版的《工业文明中的社会问题》一书中，以霍桑实验的结果来批评"经济人"的人性理论及其管理思想。

归纳梅奥的思想主要包括以下四个方面：

（一）人有社会心理需求

传统管理把人假设为"经济人"，认为金钱是刺激积极性的唯一动力。霍桑实验证明，人是"社会人"，影响人的生产积极性的因素，除物质条件外，还有社会、心理因素。

（二）效率高低取决于士气

传统管理认为，生产效率主要取决于工作方法和工作条件。霍桑实验认为，生产率的提高或降低主要取决于职工的"士气"，而士气则取决于家庭和社会生活，以及组织中人与人之间的关系。

（三）重视非正式群体

传统管理只重视正式群体的问题，诸如组织机构建设、职权的划分、规章制度的制定等。霍桑实验还注意到正式集体中存在着某种"非正式群体"。这种无形的组织有着一种特殊的规范，影响群体成员的行为。

（四）新型领导的必要性

霍桑实验还提出了新型领导的必要性。领导者在了解人们合乎逻辑的行为的同时，还须了解其不合乎逻辑的行为。要善于倾听并与职工进行有效沟通，使正式组织的经济需要与非正式组织的社会需要达到完美结合。

三、"社会人"的人性假设及其相应的管理理论

在"社会人"的人性假设理论影响下产生的管理思想及其管理措施，主要有以下四个特点：

（一）管理重点——以人为本

管理人员不能只注意完成生产任务，而应把注意的重点放在关心人、满足人的需要上。

（二）管理手段——重视心理

重视归属感、整体感。管理人员不能只注意指挥、监督、计划、控制和组织，而更应该重视职工之间的关系，培养和形成职工的归属感和整体感。

（三）奖励方式——集体奖励

在实行奖励时，提倡集体的奖励制度，而不主张个人奖励制度。

（四）管理职能——桥梁纽带

管理人员的职能也应有所改变，他们不应只限于制订计划、组织工序、检验产品等，而应在职工与上级之间起到联络人的作用。一方面，要倾听职工的需求和了解职工的思想感情；另一方面，要向上级反映职工的呼声。

（五）管理方式——参与管理

在"社会人"的人性假设理论影响下，西方管理界提出了"参与管理"的新型管理方式。"参与管理"是指在不同程度上让职工或下级参加决策的研究和讨论。美国的马洛（A. J. Marrow）在哈乌德公司的一项著名实验中，使用"参与管理"的典型——"斯凯计划"取得的巨大成功表明，"参与管理"是一种符合管理活动中职工心理规律的管理方式，其效果显著优于传统的"任务管理"。

四、对"社会人"的人性假设理论的简要评析

（一）理论上更进一步

"社会人"的人性理论较之"经济人"的人性理论，无疑又前进和深入了一大步，它不仅看到了人具有满足自然性的需要，并且进一步认识到人还有尊重的需要、社交的需要等其他一些社会需要，后者比前者层次更高。由于这种认识更接近于对人的本质的科学认识，在管理界很快被人们所接受，也产生了较大的影响。

（二）缓和劳资关系

在资本主义初期，资本主义生产关系决定了劳资之间在经济利益和思想感情上必然是对立的。由于基于"经济人"的人性理论的管理思想和管理方式，以及资方追求剩余价值的贪婪性等因素，劳资关系非常紧张，势必影响企业的生产效率。因此，"社会人"的人性理论及由此产生的管理思想和管理方式受到了普遍重视，也确实在一定程度上缓和了紧张的劳资关系，促进了劳动生产率的提高，收到了很好的成效。

（三）理论上的局限性

另一方面，我们还必须清楚地看到，"社会人"的人性理论中所说的"社会"，是指由一定的生产活动联系起来的自然人群。它抛开资本主义社会的生产关系和阶级关系，是把"社会"作为生物学上"群"的概念提出来的。它特别强调的社交需要、建立良好的人际关系的需要，实质上是狭隘的心理需要。

可见，"社会人"的人性理论还远不是全面揭示人的社会性的科学理论。另外，"社会人"的人性理论对人的经济动机作用的忽视和贬低也是很不适当的。

五、"社会人"的人性假设理论的借鉴意义

对"社会人"的人性理论以及"参与管理"，我们必须既要注意吸取其科学的成分，借鉴其合理的部分，又要注意识别、批判其非科学的成分。

因为在我国的多数企事业单位中，职工既是被雇佣者，又是组织的主人，这就决定了我们不仅需要让职工参与单位的一些管理活动，还应实行民主管理，充分发挥职工代表大会的作用，全心全意地依靠职工搞好组织的发展，切实解决职工的"丫头拿钥匙——当家不做主"的问题。

"参与管理"的许多具体措施，比如充分发动职工提合理化建议、召开职工论证会等，对我们的管理工作都具有借鉴意义。

当然，目前我国的管理水平发展得很不平衡，在一些组织中，特别是乡镇企业中，还存在着只注重"经济"因素的激励作用，忽视职工的社会心理需要的问题。这常常成为充分调动、激发职工的生产积极性和创造力的管理思想方面的障碍。我们应该从管理科学的人性假设理论及管理思想的发展中受到启发，根据实际情况，根据职工在生产过程中的心理活动规律，确定我们的管理措施。

第四节 "自我实现人" 的人性假设及其相应的管理理论

一、"自我实现人"的人性假设理论与 Y 理论的涵义

（一）"自我实现人" 的人性假设理论的基本涵义

自我实现人也叫"自动人"。这种人性假设认为人们力求最大限度地发挥自己的潜能，表现出自己的才华，只有这样才会获得最大的满足感。

"自我实现人"的人性假设理论的代表人物是美国心理学家马斯洛。"自我实现人"的人性假设理论是建立在马斯洛的"需要层次理论"基础之上的。

马斯洛认为，人类需要的最高层次就是"自我实现"。所谓"自我实现"，是说人发挥自己的潜力，表现自己才能的需要。只有人的才能充分表现出来，人的潜力充分发挥出来，人才能够获得最大的满足，即"每个人都必须成为自己所期望的那种人"。

马斯洛试图说明，人都有积极努力，充分发挥自己的能力，取得优良成绩的内在心理基础和可能性。这种可能性能否变为现实性，主要看有没有适宜的外部环境条件。

（二）Y 理论的基本内容

麦克雷戈总结和概括了马斯洛等人的"自我实现人"的人性假设理论，提出了一种与 X 理论相对立的理论——Y 理论。这种理论认为：

1. 勤奋性

一般人都是勤奋的，如果环境条件适宜，人们工作起来就像游戏和休息一样自然。

2. 自觉性

控制和处罚不是实现组织目标的唯一方法，人们在执行工作任务中能够自我指导和自我控制。

3. 主动性

在正常情况下，一般人不但乐于接受任务，而且会主动地寻求责任。

4. 创造性

人群中存在着广泛的高度的想象力、智谋和解决组织问题的创造性。

5. 潜在性

在现代工业的条件下，一般人的潜力只利用了一部分，人们中间蕴藏着极大的潜力。

Y 理论的管理特点是：尽量把工作安排的富有意义，对员工具有挑战性，使员工通过工作满足自尊。管理人员的责任在于寻找什么工作对什么人具有最适宜的挑战性和意义，最能满足其自我实现的需要，使员工在工作中不再感到负担，而是感受到生活的乐趣和意义。组织对工人不需要激励，而是提供机会，让员工自我激励，自然地实现组织目标。

"自我实现人"假设的基础是存在争议的，因为人既不是天生懒惰，也不是天生勤奋的；人格与人性的发展是先天素质与后天环境和教育的结果；自我实现既不是自然成熟的过程，也不是仅仅依靠自我设计、个人奋斗就能达到的，而是人们在社会实践中能动地改造变革现实的结果。把不能达到"自我实现"的原因归结为缺乏必要的条件，也是一种机械主义的观点。但总体而言，"自我实现人"假设相应的管理措施中，仍有许多值得我们借鉴的方法。麦克雷格提倡 Y 理论，反对 X 理论，他的 Y 理论实际上是"自我实现人"假设的具体化，与 Y 理论相对应的管理措施也发生了相应的改变。

二、"自我实现人"的人性假设与 Y 理论影响下的管理活动的特点

在管理思想和管理措施方面，"自我实现人"的人性假设理论与"经济人""社会人"等人性假设理论所产生的影响也有很大不同。其主要特点是：

（一）着眼点的改变

"经济人"的人性假设影响下产生的管理思想只重视物质因素，重视任务的完成，轻视人的作用和人际关系。在"社会人"的人性假设影响下产生的管理思想和管理措施与此相反，它重视人的作用和人际关系，而把物质因素放在次要地位。"自我实现人"的人性假设又把注意的重点从人的身上转移到工作环境上，但它重视环境因素不是把重点放在计划、组织、指挥、监督、控制之类的管理环境上面，而是要创造一种适宜的工作环境、工作条件，使人们能在这种条件下充分挖掘自己的潜力，充分发挥自己的才能，也就是说能够充分地自我实现。

（二）管理人员职能的改变

从"自我实现人"的人性假设出发，管理者的主要职能既不是生产的指

导者，也不是人际关系的调节者，而是采访者、协助者和保障者。他们的主要任务在于如何为发挥人的才智创造适宜的条件，减少或消除职工在自我实现过程中所遇到的障碍。

（三）奖励方式的改变

在"经济人"的人性假设影响下产生的管理思想，主张依靠物质刺激调动人的积极性。在"社会人"的人性假设影响下产生的管理思想，主张依靠搞好人际关系来调动职工的积极性。这些都是从外部来满足人的需要，而且主要是满足人的生理、安全和归属（交往）的需要。

麦克雷戈认为，对人的奖励可分为两大类：一类是外在奖励，如加工资、晋升及良好的人际关系；另一类是内在奖励，是指人们在工作中获得知识、增长才干以及充分发挥自己的潜力后心理上的满足和愉悦。只有内在奖励才能满足人的自尊和自我实现的需要，从而极大地调动人的积极性。

麦克雷戈如下的话很能表达在"自我实现人"的人性假设影响下产生的管理思想的特点。他说："管理的任务只在于创造一个适当的环境，即一个可以允许和鼓励每一位职工都能从工作中得到'内在奖励'的环境。"

（四）管理制度的改变

从"自我实现人"的人性假设来看，管理制度也要做出相应的改变。总的来说，管理制度应保证职工能充分地表现自己的才能，达到自己所希望的成就。

三、对"自我实现人"的人性假设理论的简要评析

"自我实现人"的人性假设理论的提出是有其历史背景的。它是资本主义工业发展到高度机械化程度时，管理实践的客观需要在管理思想中的反映。

随着大工业生产的发展，工人的工作日益专业化，特别是传送带工艺（生产线）的普遍运用，把工人束缚在狭窄的工作范围之内，工人只是重复简单的单调动作，看不到自己的工作与整个组织任务的联系，因而，工作的士气很低，影响产量和质量的提高。"自我实现人"的人性假设理论符合当时的实际情况，有利于解决管理中的弊端，因而很快成了一种有影响力的人性假设理论。

"自我实现人"的人性假设理论以及在它影响下产生的一些管理措施，对现实管理活动有一定借鉴意义。例如它提倡在可能的条件下为职工和技术人

员创造适当的工作条件，以利于充分发挥个人的才能；它强调组织领导人要相信职工的独立性、创造性，对于推动创新活动的发展有积极意义。

当然，"自我实现人"的人性假设理论并不是一种完美的人性理论，它也有自身的片面性和局限性。用辩证唯物主义的观点来看，人既不是天生懒惰的，也不是天生勤奋的，不是所有人都把充分发挥自己的潜力、充分表现自己的才干作为最大的满足。人是很复杂的，他（她）是否追求"自我实现"，是否把充分发挥自己的潜力、充分表现自己的才干作为最大满足，并不取决于马斯洛等所谓的人的自我实现的自然发展过程，而取决于此人后天所接受的全部社会环境的影响。

实际上，勤奋和勇于负责并不是人的本性，也不像"自我实现人"的人性假设所认为的那样："自我实现"是人天生要追求的自然发展过程。恰恰相反，正是人所受的社会环境和教育的影响，才使得一部分人形成了"自我实现"的需要，也使一些人仅仅把低层次的生理、安全、交往等需要的满足作为追求目标。可见，我们既应注意吸取"自我实现人"人性假设理论中对我们有借鉴意义的内容，也要注意剔除其过于理想化甚至非科学的东西。

第五节　"复杂人"的人性假设及其相应的管理理论

一、理论形成的历史背景

以上介绍的"经济人""社会人""自我实现人"的假设理论，都是从某一个侧面来认识被管理者的属性，虽都具有一定合理性，也曾在管理发展的不同阶段起到过一定的积极作用，但都有较大的局限性。

随着管理心理学研究的不断深入，人们发现人类的需要和动机并非那样简单，而是复杂多变的。人的需要在不同的情境、不同的年龄，其表现是有差别的。人的需要和潜力随着年龄的增长、知识的积累、地位的变化以及人际关系的调整，在不断地变动着。"复杂人"的人性假设理论，就是在这些认识的基础上，于 20 世纪 60 年代~70 年代提出的。该理论的创始人是沙因（Edgar. H. Schen）等人。

二、"复杂人"的人性理论的基本内容

"复杂人"的人性假设理论的基本内容主要有以下几点：

（一）需要的多样性

人的需要是多种多样的，随着人的自身发展和社会生活条件的变化而发生变化，并且需要的层次也不断改变，因人而异。

（二）动机的复杂性

一般来说，不同人的动机都不同，同一个人的动机也可能是复杂的，即使在同一时期，人也可能会有不同的需要和动机共同发生作用，并结合成一个统一的整体，形成复杂的动机模式。例如，一个人想获得高额奖金，其动机一方面可能是为了改善物质、文化生活，另一方面可能是把高额奖金看作是对自己取得成就的肯定。

（三）表现的不一致性

一个人在不同的场合，在不同单位甚至在同一单位的不同部门工作，都有可能会产生不同的心理状态，因此在行为表现上也会有较大差异。例如一个人在工作单位可能表现得很不合群，而在业余时间和非正式团体中却表现得很合群。

（四）管理的适应性

管理方式本无好坏，也不能进行抽象的比较，成功的管理不是一个固定模式，而是应根据实际情况和实际需要采取适应性的管理，所以管理者不要过于迷信或刻意追求某一种管理模式。一般来说，被管理者能够适应各种不同的管理方式，但是没有一种万能的管理方式，能够适用于所有人。

三、超 Y 理论及其意义

前面讲过，麦格雷戈在《企业中的人性方面》一书中把根据"经济人"的人性假设提出的管理思想概括为 X 理论；把根据"自我实现人"的人性假设提出的管理思想概括为 Y 理论。摩尔斯（J. Malse）和赖斯克（J. W. Larsch）则根据沙因的"复杂人"的人性假设提出了新的管理理论——应变理论，这个理论又叫超 Y 理论。

（一）主要内容

（1）人的需要是多种多样的，不同的人有不同的需要，同一个人随着生活条件的变化，也会产生不同的需要。

（2）在同一时间内，人会有各种需要，从而有不同的动机。这些需要和动机形成了错综复杂的动机模式。

（3）人的动机模式受到内部需要和外部环境关系的影响。随着环境的变化，以及工作和生活条件的变化，人们会产生新的需要与动机。

（4）人的需要会因为单位的不同而不同，即使在同一单位之中，也会因为部门的不同而不同。

（5）不同的人需要也不同，因此，没有一种完全适应各种情况的放之四海而皆准的有效管理方法，还是应该因人而异。

（二）对管理的启示意义

"复杂人"假设并不是对前述人性假设理论的完全否定，也不是要求管理人员采取与之前三种假设完全不同的管理措施，而是提出了权变理论，认为根据具体情况采取的适当管理措施才是最佳的管理措施。具体包括以下内容：

（1）管理者要有权变的观念，不能拘泥于一种管理方式，而是要根据情境的变化适时地调整管理方式。如果管理环境较好，即在工作任务清晰、领导有权威、分工明确的情况下，应当采用民主的管理方式；如果管理环境不理想，即在工作任务模糊、分工不明确、上下级关系紧张的情况下，应当采用较为严格的领导方式。

（2）它既区别于 X 理论，又不同于 Y 理论，它倡导管理方式要根据组织所处的内外条件而随机应变。它认为，根本不存在一种一成不变的普遍适用的"最好的"管理原则和管理方法。对管理者来说，没有最好的管理策略和措施，要掌握不同的策略和措施以备在不同情境下使用。

（3）组织性质不同，职工工作的固定性也会不同。有的组织需要采取较固定的形式，有的组织则需要有较灵活的组织结构。因此，应根据工作性质的不同，采取灵活多变的组织形式。组织领导人的工作作风也应随组织的情况而有所不同，以提高管理效率。

（4）注重个体的差异性。应变理论并非否定其他人性假设理论，而是要求要根据具体的人的不同情况，灵活地采取不同的管理措施。这就是说，要因人而异，因事而异，不能千篇一律。

四、对"复杂人"人性假设理论的简要评析

从上述内容我们不难看出，管理理论对人性的认识，从"经济人"到"社会人""自我实现人""复杂人"的人性假设理论，经历了一个不断发展、逐步深化的过程。与各种人性假设理论相对应的管理理论，如 X 理论、人际

关系理论、Y 理论、超 Y 理论等，都经历了不断适应变化了的客观情况，不断克服片面性、主观性，接近客观性和适应性的过程。

超 Y 理论一反过去依据某种固定的人性假设理论，采用一套固定的管理方式和方法去管理各种不同事务的旧模式，而是强调根据不同的具体情况，针对不同的管理对象，采取不同的管理方式和方法。它包含的辩证思想对我国管理思想的发展和实际管理工作的开展具有积极意义。

我们还应该看到，"复杂人"的人性假设理论及超 Y 理论，并不是完备的理论。它过分强调人们之间的差异性，在某种程度上忽视了人们的共同性，不利于发现管理的一般规律，这是片面的。更重要的是，"复杂人"的人性理论不能从"人"所处的生产关系角度出发去认识人的需要，认识人的生产积极性，因而它也只是看到"人性"复杂这一现象，却无法认识"复杂人性"背后的本质。因此，它不能从根本上解决调动职工生产、工作积极性的问题。

第六节　Z 理论与家族式管理

Z 理论是美国加利福尼亚大学教授、日裔美籍管理学家威廉·大内提出来的。Z 理论是西方管理理论中有别于 X 理论、人际关系理论、Y 理论和超 Y 理论等的一种新的管理理论。由于威廉·大内兼受日、美两国文化熏陶，加之他对日、美两国的企业管理进行了长期的比较研究，因而，他所概括的 Z 理论在管理界引起了较大反响。这一理论的核心是企业管理必须重视人与人的关系，企业内部必须具有共同的意识和责任，并且要造就亲密和合作的人际关系。

一、Z 理论的主要内容

（一）Z 理论的主要内容

1. 终身雇佣

终身雇佣即企业对职工的雇佣是长期的而不是临时的。职工一旦被雇佣，就不应轻易被解雇。这样，职工的职业有了保障，工作就有了稳定感，他们就会积极地关心企业的利益和发展。

2. 参与管理

采用协商参与式的决策过程，吸引职工参与管理。

3. 缓慢提升

实行比较缓慢的提升制度，防止职工很快接触职业天花板。

4. 个人分工负责

实行个人分工负责制，每个人都有明确的职责。

5. 中等培训

采用中等程度的专业化途径培训职工，既注意培养他们的专业技术能力，又注意使职工得到多方面的职业训练。

6. 含蓄控制

实行含蓄的控制机制，不采取极端的强制措施，注意发挥职工的积极性和主动性。

7. 全面关心

全面地关心职工，建立起上下级之间融洽的人际关系。

8. 全面考察

对职工的考察应是长期而全面的，不但要考察职工的生产技术能力，而且要考察他们的社会活动能力等。对职工的考核是全面的，而不是唯结果论。

Z 理论是对 X 理论、人际关系理论、Y 理论和超 Y 理论的继承和超越。从 Z 理论的深层结构来看，它出自一种比"经济人""社会人"和"复杂人"更为深刻的人性假设，这就是"全面而自由发展的人"的假设。

Z 理论所依据的人性假设，相对而言，更符合东方传统文化的价值观，更富有人情味与人道主义精神。在破除了"人身依附观念"的现代企业中，由"契约"关系所形成的雇佣观念，还不足以充分调动人的积极性。要调动人的生产、工作积极性，提高生产效率，实际需要的是一种真正的、全面的、人与人之间的信任与平等的合作关系，这正是 Z 理论能够产生较大影响的主要原因所在。

（二）Z 理论在 Z 型组织中的使用

对于 Z 理论在实际管理中的使用问题，我们可以从形成 Z 理论的 Z 型组织的管理特点进行分析。

1. Z 型组织的规模

大内在对日本的经典 J 型模式进行研究时，研究的对象都是大型的公司，对美国的 A 型模式研究选取的研究对象也是规模较大的公司。大内通过对比两种不同模式的公司得出的 Z 理论是以大公司为对象，而在实际的理论应用中，Z 理论在中小规模的公司是否能够起到相同效果还有待验证。Z 理论的形成和应用都是在一定背景和条件下进行的，当外界环境、企业目标、公司规模发生变化时，Z 理论的效果也是不一样的。这就要求企业的管理者在引入 Z 理论来进行管理时，要先了解 Z 理论的适用范围，以及企业自身的状况。

2. Z 型组织的基础——哲学观

Z 型组织强调组织的哲学观，"任何 Z 型组织都以哲学观为基础"。哲学观是用来告诉人们什么重要什么不重要，从而帮助企业保持自己的独特性的。在 Z 型公司的建立中，哲学观的表达有助于具有文化特征的行为方式和相互影响方式的表达。同时，按照这种方式发展的组织文化可以在某种程度上取代官僚式的做法，即发号施令和严格监督劳动者，这样不仅提高了生产力，而且还形成了相互支持的工作关系。在 Z 型公司中，利润本身并不是项目的重点，也不是在竞争过程中"记分"的方法，相反，如果企业能继续给客户带来真正的价值，帮助雇员成长和帮助他们作为企业的公民表现出责任心，那么利润就是对企业的奖励。但实际上，不管是从前的企业，还是现在的企业，利润始终会是他们追求的终极目标。Z 型组织中提到的关于利润的哲学观在实际中不太具有现实性，即使企业建立了一种给客户带来真正价值并帮助雇员成长的价值观，他们的最终目的和深层动机也还是企业自身的利润，只是在表达方式上有所转变。因此，Z 型组织的哲学观对于现代企业管理来说可行性较差。Z 型组织的哲学观当初在美国的大型公司应用时确实产生了很高的效率，但是随着环境的不断变化以及各企业市场发展需求的不同，Z 型组织的哲学观越来越不适用于现代组织的管理。

3. Z 型组织的内容

通过 J 型组织和 A 型组织的比较我们很容易看出，Z 型组织强调分权，强调整体的稳定，以及通过组织与个人的融合、效率追求和人本主义的融合来处理工业体制和传统社群、个人自由和团队协作之间的关系。

走动式管理（management by wandering around，简称 MBWA）是一种高级主管经常抽空前往各个办公室走动，以获得更丰富、更直接的员工工作问题，并及时了解职工工作困境的策略。走动式管理是一种现在流行的新型管理方式，这种管理方式对于处理组织中组织和个人的关系具有借鉴意义，在现代的管理中也是值得学习的。当然，在现在组织的外部环境下，组织更加注重的是组织目标的实现，但是环境处于不断的变化中，组织要想保持可持续的发展，就必然要处理好组织和个人的融合问题，因此，走动式管理是现代组织要学习的方法。

组织的集权与分权问题是组织的一个重要问题，它决定了组织的结构和氛围。Z型组织强调组织的分权，实行参与式管理。参与式管理是人本管理基本模式。随着对管理的深入研究，人们发现"人"的作用越来越重要，参与式管理正是实现组织中人的价值、激励组织中的人的一种很好的途径。

Z理论的提出是基于特定的环境和条件的，在当时产生了很大的轰动，也给处于困惑中的美国企业界指出了一条道路，为当时很多美国大企业的改革提供了参考。Z理论实质上是组织文化理论，它不是对组织中人性的假设，也没有对组织结构进行研究，可以说，它是对未来理想的高效组织的一种预测或者期待。随着环境的变化，Z理论不再具有当时的那种说服力，但是Z理论中的很多内容还是值得现在的企业管理者学习和借鉴，比如走动式管理、参与式管理等。

二、家族式管理的优缺点

家族式管理是所有权与经营权合一的一种管理模式，是亚洲经济组织的一种常见状态。家族式管理成了民营企业在初创期进行资本原始积累的主要选择，对民营企业顺利度过艰难的创业期具有重要的作用。

（一）家族式管理的特征

1. 员工地位

员工在企业内部拥有的权力和地位与老板的信任度息息相关。

2. 决策执行

决策执行是否有效既不是根据职位高低，也不是根据指令、计划正确与否，而是取决于相互之间的面子和信任度。

3. 工作评价

家族式企业的工作评价往往不是根据实际效果，而是根据老板和管理者的好恶确定。

4. 企业文化

家族式企业是以人际关系为导向的，职工的发展最终要看与老板的关系；在家族式企业里，亲情文化浓烈，容易导致亲疏有别、内外有别，产生圈子文化，出现亲系、嫡系的分化。

（二）家族式管理的优点

尽管许多家族企业管理平庸、技术低下，但仍有很强的生存力和竞争力，这是家族式管理模式的优点在起作用，主要集中表现在：

1. 有利于降低人力成本，提高素质

企业的员工多实行终身雇佣制，员工稳定且很少流动，因而人力资源开发投资少，员工培训成本低。

2. 有利于提升凝聚力，增强抗险能力

职工对企业的依赖性强，企业有较强的凝聚力。终身雇佣和年功工资制使员工不愿离开企业，一旦跳槽到新的企业，工资福利往往会重新从零开始计算。将员工的利益和命运与企业连在一起，能提高企业的耐久力和抗风险能力。

3. 有利于促进和谐，减少冲突

家族式管理人际关系色彩浓烈，讲求以情动人、以行感人、以德服人，管理者使用职位权力较少，使用个人权威较多，因而劳资矛盾冲突少，企业的人事纠纷少，不易产生西方企业那种激烈的劳资对抗形式，罢工、示威、成批解雇工人等恶性事件较少。

4. 有利于保密，防止技术泄露

由于职工较为忠诚，人员流动小，能有效防止企业机密和技术的泄露。

5. 有利于培养亲情，知恩图报

员工有视管理者为衣食父母的报恩心理，非亲缘员工也会常常感念知遇之恩，他们会以加倍努力地去报答企业。如若某人忽视或违背了这种伦理价值观和行为准则则会引起公众的谴责，有时甚至很难在社会上立足。

（三）家族式管理的缺点

1. 过分重视人情，忽视制度建设和管理

这种管理模式使企业内部人际关系融洽，能够为企业带来和谐的利益，但企业不是家庭而是一个社会经济组织，其成员的个人目标和利益与企业目标和利益存在一定的差异和冲突，特别是针对没有血缘关系的员工之间以及员工与管理者及亲属或亲信之间的利益关系的调整，必须有一个客观公正的标准，用统一的制度和纪律来约束全体成员的行为，才能形成客观公正的管理机制和良好的组织秩序。

2. 过于依赖"家长"的作用

家族企业管理者的作用非常突出，他们中的许多人都是杰出的复合型人才，不但是某个技术领域的专家，而且也是精明的商人，还是公关能手。但是，他们的卓越才能和专制作风也会限制下属作用的发挥，压制人才的成长，在形成个人绝对权威的同时，也造成了后继无人。因此这类企业经常会出现"成也萧何，败也萧何"的问题，当此人不在或退位后，组织很容易出现人才断档、权力真空现象，经常造成管理断代，无人可用，甚至一蹶不振。

3. 任人唯亲现象严重

他们在选拔任用人才时往往按亲疏远近而非量才适用，因此在组织内产生"自己人"和"外人"的差别，造成"打仗亲兄弟，上阵父子兵"的家族主义氛围。外人的发展空间受限，为生存往往趋炎附势，拉帮结派。有时为保护"外人"的共同利益他们会团结起来与管理者或"自己人"抗争，造成企业内讧。因此，家族式管理要么凝聚力很强、人际关系融洽，要么内部四分五裂、派系纷争，这一切都会导致企业偏离既有轨道。

【参考文献】

1. 刘永芳主编：《管理心理学》，清华大学出版社 2008 年版。

2. 车丽萍主编：《管理心理学》，武汉大学出版社 2016 年版。

3. 吴晓义、杜今锋编著：《管理心理学》（第 3 版），中山大学出版社 2015 年版。

4. 刘永芳主编：《管理心理学简明教程》，清华大学出版社 2015 年版。

5. 郁阳刚主编：《组织行为学（理论·实务·案例）》，清华大学出版社 2014 年版。

6. 高国伟主编：《不可不知的 1000 个管理常识》，中国法制出版社 2011 年版。

【阅读材料】

员工的自我实现需要

很多服务企业都在学习"海底捞"，但为什么只学到了皮毛，如只给消费者一个装手机的袋子或者一根橡皮筋，学到后面便会不了了之，其核心关键是企业经营者并非基于对基层员工的自我尊严的体现和自我价值的实现去构建自己的管理模式，只是学到了"海底捞"的最表层的东西。笔者曾和成都多家火锅店的服务员有过沟通。服务员抱怨说："老板都想我们做好服务，多干活，但又抠得很，不想多付钱，还都是扣钱，你说我们咋个微笑服务，主动服务。"

同样都是来自农村的孩子，在不同企业的管理模式下其心态、个人发展却迥然不同。成都有一家叫"一佳"的美发连锁企业，现在成都拥有七十多家连锁店。为什么他们的员工这么有干劲并且快乐地工作？经过了解发现，这家公司的老板吴总是美发助理出身，经营"一佳"美发十多年到现在拥有七十多家连锁店，基于对美发行业最基层员工的心态和人性的把握，吴总尤为重视对员工的教育和自我实现。正如德胜洋楼聂圣哲所说的"管理的本质是教育"一样，吴总专门成立了培训中心，对员工分层、分级进行不同的培训，培训内容不仅仅是技术的培训，更重要的是心态、价值观的引导，同时每天的店面晨会由员工轮流主持，每人每天轮流分享工作生活的感受，让员工充分参与到店面管理之中。

但让人感受最深的是这家店无论从前台主管到洗发工再到美发师，每个人都把现所在店当成自己所开的店一样去经营，说到公司都有自豪感。因此，人们不禁思考"究竟是什么让从事美发行业这么基层工作的员工具有这样的工作态度"。后来才找到了答案，吴总没有把这些员工当成雇佣人，而是把他们当成合作伙伴，每个专业系列都有其发展晋升通道，最终成为真正的合作伙伴（股东）。举例来说，一个店的店长（店长必须从美发师做起）享有这家店的一定比例的股份，收入与经营业绩直接挂钩，除了店长外，享有股份的还有洗染发技术主管、前台主管、美发总监，这就意味着如果你是一个最基层的洗发工，你可能来自农村，学历只有初中毕业，但对"一佳"来说不重要，重要的是只要你肯学肯干，不断成长晋升，你就可能成为"一佳"的股东，这样的事情是这些在美发行业从事最基层洗发工作的员工们从来不敢奢望的，而"一佳"却把不可能变成了可能，所有的员工在这里都可以看到希望，每个人都是潜在的合伙人，所以他们会用最高的工作热情和专业态度来对待所有顾客，因为他们在一个在世人看来很低端的行业里找到了做人的价值和通过自己的劳动可以自我实现的机会，而这一切都源自于"一佳"的经营者基于人性正面假设的管理模式的构建。这个假设更源于吴总自身从美发助理到企业经营者的自我成长历程的深度思考和对人性假设在企业管理中的深度探索。

资料来源：和君商学网：http://www.hejun.com/thought/point/201501/3700.html，

访问日期：2018 年 3 月 9 日。

【复习思考题】

1. 结合本章内容，简要说明人性假设理论的发展历程及内容。
2. X 理论的基本内容有哪些?
3. 试述依据 X 理论产生的管理思想与策略，如何正确评价并联系实际应用?
4. 简述"经济人"假设在理论上的局限性。
5. 中国古代关于人性的假设与近代西方的人性假设理论有何异同?
6. "家族式管理"在实施上需要注意哪些问题?

群体心理与管理

群体是由个体构成的，但它并不是个体的简单相加。群体心理和个体心理存在明显的不同，领导者如果对一个群体管理得当，群体成员就能够协调一致，密切配合。反之，则会群情涣散，矛盾与冲突常发，从而影响群体力量的发挥。因此，管理群体心理成了领导者必修的管理项目。

第一节　管理中的人际关系

在群体中，人与人总会建立各种各样的关系，然而，处在同一群体中的个体之间的密切程度却各不相同。随着时代和科技的进步，现代管理者们除了必要的工作职责之外，还有一项重要的工作，即协调人际关系，促进群体内的和谐，以期实现对群体的优化。

一、人际关系的定义

每个生活在社会之中的人都要和其他组织和个人产生各种各样的相互关系，这种关系就是人际关系。

（1）人际关系属于社会关系的范畴。社会关系是人们之间的经济、政治、法律、道德、宗教、血缘、心理关系的总和，人际关系是社会关系的一个侧面，每一个社会成员都在一定社会场景中参与社会活动。

（2）人际关系的外延是角色关系。人们在工作和生活中的交往是以某种特定角色和身份来进行的，如领导关系、同事关系、师徒关系、同学关系等。每个人都兼具多种社会角色，这导致人际交往关系具有复杂性。

（3）人际关系的本质是在交往过程中形成的心理关系，即心理的亲疏关系。不论人们以何种方式进行交往，人们总会产生亲近或疏远的心理感受。人际关系的形成是认知、情感和交往行为三方面因素相互作用的结果。认知是对交往关系的认识和评价；情感是对交往双方情感上的好恶以及对交往状态的满意程度的评判；行为因素是指具体的交流行为，主要指交往的深度和频度。在这三方面因素之中，情感因素起着主导作用，制约着人际关系的亲疏程度和稳定程度。

（4）人际关系的基础是人际交往。通过交往，人们才能进行语言和情感的交流，才能产生心理联系。人际关系在交往中产生，并不断在交往过程中变化和表现出来，没有人际交往就没有人际关系。反过来，人际关系的性质和亲疏程度也影响着交往的内容与交往的频率。

二、理论介绍

（一）四阶段论[1]

奥尔特曼（1973年）认为，良好的人际关系的建立和发展需要经历四个阶段：

（1）定向阶段。该阶段包括人们对交往对象的注意、选择和初步沟通等心理活动，这是人际关系的准备阶段。

（2）情感探索阶段。随着双方共同情感领域的发现，双方沟通也越来越广泛，自我暴露的深度与广度也逐渐增加。但此时，人们的话题仍避免触及别人私密性的领域，避免自我暴露，也不涉及自己基本信息等方面。

（3）感情交流阶段。人际关系发展到这个阶段，双方关系的性质开始出现实质性变化，此时人际关系的安全感已经确立，谈话也开始广泛涉及自我的许多方面，开始出现较深的情感卷入。

（4）稳定交往阶段。人们心理上的相容性会进一步增加，自我暴露也更加广泛、深刻，允许对方进入自己高度私密性的个人领域，愿意分享自己的生活空间和情感。

（二）人际关系的"PAC分析模型"[2]

加拿大精神科医生柏恩于1964年在《人们玩的游戏》一书中提出了人际

---

〔1〕　A. Carpenter, K. Greene, "Social Penetration Theory", John Wiley & Sons, *The International Encyclopedia of Interpersonal Communication*, Inc. 2015.

〔2〕　［美］T. A. 哈里森：《我好! 你好!》，陈林译，光明日报出版社1988年版，第72页。

交往中人格结构的 PAC 分析模型。他认为：人的个性由三种心理状态构成：父母、成人、儿童，简称 PAC 分析。

父母的行为是权威和优越感及长者自居等心理的标志；其行为常常是统治人、训斥人、权威式、命令式、家长式的作风；其待人处事的态度为主观、独断、专行、滥用权威；其说话的语气常常是"你应该……""你必须……""你不能……"等强制命令的口气。

成人的心理是成熟、实事求是、理智的标志；其行为表现较冷静、慎重、理智、明断；其待人接物的态度较民主、平等、尊重别人，决策冷静；其说话的语气常常是"我个人的想法是……""你考虑考虑……"等商量讨论的口气。

儿童的行为是幼稚、不成熟，冲动任性，或者顺从、任人摆布的标志；其行为表现是幼稚、可爱又讨厌、感情冲动、无主见、依赖、遇事畏缩；其待人接物的态度不稳定，易耍小孩子脾气；说话总是用"我猜想……""我不知道……"等夸张而幼稚的语气。

上述三种心理状态在个体心理与行为中有不同表现，因而形成了不同的个性特点。在每个人身上，三种心态的比重也不相同，这形成了不同的行为特征，主要有以下类型：

（1）"P 高 A 低 C 高"为专制幼稚型。其行为特征是喜怒无常、难以共事、支配欲强，其有决断能力，喜欢听颂歌和被照顾、被捧场。

（2）"P 高 A 低 C 低"为专制型。其行为特征是愚守成规、照章办事，家长作风，不合潮流，其行为易养成下属的依赖性，其是早期工业革命时代经理人员的代表。

（3）"低 A 低 C 高"为幼稚型，其行为特征是稚气。他们用幼稚幻想进行决策，喜欢寻找友谊，对人有吸引力，是讨人喜欢但不称职的经理。

（4）"P 低 A 高 C 低"为正统成人型。其行为客观而重现实，他们工作刻板，待人较冷漠，只谈公事，不谈私事，难以共事，别人不愿与他谈心。

（5）"P 高 A 高 C 低"为父母成人型。其行为特征是易把"父母"心态过渡到"成人"状态，他们经训练学习和经验积累，可成为成功的企业家与管理人员。

（6）"P 低 A 高 C 高"为成人与儿童型。他们将"成人"和"儿童"有效结合在一起，是理想的管理人员，做事和为人处世都能搞好。

三、原则

群体内部人际关系复杂多变，既有合作也有竞争和冲突，因此，群体和个体处理好这种复杂的关系就显得尤为重要。在此，我们应该秉持 7 个基本原则来处理人际关系：

（一）相互原则

人际关系的基础是彼此间的相互重视与支持。任何个体都不会无缘无故地接纳他人。喜欢是有前提的，相互性就是前提，我们喜欢那些也喜欢我们的人。人际交往中的接近与疏远、喜欢与不喜欢是相互的。

（二）交换原则

人际交往是一个社会交换过程。交换的原则是：个体期待人际交往对自己是有价值的，即在交往过程中的得大于失，至少等于失。人际交往是双方根据自己的价值观进行选择的结果。

（三）自我保护原则

自我价值是个体对自身价值的意识与评价；自我价值保护是一种自我支持倾向的心理活动，其目的是防止自我价值受到否定和贬低。由于自我价值是通过他人的评价而确立的，个体对他人的评价极其敏感。对肯定自我价值的他人，个体对其认同和接纳，并反投以肯定与支持；而对否定自我价值的他人则予以疏离；此时可能激活个体的自我价值保护动机。

（四）平等原则

在人际交往中人们总要有一定的付出或投入，交往的两个方面的需要和这种需要的满足程度必须是平等的，平等是建立人际关系的前提。人际交往作为人们之间的心理沟通，是主动的、相互的、有来有往的。人都有友爱和受人尊敬的需要，都希望得到别人的平等对待，人的这种需要就是平等的需要。

（五）相容原则

相容是指人际交往中的心理相容，即指人与人之间的融洽关系，与人相处时的容纳、包涵、宽容及忍让。人们要做到心理相容，应注意增加交往频率；寻找共同点；保持谦虚和宽容。为人处世要心胸开阔，宽以待人。要体谅他人，遇事多为别人着想，即使别人犯了错误，或冒犯了自己，也不要斤斤计较，以免因小失大，伤害相互之间的感情。只要能够有利于干事业、有利于团结，做出一些让步是值得的。

（六）信用原则

信用即指一个人诚实、不欺骗、遵守诺言。人离不开交往，交往离不开信用。要做到说话算数，不轻许诺言。与人交往时要热情友好，以诚相待，不卑不亢，端庄而不过于矜持，谦逊而不矫揉造作。处事果断、富有主见、精神饱满、充满自信的人容易激发别人的交往动机，获得别人的信任，产生使人乐于与其交往的魅力。

（七）理解原则

理解主要是指体察和了解别人的需要，明了他人言行的动机和意义，并帮助和促成他人合理需要的满足，对他人生活和言行的有价值部分给予鼓励、支持和认可。

上述这些人际交往的基本原则，是处理人际关系不可分割的几个方面。掌握和运用好这些原则，是处理好人际关系的基本条件。

四、意义

正如豪斯顿（1988 年）所言，形成良好的人际关系有利于个人的生活幸福和身心健康。在工作和生活中，人际关系的重要作用主要表现在四个方面：

（1）对个体工作效率的影响。人际关系良好，在工作中相互帮助，协调一致，将有利于工作的开展；反之，人际关系不好，相互猜疑、拆台，则必然会使工作效率下降。

（2）对组织氛围和凝聚力的影响。人际关系良好，感情融洽，心情舒畅，组织就会产生轻松愉快的氛围，从而使员工凝聚力增强，团结向上；关系不好，则人际关系紧张，使人心情压抑，从而削弱组织的凝聚力。

（3）对个体人格发展和心理健康的影响。对于成年人来讲，其大部分的有效时间都是在工作中度过的。工作中人际关系的好坏直接影响着个体的个性发展和心理健康。人际关系紧张可能会导致个体的各类身心疾病出现，例如人类的很多疾病，特别是神经衰弱、高血压、偏头痛和溃疡病等，都与人际关系失调有密切关系。在人类早期和自然搏斗时，人际关系非常单纯，人们的生存能力主要在于身体对环境的适应能力，所以在古代精神问题是较少的。但在人际关系复杂起来之后，人类需要克服的问题日益复杂，人的身心健康依赖的因素越来越多，一个人只有在心情舒畅和身体健康的情况下工作效率才会提高。所以，管理人员必须充分重视职工的心理健康。

（4）对人的自我发展和自我完善的影响。人是社会化的动物，个体在自我发展的过程中，既受外部自然环境的影响，又受人与人之间相互交往关系的影响。管理心理学的研究表明，良好的人际关系常常会产生一种社会助长作用。一个人单独工作，不如一群人聚在一起工作效率高。如果群体内建立了良好的人际关系，那么，便可以鼓励职工互帮互学，相互促进，增强职工之间的行为模仿和相互竞争的动机，加速职工的自我发展和自我完善。

【案例】 人际关系受挫产生的影响

在长春某重点高校念热门专业的大一学生小蕾（化名）几次找到班主任老师要求退学。"小蕾写得一手好文章，还弹得一手好钢琴。入校不久，她就因文笔出众，被校内文学团体破格吸收为会员。"小蕾的班主任说，听说她要退学，大家都很吃惊。小蕾要退学的理由主要是：觉得同学们瞧不起她，总在背后议论她，以至于她感觉"大家都挺虚伪的，一回到寝室，就胸口发闷"，甚至觉得"活着没意思"。老师们也描述说，当小蕾讲到这一点时，就变得烦躁不安，最后竟然泪流满面。

五、特性

人际关系的主要特点包括社会性、复杂性、多重性、多变性、目的性和情感性。

（一）社会性

人是社会的产物，社会性是人的本质属性，是人际关系的基本特点。随着社会生产力的发展和科学技术的进步，人们的活动范围不断扩大、活动频率逐步增加、活动内容日趋丰富，人际关系的社会属性也不断增强。

（二）复杂性

人际关系的复杂性体现在两个方面：一方面，人际关系是多方面因素联系起来的，且这些因素均处于不断变化的过程中；另一方面，人际关系还具有高度个性化和以心理活动为基础的特点。因此，在人际交往过程中由于人们交往的准则和目的不同，可能会出现心理距离的拉近或疏远，情绪状态的积极或消极，交往过程的冲突或和谐，评价态度的满意或不满意等复杂现象。

（三）多重性

所谓多重性是指人际关系具有多因素和多角色的特点。每个人在社会交往中扮演着不同的角色：一个人可以在病人面前扮演护士角色，在同事面前扮演朋友角色，在丈夫面前扮演妻子角色，在孩子面前扮演母亲角色等。每个人在扮演各种角色的同时，又会因物质利益或精神因素导致角色的强化或减弱，这种多角色多因素的状况，使人际关系具有多重性。

（四）多变性

人际关系随着年龄、环境、条件的变化会不断发展、变化。人际关系的积极程度、投入程度、动机、目的、方式都会发生变化。

（五）目的性

在人际关系的建立和发展过程中，个人均具有不同程度的目的性。随着市场经济的推进，人际关系的目的性更为突出。

（六）情感性

人际关系的基础是人们彼此间的情感活动，情感因素是人际关系的主要成分。人际间的情感倾向有两种：一是使彼此接近和相互吸引的情感；另一类是使人们相互排斥和分离的情感。人们在心理上的距离趋近会使个体感到心情舒畅，如若彼此间有矛盾和冲突，个人则会感到孤立和抑郁。

第二节　影响人际关系的因素

在群体和组织中，个体之间的关系建立受到多种因素的影响。个体、群体、群体与个体之间等各个方面内在和外在的状况都会对群体中的人际关系产生或多或少的影响，各个方面的影响综合起来就会产生巨大的作用，因此，把握人际关系的影响因素至关重要。

一、接近性

一般而言，生活中经常接近的人容易产生人际交往，接近既指空间距离上的接近，也指时间上的频繁程度。例如，同桌因为距离近，交往方便，可以节约时间和精力，同时由于经常接触，相互了解，容易产生亲近感，有利于良好关系的建立。

研究表明，在交往的初期，接近性是增进人际关系的重要因素。美国心理学家研究发现，住在宿舍楼里面的学生居住位置越接近，关系就越好。同时，人们之间的交往频率越高，则越容易形成密切关系。

当然，如果只重视交往的频度，不重视交往的深度和质量，反而有害于关系的发展。如果频繁的交往仅限于应酬性的内容，反而会使人际关系成为"做不熟的夹生饭"。此外，刻意的、表面的亲热背后，往往隐藏着紧张的人际关系，也容易引起别人的猜疑和警惕。

二、相似性

人们往往倾向于与自己的兴趣、理想、信念、态度、价值观较为相似的人进行交往，因为相似的人之间容易产生思想共鸣，感觉情投意合。其中，态度的相似性是最重要的，态度相似，不仅意味着对他人观点的支持，而且还是对他人能力的证明，使人产生自信和胜任感。因此，相似的态度往往传递着快乐的信息，自然受人欢迎，容易被人接受。

三、互补性

在交往中，不仅相似性能产生亲近感，有时不同性也会产生亲近感。这是一种心理补偿作用。当一个人在某方面的不足无法自我弥补时，总希望能够从别人那里获得变相补偿。如一个依赖性强的人容易与一个支配欲强的人建立良好关系。

研究表明，互补因素对于人际关系的增进往往发生在交往的深入阶段，特别是感情深厚的朋友之间，如异性朋友或夫妻之间。

四、相互性

相互性指由喜欢导致喜欢。人们喜欢那些喜欢他们的人，交往双方相互喜欢、彼此接受是建立良好和稳定关系的基础。研究还表明，人们喜欢那些对自己的喜欢程度不断加深的人，而特别讨厌那些对自己喜欢程度不断降低的人。

五、个体特征

（一）外在形象

良好的外貌和行为特征是良好关系建立的基础。特别是在交往的初期，良好的外在形象是使人产生良好的第一印象的主要因素。沃尔斯特的实验表明，女生被约会的次数与其外貌正相关，相关度为 0.61，而男性则只有 0.25。

可见，男性比女性更重视对方的相貌。

外貌还有光环作用，实验表明：女大学生倾向于将恶劣行为与相貌丑陋的小孩相联系，而认为长相可爱的孩子不会做坏事。

但随着交往的深入，外貌的作用会逐步削弱。随着交往的深入，人们会发生感觉迟钝，出现审美疲劳，产生诸如"久入芝兰之室而不闻其香，久入鲍鱼之肆而不闻其臭"的现象。

（二）能力与特长

聪明、特长突出、才华出众的人往往具有较强的吸引力，更容易受欢迎。因为与他们交往会使人们感觉到有利于自身的成长和进步，并有助于自身形象的提升。也有研究发现，人的突出有一定限度，并非越高越好，过于突出往往会降低自己的吸引力。如果个体与周围环境的反差过大容易使他人产生自卑感，使人敬而远之，甚至会使人产生嫉妒。相反，如果一个突出的人能够偶尔出现一点无关紧要的小失误，反而更容易使人产生亲近感，这就是错误效应。

（三）人格

个体的人格特征也会影响人的人际吸引力，进而影响人际关系。性情宽厚、为人和善、善解人意的人容易受到别人欢迎。反之，孤僻暴戾、固执己见、以自我为中心的人就会和别人格格不入。

第三节　群体心理与管理

马克思认为"人的本质是一切社会关系的总和"，社会属性是人的主要属性。人的社会属性决定了人际关系在社会生活中具有举足轻重的作用，而为了完成工作任务，组织中的个体通常会被分成一些群体。因此，在组织管理中，不仅要注意个体心理和其人际关系，还要重视群体心理和群体关系。建立和谐、向上的群体关系是组织管理的目标，也是组织与群体提高效率、有效运行的基础，因此，了解群体心理，管理好群体心理就显得尤为重要了。

一、群体的定义

群体由两个或更多相互作用和相互影响的个体组成，所有的群体都有一个共同的特征，即群体成员间有着彼此的互动，而且群体的存在是有原因的。

例如，为了满足某种需要，提供信息或者实现统一的目标等。可见，按照这种定义，同一电影院的观众、同一架飞机的乘客仅能说是一个集合体，而不是一个真实的、互动的群体。

贝克[1]认为，对群体概念的理解，关键是它的所有成员彼此之间必须有一种可观察到的和有意义的联系方式；个体间的互动使人们成为一个群体，并使人们为了一个共同目标而努力奋斗。

越来越多的研究者认为，群体是所有上述含义或是具有更多含义的一种混合体。还有人认为群体是一群以某种方式紧密相连的人。巴伦等人认为群体是通过某种纽带联系在一起，并具有不同程度内聚力的一群人。

综上所述，本书中的群体是指在共同目标的基础上，由两个以上的人所组成的相互依存、相互作用的有机组合体。

二、群体理论

（一）群体发展五阶段论[2]

塔克曼与延森提出了群体发展五阶段发展模型。他们认为，群体在发展中需要经历五个截然不同的标准阶段：形成阶段、动荡阶段、规范阶段、履行阶段和终止阶段。

阶段一：形成。在形成阶段，私人关系具有相互依赖的特征。群体成员依靠安全的、模式化的行为来行事，并且指望群体领导给予指导和指示。在团队的形成阶段，组织的领导应该承担起团队发起人的角色，应该向团队的每个成员阐述清楚团队的目标和目的，他们各自的角色和职责，以及团队的绩效将怎样被评价，报酬将怎样被支付。

阶段二：动荡。一个具有任务功能维度的组织在人际关系维度上具有竞争和冲突的特征。随着群体成员因任务而被组织起来，冲突不可避免地导致了他们私人关系的形成。个体不得不重塑他们的情感思想、态度和信仰以适宜于群体组织。在团队的动荡阶段，组织领导者的角色主要是调停者，主要

---

〔1〕　詹姆斯·艾迪生·贝克三世，美国政治家，政党竞选活动家和律师。曾经是福特、里根、老布什、小布什四任美国总统的竞选顾问，曾任美国白宫幕僚长、美国财政部长和美国国务卿。

〔2〕　B. W. Tuckman, "Developmental Squences in Small Group", *Psychological Bullentin*, 1965：384～399；B. W. Tuckman, M. A. C. Jensen, "Stages of Small Group Development Revisited", *Group and Organization Studies*, 1977, 2（4）：419～422.

任务是解决团队或成员之间的矛盾和冲突。一个高明的领导应该尽可能地调节这一过程，创造一种相互了解和增进友谊的环境。

阶段三：规范。在塔克曼提出的群体发展的规范阶段，人际关系具有凝聚力特征。成员愿意基于其他成员提供的事实改变他们原有的思想或观点，并且他们积极地了解彼此的问题。在这一发展阶段期间，人们开始经历群体归属和一种放松的感觉，作为解决人际间冲突的结果。在规范阶段，组织领导者主要充当促进者的角色，主要任务是促进团队规范的出现，并将团队规范导向团队目标。

阶段四：履行。履行阶段并不能被所有群体达到。在这一阶段中，人们能够独立地存在于子群体中，或作为一个整体单元，同样灵巧地工作。他们的角色和权威动态地适应着群体和个体变化的需要。到这一阶段，群体应该是最具生产性的，任务职责导致最优的问题解决和最优的群体发展。在履行阶段，组织领导者仍然充当促进者的角色，主要任务是鼓励团队成员克服困难，并提供人际关系方面的支持和指导。

阶段五：中止。最后，随着任务的完成，团队走到了尽头。在中止阶段，组织领导者充当善后者的角色，主要职责是完成团队的解散和任务完成情况的评估，他们评估团队和个人的绩效，并根据绩效给予报酬。

（二）群体动力理论[1]

群体动力学就是在群体中，只要有别人在场，一个人的思想行为就同他单独一个人时有所不同，个人会受到其他人的影响。研究群体这种影响作用的理论，即群体动力学。

最早在文献中使用群体动力学这一术语的是其创始人勒温。他借用物理学中磁场的概念，提出了"力场"的理论。该理论认为：人的行为动向取决于内部力场和情景力场的相互作用，而内部力场的张力是最主要的决定因素。据此他提出了研究人类行为的公式：

$$B = f(P, E)$$

式中：B 为个人行为；P 为个人，包括人的情绪、能力、性格等内在因素；E 为情景，包括人际影响、群体社会环境等外在因素；f 为函数关系，即

---

〔1〕［德］库尔特·勒温：《社会科学中的场论》（英文版），中国传媒大学出版社 2016 年版，第 37 页。

行为是个体与情景二者的函数。

群体动力学启发人们从内因的角度去考察和研究群体行为的产生和发展规律；从群体成员间的关系以及整个群体氛围中去把握群体行为的变化过程；使个体、群体和社会三位一体的关系得到逐渐认识；促进了小群体研究重点的转化；对社会心理学、管理心理学的形成和发展有很大影响，特别是对研究样本行为做出了很大贡献。

群体动力理论的局限性在于：偏重强调组织内人与人之间的心理关系，而忽视了其他关系；没有看到群体行为产生和变化的根本动因；研究对象、范围等方面未达到普通意义。

（三）团队角色理论[1]

贝尔宾是英国著名管理心理学家，为了研究团队取得成功的原因，他进行了两个为期 9 年的团队研究实验。1981 年，贝尔宾首次提出了贝尔宾团队角色模型，经过 12 年的推广应用和修正，贝尔宾于 1993 年再次提出了修正的研究成果，这就是著名的贝尔宾团队角色理论。

贝尔宾认为，职能角色是由个体的专业知识和技能决定的，是工作任务赋予个体的角色；团队角色是由个体的气质、性格决定的，是个体与其他团队成员相互作用时表现出来的特征模式；在团队中，每个成员都同时扮演这两种角色。一支结构合理的团队应该由 9 种角色组成，团队成员应清楚各自的角色，相互弥补不足，发挥优势，默契协作。

（1）协调者。其典型特征是沉着、自信、有控制局面的能力；积极特性是对各种有价值的意见不带偏见地兼容并蓄，看问题比较客观；能容忍的弱点是在智能以及创造力方面并非超常；在团队中的作用是明确团队的目标和方向，选择需要决策的问题，并明确它们的先后顺序，帮助成员确定其在团队中的角色分工、责任和工作界限，总结团队的成员感受和团队成就，综合团队的建议。

（2）执行者。其典型特征是保守、顺从、务实可靠；积极特性是有组织能力、实践经验、工作勤奋、有自我约束力；能容忍的弱点是缺乏灵活性，对没有把握的主意不感兴趣；在团队中的作用是把谈话与建议转换为实际步骤，考虑什么是行得通的、什么是行不通的，整理建议，使之与已经取得一

---

〔1〕　［英］梅雷迪思·贝尔宾：《超越团队》，李丽林译，中信出版社 2002 年版，第 143 页。

致意见的计划和已有的系统相配合。

（3）智多星。其典型特征是有个性、思想深刻、不拘一格；积极特性是才华横溢、富有想象力、智慧、知识面广；能容忍的弱点是高高在上、不重细节、不拘礼仪；在团队中的作用是提供建议、提出批评，并有助于引出相反意见，对已经形成的行动方案提出新的看法。

（4）外交家。其典型特征是性格外向、热情、好奇、联系广泛、消息灵通；积极特性是有广泛联系人的能力，不断探索新的事物，勇于迎接新的挑战；能容忍的弱点是事过境迁，兴趣马上转移；在团队中的作用是提出建议并引入外部信息，接触持有其他观点的个体或群体，参加磋商性质的活动。

（5）鞭策者。典型特征是思维敏捷、开朗、主动探索；积极特性是有干劲，随时准备向传统、低效率、自满自足挑战；能容忍的弱点是好激起争端，爱冲动，易急躁；在团队中的作用是寻找和发现团队讨论中可能的方案，使团队内的任务和目标成形，推动团队达成一致意见，并朝向决策行动。

（6）市议员。其典型特征是清醒、理智、谨镇；积极特性是判断力与分辨力强，讲求实际；能容忍的弱点是缺乏带动和激发他人工作热情的能力，自己也不容易被别人带动和激发；在团队中的作用是分析问题和情境，对繁杂的材料予以简化，并澄清模糊不清的问题，对他人的判断和作用做出评价。

（7）凝聚者。其典型特征是擅长人际交往、温和、敏感；积极特性是有适应周围环境以及人的能力，能促进团队的合作；能容忍的弱点是在危急时刻往往优柔寡断；在团队中的作用是给予他人支持，并帮助别人，打破讨论中的沉默，采取行动扭转或克服团队中的分歧。

（8）完成者。其典型特征是勤奋有序、认真、有紧迫感；积极特性是理想主义者，追求完美，持之以恒；能容忍的弱点是常常拘泥于细节，容易焦虑，不洒脱；在团队中的作用是强调任务的目标要求和活动日程表，在方案中寻找并指出错误、遗漏和被忽视的内容，刺激其他人参加活动，并促使团队成员产生时间紧迫的感觉。

（9）专业师。其典型特质是专心致志、主动自觉、全情投入；积极特性是能够提供不易掌握的专门知识和技能；他容忍的弱点是只能在有限范围内做出贡献，沉迷于个人兴趣。

一个成功的团队必须包括这9种角色。担任不同的团队角色的成员之间能够优势互补，才能组建成有力的团队。这9种角色与团队规模无关，在很多情况下，一个团队成员要承担多种角色，或者多个成员承担一个角色。

不同的人有不同的角色偏好，由于个性特征和智力因素存在差异，个体可能更适合某些角色，而不适合其他角色。团队成员应该正确认识和发展自己的团队角色知识和能力，促进团队的有效发展。

三、群体的功能

群体之所以形成、存在和发展主要在于它有一定的特殊功能。概括地说，群体具有两大功能：一是群体对组织的功能；二是群体对个人的功能。

（一）完成组织任务，实现组织的目标

群体是一个由若干人组织起来的有机组合体，它具有单人活动时所不具备的优越性。成员之间为了共同的奋斗目标，互相协作，取长补短，形成合力，能够促使活动的顺利进行，能够圆满地完成任务。

（二）满足群体成员的多种需要

（1）满足安全感。一个个体，只有当他属于某一群体时，才能避免孤独和恐惧感，才能获得心理上的安全感。

（2）满足亲和与认同需求。群体为人提供相互交往的机会，通过交往，可以促进人际间的信任和合作，个体可以在交往中获得友谊、关怀、支持和帮助。

（3）满足尊重和成就感。个人在群体中的地位能够使之获得与其地位相应的尊重。同时，通过群体活动所取得的成就也能使人产生成就感。

（4）产生自信心和胜任感。在群体中，通过群体的力量更易达成目标，个人在满足自我需求的基础上能够产生自信心和胜任感。

四、群体对个体心理的影响

（一）社会助长作用

当个体处于群体之中时，群体对个体的积极或消极反应都会有增强作用。这一现象的出现主要是基于以下三个因素：评价顾忌、分心以及纯粹在场。

所谓评价顾忌是指人们通常想知道别人是如何评价自己的，这种接受别人评论的意识会干扰某些已熟练掌握的行为。当我们考虑共事者在做什么或者观众怎么反应的时候，我们已经分心了。扎伊翁茨认为，即使在没有评价顾忌和分心的情况下，他人的"纯粹在场"也会对个体产生影响。

（二）社会懈怠

法国工程师林格曼发现，在团体拔河中集体的努力程度仅相当于个人单独努力程度总和的一半。实际上，在集体任务中小组成员的努力程度往往比较小，这就是社会懈怠。拉坦等研究发现：6个人一起尽全力叫喊或鼓掌所发出的喧闹声还不到一个人单独所发出喧闹声的 3 倍响。

有趣的是，即使所有被试验者都承认群体发生了懈怠，但是没有一个人会承认是自己发生了懈怠。在社会懈怠实验中，群体情境降低了个体的评价顾忌。如果人们不用单独为某件事负责或者不会被单独评价，群体内成员的责任感会被分散。如果群体不考虑个人贡献，而是一味地采用平均分配，那么群体内搭便车的行为就会出现。

（三）去个体化

当个体的身份被隐藏，就会出现去个体化现象；所在的群体越大，去个体化的程度就越大。群体活动有时候还会引发一些失控的行为，群体一方面能对个体产生社会助长作用，另一方面也能使个体身份模糊。这种匿名性使人们的自我意识减弱，群体意识增强。在群体中，当人们看到别人与自己的行动一致时就会对自己的冲动行为产生一种自我强化的愉悦感。

（四）集体无意识

可被看作是人的一种催眠状态。在人多和集会的场合，个人通常会受到周围气氛的感染而作出许多和平时本性完全不同的事情，同时又助长了这种气氛。个人对在这种气氛感染下做出的许多疯狂举动不但没有内疚，反而有一种融入这种集体的陶醉，得到承认的快感。"集体无意识"的表现有许多种，如对罪恶的集体失语，对不良现象的集体麻木，对违法事件的集体参与。比较典型的如聚众哄抢财物、球迷闹事、围观等。

五、群体心理的特征

（一）认同意识

不管是正式群体的成员还是非正式群体的成员，他们都有认同群体的共同心理特征，即不否认自己是该群体的成员。他们对自己群体的目标有一致的认识，认同群体的规范，并在此基础上产生自觉、自愿的行动，且对重大事件和原则问题保持共同的认识和评价。当然，每个群体内部的认同程度是不一样的。一般来说，大群体内部的认同程度要相对低一些，而小群体内部的认同程度相对要高一些。

（二）归属意识

不管是正式群体的成员还是非正式群体的成员，他们都有归属于群体的共同心理特征，即具有依赖群体的要求。

归属意识的区别：归属意识有自愿与被迫的区别。非正式群体成员的归属意识往往是自愿的归属意识，而正式群体成员的归属意识则不确定，可能是自愿的，也可能是被迫的。

个人的差异：当个人在群体中不得志时，就可能产生被迫感。在这种情况下，该成员首先考虑的不是我应该为群体做些什么，而是考虑群体应该为我做什么。所以同样是归属意识，自愿的归属会增强凝聚力，而被迫的归属则会增强离散力。

（三）整体意识

由于个体认同群体，归属于群体，不管是正式群体的成员还是非正式群体的成员都有或深，或浅，或强，或弱的整体意识，即意识到群体有其整体性。但是根据这种整体意识的程度不同，个体行为表现也会不同。一般来说，整体意识越强，个体维护群体的意识也越强，其行为和群体其他成员也会具有一致性。反之，个体的整体意识越弱，维护群体的意识也越弱，其行为也会具有或强或弱的独立性。

（四）排外意识

所谓排外意识，是指排斥其他群体的意识。群体具有相对独立性，群体成员具有整体意识，这就必然在不同程度上产生排外意识。

排外意识是和群体成员把自己看作哪一个群体的成员相联系的。当倾向于把自己看作班组成员时，他就会排斥车间以上的群体；当倾向于把自己看作车间群体的成员时，他就会排斥企业以上的群体。同时他也横向地排斥同级的其他群体。越是把自己看作是小群体的成员，排外的意识就越强烈。因此，"外人"也就更难进入小群体。这反过来也说明了，人们往往更重视小群体的利益。

【案例】群体心理的深化影响

莱纳·文格尔曾大胆地进行过一项实验：在班级重建一个微型的纳粹德国，他要用事实告诉学生"独裁统治"在今天仍会形成。学生们经历了诸多

"独裁"训练：口头选举课堂上的"元首"（文格尔自己）；被灌输反个人主义自由化的集体主义价值观；为班级设定新名称"浪潮"；统一服装（白上衣与牛仔裤）并制作团体标识（波浪形图标）和见面礼节（波浪形手势）。2日后，"浪潮"似乎疯狂了，学生们狂奔于城市各个角落张贴浪潮标志，越来越多的学生加入"浪潮"。随后，"浪潮"成员参加水球比赛，同仇敌忾，甚至在赛中发生冲突，文格尔意识到情况的不妙，"浪潮"必须从此解散。然而，事情却出乎文格尔的意料：狂热拥护者蒂姆拔出手枪，乞求文格尔不要解散"浪潮"，故事由此进入高潮，蒂姆枪伤了一位同学并在绝望中饮弹自尽，倒在血泊中。

六、工作群体心理的特点

在不同的群体中会产生不同的群体心理，比如，家庭心理、工作群体心理、集体心理、阶级心理、民族心理等。管理心理学更关注工作群体心理。除家庭外，工作群体是极其重要的。由于工作群体的目的是生产和协作，所以也就形成了一些不同于其他群体的心理特点：

（一）目标和情感的双导向性

工作群体不是以情感，而是以群体目标来维系的，没有群体目标，就不可能组成工作群体。在工作群体中，人际关系虽然不是主要的，但它对工作目标的实现有着重要的影响，人际关系密切，工作愉快，工作效率就高。反之，人际关系紧张，协作失调，就会降低工作效率，从而干扰目标的实现。

（二）等级体系和权力的变动性

工作群体的等级体系和权力，不是自然形成的，而是由组织规定的。能力强、威信高的人，就容易被任命为群体的领导者。然而，这种体系和权力是可以变化的，它完全排除了家庭的那种固定性。

（三）个人目标的动机性和功利性

工作群体是个人或多或少地自愿加入的，并不是天然规定的。正因为如此，如果个体在工作群体中能够得到各方面的满足，那么他就会继续参加这个群体。相反，他就有可能会脱离这个群体，而去参加其他的群体。总之，工作群体对人的纯粹吸引力不如家庭，归属感也不如家庭强烈。人们之所以加入这一群体，主要是为了满足物质利益的需要，带有强烈的动机性。

（四）人际互动的隐藏性和表面性

工作群体的互动远不如家庭那么深刻。工作群体中成员的互动主要发生在工作和生产中。人们在互动中往往不把自己的内心世界全部暴露出来，所以这种互动是浅薄的、有限的。通过工作对人的了解是不全面的。总之，工作群体的互动，由于情感投入较少，因此只能是一种隐藏性和表面性的，它很少深入到更深的层次。

七、群体心理的具体形态

（一）群体归属心理

这是个体自觉地归属于某一群体的情感。有了这种情感，个体就会从群体出发，进行自己的活动、认知和评价，自觉地维护这个群体的利益，并与群体内的其他成员在情感上产生共鸣，表现出相同的情感、一致的行为以及所属群体的特点和准则。

群体的归属感，由于群体凝聚力的高低不同，其表现的程度也就不同。群体凝聚力越高，取得的成绩越大，其成员的归属感也就越强烈，并以自己是这个群体的成员而自豪。所以，先进群体成员的归属感比落后群体成员的归属感要强烈。

此外，人在一生中可能同时或先后参加几个不同的群体，其对这些群体都会产生程度不一的归属感，而最强烈的归属感是产生于对他生活、工作和其他方面影响最大的那个群体。

（二）群体认同心理

群体认同感，即群体中的成员在认知和评价上保持一致的情感。由于群体中的各个成员有着共同的兴趣和目的，有着共同的利益，同属于一个群体，因此在对待群体外部的重大事件和原则性问题上，成员会自觉保持一致的看法和情感，自觉地使群体成员的意见统一起来，即使这种看法和评价是错误的，群体成员也会保持一致。

一般来讲，群体中会发生两种情况的认同：第一，自觉的认同。由于群体内人际关系密切，群体对个人的吸引力大，在群体中能实现个人的价值，使各种需要得到满足，于是成员会主动地与群体发生认同，这种认同是自觉的。第二，被动的认同。是指在群体压力下，个体为避免被群体抛弃或受到冷遇而产生的从众行为。这种认同是模仿他人，受到他人的暗示影响而产生的，如果是在外界情况不明，是非标准模糊不清，又缺乏必要的信息的情况下，个人与群体的认同会相对容易，反之，认同度就会较低。

（三）群体促进心理

在现实生活中我们常常可以看到，个人单独不敢表现的行为，在群体中则敢于表现；一个人单独很少做的事情，在群体中却经常做。这就是说，个人在群体中会变得胆大起来。

（1）归属与认同的促进作用。由于归属感和认同感使个体把群体看作是强大的后盾，个体在群体中无形地得到了一种力量支持，从而鼓舞了个人的信心和勇气，唤醒了个人的内在潜力，做出了独处时不敢做的事情。

（2）赞扬与支持的作用。当群体成员表现出与群体规范的一致行为，做出符合群体期待的事情时，就会受到群体的赞扬，从而使个体感到了其行为受到群体的支持。这种赞扬和支持，主要体现在个人心理上，一个动作，一个眼神，一种表情，甚至仅仅是同伴在场，都会被个体认为是一种支持，从而强化其行为。

（3）促进作用的差别性。群体的鼓励作用并不是同等地发生在每个成员身上，有的感到支持力量较大，有的却较小，还有的则感受不到支持，甚至还会感到受到了干扰。

第四节　群体内部关系管理

上一节我们了解了群体心理，群体心理的形成与群体的内部关系又有着紧密的联系。群体内部存在着不同层次的工作交往，他们彼此之间存在着相互依赖关系，这种关系既可能导致他们之间的合作，也有可能形成竞争。在个体与群体之间，也存在着多种关系，如何去管理这些关系，转劣势为优势，笔者将在本节中对此进行仔细讨论。

一、竞争与合作

（一）竞争

所谓竞争，就是个体或群体通过自我潜力的充分挖掘创造超过他人或群体的优异成果。处在社会上的每一个人，都不同程度地处于竞争状态。所以说，竞争是社会生存的常态，我们不要惧怕竞争。通过竞争既可以进行优胜劣汰的选择，使真正有才干的人脱颖而出，又可以激励竞争者奋进和提高自身水平，进而扩大工作成果，因而群体内的竞争具有重要作用。

个体的需要多种多样，处于竞争条件下，人们的自尊需要和自我实现的需要更为强烈，人们对于竞争活动将会产生更加浓厚的兴趣，克服困难的意志将更加坚定，争取成功的信念也将更加坚定。个体将动员一切力量，全力以赴，充分发挥内在潜力与创造力，力争使自己在竞争中立于不败之地。

竞争时，人们处于一种应激状态，会产生强烈的情绪体验，刺激着肾上腺体分泌激素，血糖升高从而使全身肌肉产生一种紧张感，全身各器官和组织也都动员起来，以应对突然面对的紧急情况。这种紧张感对个体是有益的。

通过与他人的竞争，个体对自己的特点和能力有了进一步的认识，因此能客观地评价自己，扬长补短，精益求精。即使是遇到失败，遭到挫折，也能寻找原因争取"东山再起"。所谓"失败乃成功之母"。

（二）合作

合作是指通过个体或群体之间的配合和协调共同完成工作目标的状态。合作需要具备的基本条件主要有以下几个方面：

（1）一致的目标。任何合作都要有共同的目标，至少是短期的共同目标。

（2）统一的认识和规范。合作者应对共同目标、实现途径和具体步骤等，有基本一致的认识。

（3）在联合行动中合作者必须遵守共同认可的社会规范和群体规范。

（4）相互信赖的合作气氛。创造相互理解、彼此信赖、互相支持的良好气氛是有效合作的重要条件。

（5）具有合作赖以生存和发展的一定物质基础。必要的物质条件是合作能顺利进行的前提，空间上的最佳配合距离，时间上的准时、有序，都是物质条件的组成部分。

（三）群体内的竞争与合作的适用范围

在一个群体内，有的活动适合于成员间的竞争，竞争越激烈，越有利于活动的进行，而有的活动则适合于成员间的合作，相互配合，可以提高活动效率。这可以通过以下几点来说明：

（1）从事简单且易独立完成的工作，竞争优于合作。

（2）从事比较困难且不宜独立完成的工作，合作优于竞争。

（3）如果群体成员的态度与感情一致，而且又有明确的目标，群体合作优于竞争。

（4）如果群体成员的态度与感情不一致，而且工作本身又缺乏内在兴趣，个人竞争的成绩会更显著。

二、群体的规范和压力

群体的规范和压力是指通过群体的力量为群体活动提供的动力和保障。

（一）群体的规范

1. 定义

群体的规范就是由群体所规定的行为准则。作为一个群体，为更有效地活动，使每个成员的活动都与群体的活动方向保持一致，就必须确定每个成员都必须遵守的行为准则。

群体规范是一个群体能保持一致的基本准则。当成员的行为违反常规时，群体就会以各种方式加以纠正或维护其常规状态，使其重新和群体保持一致。群体规范是每个成员都必须遵守的规则、思想、评价和行为的标准。这些标准为群体成员所公认，而且是每个成员所必须遵守的。群体规范有些是在群体内正式现定的，但大部分是在群体中自发形成的，并且能潜移默化地影响个人的行为及其人格的发展，起着调节成员之间关系的作用。

2. 阶段

群体规范形成大致会经历三个阶段：

（1）相互影响阶段。在此阶段，每个成员都会发表自己对某一事物的评价判断，群体成员按照自己的标准看待和了解群体中其他成员的行为标准或业已存在的群体规范体系，彼此之间产生双向的接近和同化，努力寻找共同的因素并以此作为构建新的群体规范的起点。

（2）出现某种占优势的意见。在此阶段，不同的行为、价值和观念体系互相融合，通过成员之间行为的互动，群体会逐步形成某种公认的、可接受的、规范群体成员行为的标准。

（3）趋同倾向导致评价判断和相应行为上的一致性。通过群体和个人之间、个人和个人之间行为观念的交换归属和服从过程，群体最终会形成对群体所有成员具有共同约束力的行为规范体系。

3. 类别

群体规范分为正式和非正式两类。正式规范由组织明文规定员工应遵循的规则和程序，是由组织直接规定的，如企业的岗位规范、操作规程等。非正式规范不是由组织正式规定的，而是员工在工作与生活过程中约定俗成的行为准则，是群体成员在相互交往过程中，在模仿、暗示、顺从的基础上形成的。

4. 方法

群体规范分析法是 20 世纪 60 年代后期美国管理心理学家皮尔尼克提出的一种方法，其作为优化群体行为、形成良好组织风气的工具，是团队建设中经常用到的一种工具。这种方法包括三项内容：

（1）明确规范内容，了解群体已形成的规范模式，特别要了解起消极作用的规范、习惯，听取改革意见。

（2）制定规范剖面图，对影响企业经营的规范进行分类，为每类规范制定理想的给分点，这种理想的给分点与实际评分的差距，被称为规范差距。

（3）改革。改革不合理的规范制度，最大限度地调动工人、管理者的积极因素，自上而下逐级确定优先改革的规范项目。群体成员在这一过程中，应自始至终参与改革，在改革过程中，避免出现员工间相互攻击的现象。

根据皮尔尼克的报告，实行这一办法的企业收到了好的成效，一家制造公司的质量缺陷减少了 55%，一家零售商店的货品损坏减少了 70%。群体规范分析法的优点在于可以不让任何员工感到难堪，因为在改革过程中，对象是抽象的而不是具体的人，批评小组工作时不追究责任、事故是由谁造成的，只研究为什么没有做好。对于表现差强人意的团队，批评小组会对其进行整顿，整顿的一个重要内容就是优化团队规范。皮尔尼克提出的"群体规范分析法"很值得我们借鉴，我们可以按照上述说明的内容来进行分析，从而改进团队。

（二）群体压力

所谓群体压力，是指已经形成的群体规范或其他因素对其成员的行为所具有的无形约束力。

1. 类型

（1）信息压力。费斯廷格和凯利指出，当人们依赖于他人获得社会信息时，他人就会获得一种权力，来影响人们的行动或态度。这些他人对人们具有信息性压力，因为人们需要他们提供信息，所以人们会服从于他们。

（2）规范压力。群体规范指的是群体所确立的行为标准，群体的每个成员都必须遵守这些行为标准。但群体规范不是规定成员的一举一动，而是规范行为可以被接受和容忍的范围，群体规范可能是明文规定的，但大部分规范是约定俗成的、非正式的。所以，群体除了具有信息性影响力外，群体还能够利用"规范性社会压力"来说服个体从众。在拉坦内（B. Latane，1990年）看来，从众实际上就是群体中少数派受多数派影响的结果。而且，与群体保持一致会使个体很容易对自己的决策或看法进行证实。

2. 产生原因

（1）人天生就有一种害怕被社会孤立的恐惧感，个人偏离群体会使个人面临强大的群体压力甚至受到严厉的制裁，这种恐惧感使得群体中的人会产生合群的倾向，只有与群体保持一致才能消除个体的不安全感。

（2）群体为人们的个体行为提供了参照，人们倾向于相信多数，认为他们是信息的来源而怀疑自己的判断，因为人们觉得多数人的意见更可靠，在模棱两可的情况下尤其如此。

（3）群体给予个体的归属感和自我同一性会使得个体产生维护群体形象的心理，因此，个体的行为表现会与心目中的归属群体的标准保持一致。

这些不同的原因产生了不同的趋同心理，在行为上主要表现为两种形式：真从众，外显行为和内心看法因群体影响而真正改变，与群体保持一致；权宜从众，尽管内心怀疑或有疑义，但迫于群体压力而在行为上与群体保持一致。

3. 作用方式

群体的压力与权威命令不同，它不是通过自上而下的强制约束来改变个体行为，而是通过多数人一致的意见，使个体在心理上承受巨大的心理压力。这就是说，当一个人发现自己的观点和行为与群体不一致时，就会产生一种孤独、紧张、恐惧的心理，由此促使其产生与群体保持一致的愿望。

4. 作用形式

在一般情况下，个人应对群体压力会有两种形式：一种是屈服于群体的压力而被迫放弃自己的主张，与众人相一致；另一种是抗拒群体的压力，坚持己见，与众人疏远。

群体动力学认为，为了完成某项组织工作，群体必须依靠群体中的全部成员的通力合作才能在有限的时间内完成最多的工作。如果没有群体的压力，而是对个人的欲望和行为一味迁就，那么就会在无形中削弱群体的权威和力量。

三、消除个体与群体意见分歧的方法

美国心理家李维特通过研究发现，如果在一个管理委员会中个人意见与群体意见发生分歧，群体可以采取以下几种方法消除分歧：

（一）理性商议

理性商议又称理智压力，就是让与会者自由的发表意见，用摆事实、讲道理的方法，使少数人放弃个人观点而服从多数人的意志。

（二）怀柔政策

怀柔政策又称情感压力，即当讲道理不能使少数人屈服时，可以采取为其着想的方式，向其表示群体与个人并无原则性的分歧，如能和大家保持一致，对己对人都有好处。

（三）舆论压力

舆论压力又称为心理攻势，对那些不识抬举的人，群体可以群起而攻之，使之"四面楚歌"，造成其心理崩溃。

（四）心理隔离

心理隔离也叫精神孤立，是在通过各方努力后，个人仍固执己见、不改初衷。这时群体则会采取断绝心理沟通、行为接触的方法，使之形单影只，陷于完全孤立的境地。如果这种情况继续恶化下去，群体则只能采取"暴力性"的压力方式，即用铁腕手段对此进行处理。

四、群体的凝聚力

群体的凝聚力是群体动力的重要来源。它是指群体成员之间的密切配合、相互作用时所聚集起来的活动动力。勒温认为，凝聚力概念主要应该关注个体如何知觉其自身与某个特定群体的关系。个体之所以愿意留在群体中，是因为群体能够帮助个体实现个人目标。在群体凝聚力概念的基础上，勒温提出了组织凝聚力的概念，并阐述了群体凝聚力与组织凝聚力的关系。他认为，以往的凝聚力研究的是军事领域，军事是以群体为基础的，群体可能只是某个组织的一部分，将所有群体紧密地联系在一起，会引起个体忠诚度的连锁反应，最终构成群体凝聚力的网络，这就是组织凝聚力。

在日常生活中，我们时常看到，有的群体成员之间互相抵制、戒备、关

系紧张，力量聚集不在一起，不能很好地完成任务；有的群体，成员之间的意见比较一致，关系也较融洽，相互配合，工作进行顺利。也有的群体，成员之间亲密无间，配合默契，视群体的荣辱为自己的荣辱，群体有着强大的活动动力。

群体凝聚力的高低，直接对活动发生着影响。一般说，凝聚力高，活动效率高；凝聚力低，活动效率就低，因为群体凝聚力的高低会直接影响到职工的士气、满足感和群体的一致性。

【案例】凝聚力中走出的品牌

"海底捞"董事长张勇曾这样说：餐饮是一个完全竞争的行业，消费者体验至关重要。我们在很早的时候就非常重视顾客满意度，而顾客满意度是由员工来保证和实现的。所以，我们确立了"双手改变命运"的核心理念来凝聚员工。想借此传达的是，只要我们遵循勤奋、敬业、诚信的信条，我们的双手是可以改变一些东西的。员工接受这个理念，就是认可我们的企业，就会发自内心地对顾客付出。我们在服务上的创新都是员工自己想出来的，因为他们深受"双手改变命运"这个核心理念的鼓舞。

（一）决定凝聚力与活动效率关系的几种情况

凝聚力并不是影响活动效率的唯一条件，凝聚力和活动的关系，还取决于群体的态度及其与组织目标的一致程度。就群体与组织目标的一致程度而言，决定凝聚力与活动效率的关系有如下几种情况：

（1）低凝聚力，高一致性。这就是说群体的态度是支持组织目标，在这种情况下，即使凝聚力低，活动效率也能提高。

（2）低凝聚力，低一致性。这就是说群体的态度与组织的目标不一致，群体的凝聚力也低，则群体的活动效率与凝聚力的关系不明显。

（3）高凝聚力，低一致性。这就是说群体的态度是不支持组织目标，在这种情况下的凝聚力越高，活动效率越低，如罢工。

（4）高凝聚力，高一致性。这就是说群体的态度与组织目标保持高度的一致，在这种情况下，群体的凝聚力越高，活动效率越高。

高
集体目标与组织目标的一致性

1 高一致性 低凝聚力	4 高一致性 高凝聚力
2 低一致性 低凝聚力	3 低一致性 高凝聚力

低　　　　　　群体凝聚力　　　　　　高

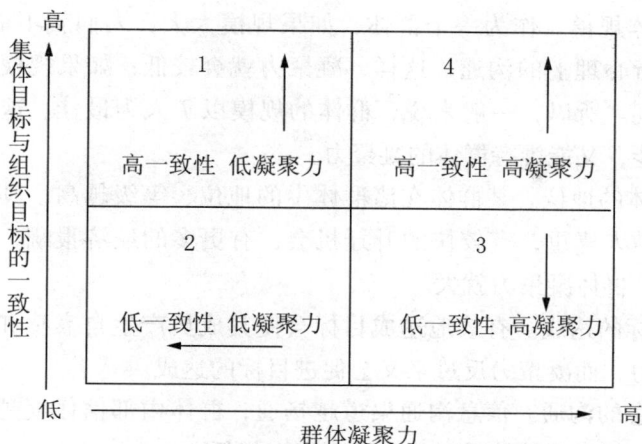

图6-1　决定凝聚力与活动效率关系的几种情况

（二）影响凝聚力的因素

高凝聚力，高一致性的群体才是管理中所追求的群体，群体只有在这种情况下，才能进行富有成效的创造性工作。如何使群体产生凝聚力，主要受以下几种因素的影响：

（1）群体内部的一致性。这是指群体成员之间的相似性程度、成员的需要、动机、信念、兴趣、认识水平等。一般说，成员之间的一致性越高，群体成员之间配合越默契，态度也易一致，凝聚力也高。但有时也会因工作性质相似，造成群体内的竞争，致使凝聚力降低。

（2）外部的作用力。当群体受到外界作用时，会使成员自觉地结合在一起一致对外，由此可以提高群体的凝聚力。此外，为了在群体竞争中取胜，群体成员保持一致，从而增强了群体的凝聚力。

（3）群体的领导方式。在群体中，采用不同的领导方式，就会有不同的凝聚力。心理学家勒温通过实验比较了"专制型""放任型""民主型"三种领导方式下群体的效率和群体气氛。结果表明，"民主型"领导方式下的群体，比其他群体成员之间更亲近，思想更活跃，活动更积极，凝聚力更高。

（4）群体内的奖励方式和目标结构。大量的研究表明，个人和群体相结合的奖励方式有利于增加群体的凝聚力。工作任务和目标结构也影响凝聚力，如果群体成员的目标任务互不相关，就易降低凝聚力。相反，把个人和群体的目标有机地结合起来，就会增加群体意识和凝聚力。

（5）群体规模。作为一个群体，如果规模太大，人们就不能直接接触，也很少能进行心理上的沟通，这样，凝聚力就会较低；如果规模太小又会对完成工作不利。所以，一般来说，群体的规模以 7 人为最佳。这既能保证群体的工作机能，又能维持群体的凝聚力。

（6）群体的地位。某群体在诸群体中的地位、等级越高，其凝聚力就越强。如群体被人尊重，有较快的升迁机会，有更多的经济报酬，有更大的发展可能性等，群体凝聚力就大。

（7）目标的达成。有效地达成目标会使其成员产生自豪感和自信心，从而增强凝聚力，而凝聚力反过来又会促进目标的达成。

（8）信息的沟通。信息沟通渠道越畅通，群体内部信任度越高，凝聚力越高。相反，相互间越缺乏联系，则凝聚力越低。

五、群体的士气

"士气"本是一种军事术语，用来表示作战时的群体精神。把这一术语引用到管理中，多用来表示群体的工作精神或服务精神。心理学家史密斯（G. R. Smith）与威斯特恩（Western）认为，士气乃是个体对某一群体或组织感到满足，乐意成为其中一员，并协助达成群体目标的态度。因此可以说，士气不仅代表个体需求满足的状态，而且还包括认为个体的满足得之于群体，因而乐意为实现群体目标而努力。以此，士气就是指维持意志行为的具有积极主动性的动机。

绝大部分日常用语，特别是在中外现代心理学界对士气的定义当中存在一个共识的或并不否定的部分：士气对于个体执行整体长远目标任务具有驱动力作用，是一种服从于整体长远目标且具有驱动力作用的心理活动。

士气在心理活动中表现为很多方面，但无论是哪种表现，都必须具备心理活动的积极主动性（即心理活动的整体长远性）和意志性（即行为的坚强果断性）两个特征，才可能属于士气的范畴。

（一）士气的特征

心理学家克雷奇（D. Krech）等人认为，一个士气高昂的群体，应具有以下几种特征：

（1）群体团结的动力来自于群体内部的动力，而不是来自于外部的压力。

（2）群体中的成员之间没有分裂为互相敌对的小群体；

（3）群体本身具有对外部变化的应变力和处理内部冲突的能力；

（4）每个群体成员都具有群体意识；

（5）每个成员都明确群体的目标；

（6）群体成员对其目标和领导者持支持的态度；

（7）成员承认群体的存在价值，并有维护群体继续存在的意向。

如果一个群体具备了这些，就是一个健康的、积极的、士气旺盛的群体，就可提高活动的效率。

（二）士气和活动效率的关系

戴维斯认为，士气和活动效率的关系可能出现以下四种情况：

（1）士气高，效率低。员工虽然在群体中获得了某种满足感，但因组织目标和个人需求不能相吻合，于是就出现了"和和气气的怠工"，而缺乏紧张工作的气氛，导致效率非常低。

（2）士气高，效率高。因为员工在群体中满足了个人需要，感到组织目标和个人要求相一致，因此产生了干劲十足、效率很高的局面。

（3）士气低，效率高。因为管理者采用物质刺激的方式，使工作人员的某种物质需要暂时得到满足，而出现了高效率。由于管理者忽视了工作人员的心理需求，这种高效率的情况只是暂时的，时间一久，就会急剧地走下坡路。

（4）士气低，效率低。由于工作人员的需要在群体中得不到满足，而且组织目标和个人需求也不相吻合，工作人员对活动没兴趣，只是抱着"当一天和尚撞一天钟"的思想，因此活动效率极低。

古今中外，凡是具有才干的领导者、管理人员，都非常注重群体的士气，他们把群体士气的高低，视为活动成败的关键，所谓"两军相遇勇者胜"中的"勇"字，就是指"士气"。我国兵法有云："上下同心，无往而不胜者。"这都是对士气作用的充分肯定。

（三）影响士气的因素

那么，士气从何而来？哪些因素对士气的高低起影响作用呢？一般来说，影响工作人员士气的因素主要有：

（1）对所处群体的满意度。如果个人对所处群体感到满意，并以作为群体成员而自豪，这个群体就会出现高昂的士气，个体就会努力地为群体的活动而工作。

（2）对工作的满足感。这是指工作本身是否能令人满意。这种满足感主要包括工作本身是否合乎个人的需要，个人是否能在此方面施展自己的才能。如个人对工作是满意的，则不用扬鞭自奋蹄，反之，则会踟蹰不前。

（3）对组织目标的赞同。士气在一定意义上说，就是群体成员的一种群体意识，它代表一种个人成败与群体成就休戚相关的心理，这种心理在个人目标与群体目标协调一致时才能发生，因此个人对组织目标的赞同度越高，士气就会越高。

（4）合理的经济报酬。金钱虽然不是人们的唯一需求，但对生活具有重要意义。一方面，它能满足人们的物质需要；另一方面，报酬的高低也是对人们做出贡献的衡量，能够满足人们的部分精神需求。如果报酬合理则能激发人们的积极性，否则就可能会挫伤人们的积极性，降低士气。

（5）管理者的良好素质。管理者自身素质的高低对下属有着重要的影响，古人云"将帅无能，累死三军"，就是指管理者的水平。管理者自身素质好，管理水平高，下属在活动中就能得到良好的指导，活动积极性就高，正所谓"强将手下无弱兵"。否则，人们的积极性就很难被激发出来。

（6）成员之间的和谐与合作。如果一个群体中成员之间的关系是和谐的，那么，他们之间就容易进行心理上的沟通和行为上的接触，成员之间就能和睦相处，群体就有良好的精神面貌。如果群体成员之间在和谐的基础上再做到密切的合作，那么群体就会产生无穷的力量，使群体的活动顺利进行。

（7）良好的工作条件。这里所指的工作条件，是就两方面而言的：一方面是要有良好的客观外界环境，另一方面是要有良好的主观内在环境。既要让人们感到自己所处的外界环境是适宜的，又要让人们感到成员之间的心理环境是相容的。这样才能使工作人员在工作时身心都感到舒适，从而使工作人员在愉快的环境中，充分发挥自己的潜力。

第五节　正式群体和非正式群体之间关系的调整

前述内容主要是针对正式群体而言的。在组织中除正式群体外还有非正式群体，其对正式群体和组织具有很大的影响作用。

一、非正式群体概述

（一）定义

非正式群体是人们在活动中自发形成的，未经任何权力机构承认或批准而形成的群体。非正式群体的存在是基于人们社会交往的需要。由于人们对社会交往的特殊需要，依照好恶感，心理相容与不相容等情感性关系，组织中就会出现非正式群体。这种群体没有定员编制，没有固定的条文规范，因而，往往不具有固定的形式。因某种利益、需求和机缘结合在一起的人，如同院的伙伴、工厂或学校中存在的一些"小集团""小圈子"都属于非正式群体。

（二）起源

非正式群体这个概念最初是由美国心理学家梅奥提出的。20世纪20年代起，梅奥等人经过长达8年的实验研究（即"霍桑实验"）发现，在企业中，除了正式组织外，实际上还存在着各种形式的非正式组织。正式组织只反映组织成员之间的职能（或职务）关系，不能表现出他们之间的相互接触、相互作用的社会关系，而这种社会关系却时时都在影响着他们的行为，从而影响着企业的生产效率。他认为，所谓非正式组织是指企业成员之间由于共同的价值标准而自然形成的无固定形式的社会组织。在这里，人们之间具有基于共同的价值标准而产生的共同的情感和态度，并且正是这种情感和态度把他们组合起来。非正式组织的领袖人物是自发产生的，但对其成员却往往比正式组织的领导人具有更大的影响力。他在实验中发现，工人们在生产中会自发形成一些共同遵守的准则，如干活不能过于积极，也不能过于偷懒。这些约定俗成的准则对非正式群体中的成员具有普遍约束力。如果有人违反了这些准则，就会遭到其他人的指责和讽刺，冷淡和疏远，甚至会有人对其进行报复。在非正式群体中，起支配作用的价值标准是感情逻辑，其要求每个成员都必须遵守基于成员之间共同感情而产生的行为规范。

二、影响非正式群体产生的因素

非正式群体之所以产生，主要有以下因素：

（一）工作环境的接近

工作时距离的接近，工种或工作地位的相同，有较多的接触时间和机会，都会导致感情上相融合而结成活动的伙伴。

（二）心理环境的相似

群体成员具有相似的个性特征，如兴趣、爱好、性格、气质等，才有可能形成非正式群体。

（三）地缘关系

居住相邻、上下班同路或同乡等地缘关系也会促成非正式群体的发展。

（四）血缘关系

有亲戚关系，以血脉相连，可以使人们迅速形成非正式群体。

（五）历史因素

有相同的经历和社会历史背景的人们之间，由于有共通的话题和感悟因而也容易形成非正式群体。

（六）人事因素

非正式群体一般有自然形成的核心人物存在，核心人物起到联系和中介作用，可以吸纳趣味相同的人聚集。

三、非正式群体存在的意义

（一）满足心理需求

非正式群体作为正式群体的补充，能够满足人们在正式群体中不能满足的心理需求。非正式群体是自发形成的，成员之间既相互联系，又相互独立。在活动中，每个成员既可以找到自己交往的对象，又可发表自己的见解，还可以从别人那里得到自己心理上需求的东西，使自己能愉快地生活。

（二）满足信息沟通需要

非正式群体也是一种非正式的信息渠道，能够满足成员对信息沟通的需要。正式群体中的每个成员都希望及时获得信息。但事实上，组织不可能把所有信息毫无保留地传给每个成员，而且，由于正式群体的信息沟通方式有限，常常使信息传播不及时，而在这方面非正式群体则有优势。非正式群体的成员接触频繁，沟通渠道多，不受限制，能将信息迅速散布，使每个成员都有分享的可能，从而弥补正式群体的不足。

（三）纠正群体偏颇

非正式群体作为一种对抗性群体，可以纠正正式群体出现的偏颇。在正式群体中，如果管理人员能力低或作风不正，假公济私，对事情处理不公正，则群体成员会离他而去，分裂为某种类型的小群体，其中还会产生核心人物，影响其他人的行为，与正式群体相抗衡，从而能够在一定程度上纠正和抑制正式群体的错误。但在其他情况下产生的非正式群体，对正式群体的活动往往会起消极作用，影响正常组织活动的开展。由此可见，非正式群体是否存在以及其存在的数量是衡量正式群体内凝聚力强度的"晴雨表"。

管理心理学认为，非正式群体虽然没有组织的明文规定，但也是客观存在的。由于其成员是以共同的观点、利益、兴趣、爱好等为基础联系起来的，因此具有较强的凝聚力，从而对其成员在心理上有重要影响，其作用有时甚至会超过正式群体的作用。为此，管理者对非正式群体的存在和发展，应当予以充分重视。

四、非正式群体的特性和作用

（一）非正式群体的特性

非正式群体和正式群体相比，具有以下几个明显的特性：

1. 非正式群体是自发形成的

非正式群体的形成，不是由官方规定的，而是以相近的个性特征和共同的心理需求为基础自发形成的。那些具有相同的爱好，共同的信念和利益，以及相同的生活习惯的人容易进行自然组合形成非正式群体。当然，由于非正式群体依赖于某种共性，因此群体规模一般都不太大。

2. 非正式群体以感情为维系的纽带

在非正式群体中，成员之间的相互联系不受行政命令的制约，而是以感情作为联络的纽带，因此感情色彩大于法理色彩。

3. 非正式群体中有自然形成的领袖人物

非正式群体中的领袖人物，虽不是通过某种形式选举产生的，但威信高、影响力大，他们所讲的，别人都乐意听，他们所做的，别人都乐意支持。

4. 非正式群体中有强烈的群体意识

非正式群体中有强烈的群体意识、群体压力和不成文的行为准则，这些对其成员的行为有很大影响。在这种群体里，成员有很强的从众行为倾向，甚至出现群体行为的统一模式化。

5. 非正式群体中信息传递的渠道非常畅通

非正式群体由于成员间的关系较为融洽，因此信息的传递非常畅通，而这种迅速传递的信息，又进一步加强成员之间密切的关系，使群体具有明显的排他性和自卫性，同时本身也具有很强的应变性。

（二）非正式群体的作用

1. 积极作用

非正式群体作为一种自然的组合体，其本身的功能相对于组织而言，具有两重性。非正式群体对其成员和组织的积极功能表现在：

（1）控制作用。在非正式群体中有一种巨大的控制力，群体中的每一个人，都必须遵守这些不成文的规范，都必须与群体保持一致，连领袖人物也不例外，否则就会被孤立、惩罚甚至被抛弃。

（2）改造作用。非正式群体的这种功能是指通过群体的压力和规范，使个体同群体保持一致。

（3）激励作用。因为非正式群体有着强烈的群体意识，所以，在非正式群体中，每个成员都不甘落后，都有着强大的活动力。比如：在做一些工作时，对正式群体的领导人的号召，有的人可能不屑一顾，但若非正式群体中的领袖人物说一句话，他们就会积极行动。

（4）影响作用。由于非正式群体中的成员的活动具有一致性，所以，如果善加利用，他们的行为就会有利于组织目标的实现。否则，就会成为实现组织目标的障碍。

2. 消极作用

非正式群体的功能除了具有积极的一面外，还有消极的一面，了解其负面作用，可以有利于我们采取有效的预防和改进措施。其消极作用主要表现在以下几个方面：

（1）对正式群体的心理反感和情绪抵触。非正式群体都是自然形成的，成员之间有一种独特的凝聚力，容易产生一种"抗官方心理"。因此，对正式群体举办的活动，他们往往不愿参加，而对他们自己的活动却会非常积极。有时，本来是非正式群体自发组织的一些有益的活动，但一经组织肯定和提倡，他们就会很快失去兴趣。这就严重影响了整体的内聚力，无形地减弱了组织的活力。

（2）散布谣言，传递"小道消息"。研究表明，大量的"小道消息"都是通过非正式渠道传播出去的。非正式群体成员间的关系密切，信息沟通及时，层次少，速度快，再加上人们的"逆反心理"和猎奇心理，使假谣言和

"小道消息"得以迅速传播，有时会严重危害群体目标。

（3）不良压力。正式团体和非正式团体都有行为的标准和规范，都对个人有约束力，甚至会对个人造成压力。但非正式团体的压力较正式团体的压力往往更加无形却更为沉重，如讽刺、挖苦、打击、造谣等，可能迫使个人脱离正式团体所要求的行为规范。

【案例】非正式群体的消极效应

某公司是一家生产服装的中型企业，一部分产品是自产自销，而绝大部分产品是按照国外订单生产，然后出口到国外。公司一直都保持着稳定的发展。自从公司的前厂长离开该厂自己创业后，整个形势就开始慢慢地变化。老总开始物色具有丰富服装生产和出口经验的管理者，结果前后来了3任厂长都改变不了车间混乱的状况，生产的服装几乎每批都被外贸公司退回返工，产品的质量达不到要求，一方面让公司大幅亏损，另一方面由于公司采取的是计件工资制，也导致员工的工资锐减。一时间公司内部流传着各种消息，如：又要换厂长了；刚做的一单又要返工；这个月的工资老板会压着不发；老板准备放弃这家企业；等等。

而这时公司的老总正在和深圳的一家贸易公司谈判，希望能获得一个100万元的海外订单，在离开公司之前虽然他也知道公司内部人心不稳，但他认为只要能签到大额的订单就可以稳住员工的心，然后生产也会走向正常。结果，当他给员工发了上个月的工资，回到车间却发现已经有40%的员工在领到工资后就已经辞职。他发现这些一起离开的员工大多是来自同一个省份，或者以前在同一家公司工作过。

五、调谐正式和非正式群体关系

（一）调谐正式群体和非正式群体之间关系的原则

1. 合理地利用非正式群体为实现群体的组织目标服务

在实现组织目标时，领导人可以利用非正式群体的某些特点做成某些正式群体所做不到的事。

（1）提高素质。利用非正式群体成员之间感情密切的特点，引导他们互相取长补短，提高成员的素质。

（2）完善自身。利用非正式群体成员间关系密切、心理容易沟通的特点，引导他们开展批评和自我批评，克服缺点，不断完善自身。

（3）收集信息。利用非正式群体信息传递快的特点，可及时收集成员对组织的意见和要求，使领导的工作有的放矢。

（4）促进团结。利用其凝聚力强，能较好满足成员的社会心理需求这一特点，可以让他们做组织不易做的群众工作，促进组织内部团结。

（5）提高效益。利用其内部压力大，成员从众行为显著的特点，在确定定额时，标准可适当提高，以提高活动效益。

（6）招安收编。利用其领袖人物说话灵、威信高、能力强、影响力大的特点，在可能的情况下，授予其相应的权力，从而把非正式群体纳入正式轨道，使正式群体和非正式群体合二为一。

2. 区别对待不同类型的非正式群体

（1）对积极型的非正式群体，应当支持和保护，促进其在适当范围内发展。

（2）对消极型的非正式群体要加以积极的引导和改造，缩小其规模，削弱其作用。

（3）对破坏型的非正式群体要果断地采取措施，坚决予以取缔，并且应从根源上消灭其发展基础。

3. 注重非正式群体的核心人物

非正式群体的核心人物，对其群体的目标和规范有决定性的影响。因此，做好他们的工作会带动一批人。这就要求我们在选择基层干部时，应充分考虑非正式群体的因素，尽可能委派在非正式群体中享有威信而又作风正派的干部，这样可以增强群体的凝聚力。

4. 完善正式群体，增强吸引力

非正式群体之所以会形成，虽有各方面的原因，但和正式群体中存在的问题和弊端有着密切联系。基于此，我们要想削弱非正式群体，就要完善正式群体，并通过各种活动使群体成员获得心理满足和平衡。如此，非正式群体就失去发展的基础。

（二）不同类型的非正式群体的改造方法

1. 兴趣迁移法

从组织的目标出发，对某些爱好型群体的需要加以改造，如把娱乐兴趣改变成钻研业务的兴趣等。

2. 感情联络法

非正式群体的维系是以感情为纽带的，为了改造他们，管理人员就要加强与他们的联系，消除隔膜，增进感情，使他们同正式群体在目标上保持一致。

3. 环境设置法

这是利用客观环境和心理环境的重新设置来使非正式群体中的成员发生变化的一种方法。如进行工作的调动或让他们和趣味相似的正式群体中的成员分在一起工作。

4. 角色强化法

非正式群体中的成员都具有双重角色（正式和非正式群体成员），有些人之所以重视非正式群体中的角色，是因为这一角色具有较大的吸引力，如果加强他在正式群体中的角色，就会把他们的关注点转到正式群体中来。例如对非正式群体中的领袖人物，管理人员可让其担任正式群体中的负责人，这样他就会认真负起责来。而他手下的"兄弟"也会回到正式群体中来，这将有利于正式群体力量的增强。

5. 目标导向法

这种方法是使每个成员的活动目标都和组织的目标导向一致，使组织的目标对每个成员都具有吸引力、让他们真正认识到，要想满足自己的需求，就必须借助于群体目标的实现，否则个人的需求永远也得不到满足。这样一来，群体中的成员会心往一处想，劲往一处使，无形中会增强群体的凝聚力。

总之，通过对非正式群体的调节，可以使之与正式群体保持一致，使群体成为具有强大凝聚力和高活动效率的群体，以期顺利完成组织的目标。

【参考文献】

1. I. Altman，G . Levinger，*Social Penetration Theory.*

2. ［美］T. A. 哈里森：《我好！你好！》，陈林译，光明日报出版社 1988 年版。

3. B. W. Tuckman，"Developmental Squences in Small Group"，*Psychological Bullentin*，1965.

4. B. W. Tuckman，M. A. C. Jensen，"Stages of Small Group Development Revisited"，*Group and Organization Studies*，1977，2（4）.

5. ［德］库尔特·勒温：《社会科学中的场论》（英文版），中国传媒大学出版社 2016 年版。

6. ［英］梅雷迪思·贝尔宾：《超越团队》，李丽林译，中信出版社 2002 年版。

【阅读材料】

为难的女工程师

马林是联合化学公司流程设计中心的主任，手下有 8 名工程师，均系男性。多年来，小组成员之间关系良好。随着工作任务的增加，马林招聘了一名刚刚获得某名牌大学工学硕士学位的女性——姜丽，加入一个旨在提高设备运行效率的项目小组。该项目小组原先只有 3 人，由巩森任组长。

作为一名新成员，姜丽非常喜欢这项富有挑战性的工作，因为工作能够使她发挥不少专长。她工作非常认真，对项目小组的其他成员也非常友好，但在业余时间，她从不和同事闲聊。由于工作主动，姜丽总是率先完成自己分担的那份任务，而且还经常帮助其他同事。5 个月后，巩森找到马林讨论项目小组的问题。巩森汇报说："姜丽骄傲自大，好像什么都懂。对人不友好，大家都不愿意和她一起工作。"马林回答说："据我所知，姜丽是个优秀的工程师，成绩很突出。大家对她的印象这么不好，这怎么可能呢？过几天我找她谈谈。"一周后，马林找姜丽谈话："姜丽，自从你来到流程设计中心，工作很勤奋、能力很出众，我非常赞赏。但是，听说你和同事的关系处理得不好，怎么回事？"姜丽大吃一惊，回答说："没有啊！"马林提醒道："具体一点，就是有些同事说你骄傲自满，好像无所不能，而且常常对他人的工作指手画脚。"姜丽反驳道："我从来没有公开批评过其他同事。而且，每当我完成自己的任务后，还经常帮助他们。"马林问："为什么别人对你的意见那么大呢？"姜丽感到愤愤不平，说："那几位同事根本没有尽全力工作，他们更热衷于足球、音乐、酒吧。还有，他们从未把我当作一名称职的工程师，仅仅把我看作是一名闯入他们专业领域的女性。"马林说："工程师的考评与激励属于管理工作，你的职责是做好本职工作。关于性别，公司招聘你只是由于你的能力、知识符合条件。好好干，把管理问题留给我。"

资料来源：第一文库网：www.wenku1.com/news/5F0EED342FF84C9B.htmI，访问日期：2018 年 3 月 7 日。

【复习思考题】

1. 什么是人际关系？其有何特性？应该如何处理？

2. 如何理解群体与个体之间的关系和相互作用？

3. 群体内部关系有哪些主要内容？

4. 如何调节正式群体与非正式群体的关系？

5. 管理群体心理有何作用和意义？

6. 如何调节个体与群体之间的关系？

7. 简述群体凝聚力与士气的关系。

第一节　激励和激励理论概述

组织是由不同的要素构成的，人、财、物、时间、信息等都是不可或缺的，但其中人是最为核心的要素，因为其他要素作用的发挥都离不开人的作用。社会越发展对人的要求就会越高，人的创造性和积极性成了组织成败的关键性因素。在现代组织管理中，人们对其他生产要素的预测和控制会更加准确，但是，对人这种要素的预测和控制难度却依然很大，特别是如何调动人的工作积极性这一问题长期以来一直是困扰管理实践的关键问题。因此，如何有效地调动人的积极性成了管理心理学的核心问题，而如何调动人的积极性就是如何对员工进行有效激励的问题。从 20 世纪 70 年代开始，西方所有的管理心理学教材中都会用至少一章的篇幅来讲解激励问题，这从侧面说明了激励对管理的重要性。

一、概念

管理心理学的研究特别重视激励，国内外学者分别从不同的角度对激励进行了界定。

车丽萍认为激励就是组织通过适当的物质或精神刺激，借助信息沟通，来激发、引导、保持和规划组织成员的动机与行为，以有效地实现组织及其成员个人目标的系统活动。[1]在这一界定当中，有几个基本的要素，即行为

---

〔1〕　车丽萍：《管理心理学》，武汉大学出版社 2016 年版，第 234、235 页。

方向、行为强度以及持续期。行为方向也就是被激励者选择的奋斗目标，行为强度是被激励者的努力程度，持续期是指能否坚持下去。这样，行为方向、行为强度与行为持续时间就共同组成了激励。

程正方从心理和行为过程来界定激励，他认为，激励主要指由一定的刺激激发人的动机，诱导人的行为，使人发挥内在潜力，从而为实现心中追求的目标而努力的心理和行为过程。[1]人的需要可以分为已经满足的需要和尚未满足的需要，只有那些尚未满足的需要才能起到激励作用。尚未满足的需要是激励过程的起点，人们的需要没有得到满足，会引起人们的激奋感，引导人们的行为，人们达到目标之后，需要得到满足，完成一轮激励。此后，人会有新的需要，从而引起新一轮的循环。

范逢春从四个方面界定激励的内涵：①激励是在特定的时间、地点对人行为的方向、强度与持续性的直接影响。②激励与人的行为产生、行为被赋予活力而激发、行为的延续和终止以及人处于被激励状态中的主观反应有关。③激励是一组自变量与因变量间的关系式。该关系式在只考虑激励因子与被激励者的关系的条件下，可表示被激励者行为的方向、幅度与持续性。④激励是一个影响人面临多种选择时做出抉择的过程。

美国学者孔茨、韦里克认为：激励是一个通用名词，应用于动力、愿望需要、祝愿以及类似力量的整个类别。[2]B. 贝雷尔森和 G. A. 斯坦纳给激励下定义为："一切内心要争取的条件：希望、愿望、动力等都构成人的激励……它是人类活动的一种内心状态。"

中外学者从不同角度对激励进行了界定。从这些不同的界定中，我们可以梳理出一些共性因素：激励是一种管理与心理的过程；激励是一个外部诱因内部化的过程，从而使来自外部的刺激影响人们的行为，对人的行为起到强化或者减弱的作用；从内部状态来看，激励是将人的内在动机激发出来，使人产生强烈的行为动机。

本书主要采用了程正方的观点，认为激励就是指激发人的工作动机，诱导人的行为，发挥人的潜力，为实现所追求的目标而努力的过程。即我们通

---

〔1〕　程正方：《现代管理心理学》（第 5 版），北京师范大学出版社 2016 年版，第 165 页。

〔2〕　［美］哈罗德·孔茨、海因茨·韦里克：《管理学》，郝国华等译，经济科学出版社 1993 年版，第 465 页。

常所讲的调动和发挥人的积极性的过程。

激励是一种精神动力或状态，对人的行为起加强、激发和推动作用，并且引导行为朝向目标。激励是一种动力手段，也是一种管理方法。激励的实质就是激发、鼓励，调动人的积极性、主动性和创造性的过程。

二、特征

（一）激励是一个循环往复的过程

管理者对员工工作的全过程都要进行激励。在激励中，管理者要首先了解员工的需要、把握员工的需要，在此基础上控制行为过程、评价行为结果。整个激励的过程可以分为以下步骤："设置诱因—激发行为—实现目标—满足需要—设置新诱因"。诱因是员工所需要的，但是员工尚未得到，从而可以激发员工的行为。当员工通过努力实现了某一目标时，组织会帮助员工满足其需要，从而需要设置新的诱因，开始下一轮的激励循环，如此循环往复便形成了激励的过程。

（二）激励的效果受内外各种因素的影响

影响激励效果的内部因素有需要、态度、价值观、理想等。影响激励效果的外部因素主要有环境压力与要求，内外因素的合力将导致激励产生不同的效果。

（三）激励的时间性

激励的时间性特征包含三个方面的内容：①时效性。把握激励的时机，激励越及时，越有利于将员工的激情推向高潮，使其创造力充分发挥出来。②动态性。必须从动态角度去认识在激励条件下产生的动机和行为，随时观察被激励对象，动态地进行调整。③持续性。激励与人的行为产生、行为的延续和终止以及人处于被激励状态中的主观反应有关。激励是在特定的时间、地点对人行为的方向、强度与持续性的直接影响。[1]

三、激励的作用

（一）激励有助于激发积极性

美国哈佛大学威廉·詹姆士通过对员工的激励发现，在按时计酬的情况

---

〔1〕 范逢春：《管理心理学》，中国人民大学出版社 2013 年版，第 86 页。

下，人的动机如果未受到任何激励，那么在工作中仅能发挥其能力的 20% ~ 30%，如果受到充分而恰当的激励，则其能力能够发挥 80% ~ 90%。由此，可以得出一个公式：工作绩效=能力×动机激发。

$$绩效=f（能力×积极性）$$

在明确了绩效的影响因素之后，为了提升人的绩效，就需要从能力、积极性入手，激励正是通过对积极性这一因素的影响来发挥作用的。在其他条件既定的情况之下，人们工作绩效的高低取决于积极性的高低，而积极性的高低又取决于激励手段运用的好坏。日本丰田汽车公司运用这一方法的历史非常悠久，其中的一种就是鼓励员工提合理化建议。凡是提了合理化建议的，公司都会予以奖励。此举的效果十分显著，公司每年都会收到 165 万条建议，平均每人提 31 条，如果合理化建议被采纳，那么公司会给予该员工更多的奖励。这一举措提高了员工的积极性，培养了员工的主人翁精神。

（二）激励有助于吸引人才

市场竞争日益激烈，企业如何获得竞争优势？在当前情况下，那些能够吸引和留住人才的公司才是最有发展前途的公司，这一点已经被世界 500 强企业所证实。这些公司的统一做法就是重视激励工作。从世界各国来看，美国特别重视运用激励吸引人才。为了吸引世界各国的人才，美国主要采用支付高酬金、创造良好工作和生活条件等激励办法，这是美国在许多现代科学技术领域始终保持领先地位的重要原因之一。[1]

（三）激励有助于发掘人的潜能

人都是有潜力的，但是，人的潜力被挖掘的程度存在很大的问题。比如，很多人几十年如一日重复相同的工作，那就无所谓挖掘潜能了。但是，激励可以激发人的潜能，帮助人释放潜能，使个人为组织发展做出更大的贡献。

（四）激励有助于提高人力资源的质量

激励的方法和手段有很多，比如发放奖金的物质激励、丰富化工作的激励、晋升的激励、培训的激励、职业生涯规划的激励等。每一种激励方式都会促进员工的成长。物质激励可以帮助人们提高生活水平，也帮助人们摆脱

---

〔1〕　李靖：《管理心理学》，科学出版社 2011 年版，第 93 页。

日常生活的束缚，使其有更多的时间和精力进行学习。工作丰富化则有助于人们从事更多具有挑战性的工作，有利于人们实现更远大的目标。晋升激励和培训激励等可以开拓人们的眼界。职业生涯激励则可以帮助员工更好地度过职业生涯。这些既有利于员工个人的成长，也有利于人力资源质量的提升。

（五）激励有助于弥补物质管理资源的不足

对于一个组织来说，物质资源是必需的，人力资源也是必需的。管理需要一定的资金和必要的物质条件，如衣、食、住、行等生活资料，学校、工厂等物质设施，生产工具以及知识、信息等人力资源的物质载体等。没有这些，人力资源管理就不可能取得积极成果。但与人力资源管理发展的规模和速度相比，这些物质资源总存在某种不足。克服这一矛盾，固然需要增加物质投入，但提高激励水平、调动人的积极性，则可以弥补物质条件的不足和困难，从而达到提高人力资源质量的预期效果。

在物质资源匮乏的情况下，组织如何发展呢？从诸多企业的创业故事中，我们可以得出这样一个经验性的结论，即可以通过调动人的积极性和责任感来弥补物质资源的不足。企业在创业初期，往往发不下工资，更不用谈奖金了，但是，创业者个人会在远大目标的激励之下行动，创业者也会用这样的精神感染其他人员，从而激励着他们共同努力。[1]

四、激励的类型

根据激励理论研究激励问题角度的不同，可将其分为以下几种类型：

（一）内容型激励理论

内容型激励理论着重研究能够激励动机的因素。由于这类理论的内容都具体到对人的需要的研究上，因此也可被称为需要理论。西方的需要理论主要包括：马斯洛的"需要层次"理论、阿德弗的"生存、关系和成长"理论以及麦克利兰的"成就需要"激励理论、赫茨伯格的"双因素"理论等。

（二）过程型激励理论

过程型激励理论着重研究从动机的产生到采取实际行动的心理过程。这类理论试图弄清人们对付出劳动、功效要求和奖酬价值的认识，以达到激励的目的。它主要包括弗洛姆的期望理论、洛克的目标设置理论、亚当斯的公平理论。

---

〔1〕 范逢春：《管理心理学》，中国人民大学出版社 2013 年版，第 91、92 页。

（三）行为改造型激励理论

行为改造型激励理论以斯金纳的操作性条件反射为基础，着重研究对被管理者的行为的改造修正。这类理论主要有强化理论、挫折理论以及凯利的归因理论等。

五、激励的原则

（一）公平激励原则

公平激励是激励的最基本的原则。要实现公平激励，首先就要确立一个公开、公平、科学的激励标准，即确立通过哪些指标来考核员工的表现，比如员工的经验、能力、努力程度等。人们都会进行收入和付出的对比，从而产生不同的心理反应。只有当人们的收入和付出成正比，人们才会感到公平。同时，为了使员工感到公平，还要增强奖励的透明度，也就是说整个过程都要向员工开放，使员工能够监督，保证奖励过程的公开透明。这样根据结果来进行奖惩，获得奖励的人和受到惩罚的人才能够心服口服，不会因为对结果感到不公而产生抵触情绪。这样的方式既可以破除原来的平均主义带来的负面影响，又可以防止分配不公，兼顾公平与效率。

（二）差别激励原则

激励是对人的激励，而人的需要是有差别的，对人进行激励要坚持差别激励原则，即对不同的人采用不同的激励方式。管理人员首先要对人进行细致的观察，认真地分析其需求，然后采取针对性的激励措施，对不同的个体采取独特的、不同于他人的激励措施。激励方式如果恰当，则可以起到事半功倍的效果。

（三）及时激励原则

激励还要坚持及时激励的原则。当人们做出了一些有利于组织目标实现的行为时，往往渴望得到组织迅速的正面回应。人们更加关注近期行为的结果，随着时间推移而对较长时间段之间的行为印象模糊，因此，及时的鼓励和肯定可以激发员工更多的责任感和积极性。

（四）明确性原则

激励还要坚持明确性原则，该原则是指激励的目的要明确，即需要完成哪些事项才能获得奖励；激励的内容要公开，即员工完成目标之后能够获得哪些奖励；激励的内容还要直观，即简单明了地展示物质奖励和精神奖励的内容，对被激励者形成直接的感官刺激。

（五）适度激励原则

激励还要坚持适度原则，即既不能过也不能不足，要恰如其分地进行激励。

激励所要达到的目标和为此给予员工的激励程度要相当。另外，不管是物质激励还是精神激励，激励强度都要适中，如果过多、过滥，势必会造成对激励的不敏感，使激励效果减弱。反之，激励过少，员工往往会提不起兴趣。激励效果如何往往取决于激励政策是否能满足员工的需要，但也不能过分强调某一种需要的满足，否则会出现激励供给过剩所导致的不适度问题。

（六）引导性原则

激励要坚持引导原则，即引导着被激励者产生自觉、自主、自动的意识，激励其内在的动机，使之转化为被激励者自觉的行为。

六、激励的一般过程模式

（一）激励的阶段

激励过程是从个人需要出发的，下图 7-1 表示了激励的一般过程模式。

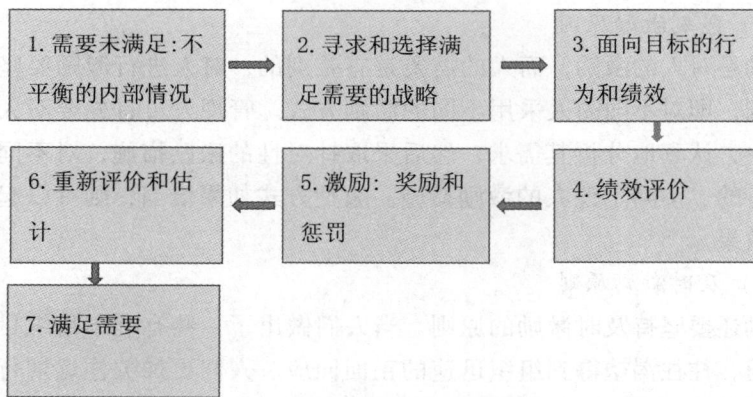

图 7-1　激励的一般过程模式

这个模式反映了激励的多个阶段：

（1）激励的起点。掌握未满足的需要，这是激励的起点。

（2）恢复心理的不平衡。要通过采取一系列措施恢复因为需要不能满足而产生的内心紧张感。

（3）个人努力—实现目标。目标是组织期望实现的，个人需要的满足靠组织，那么，个人要通过努力来实现组织期望的目标，然后在实现组织目标的基础上实现个人目标。

（4）进行绩效评价。关于个人在实现目标方面的绩效成就，要由个人或组织来进行绩效评价，对个人贡献进行评判。

（5）根据绩效评价进行奖惩。

（6）个人对需要的满足情况进行评价。当一个激励过程完成之后，个人回顾自己的付出和收获，从而判断自己的需要是否得到满足。如果个人需要得到满足，人们会产生满足感；如果个人需要得不到满足，人们就会产生失落感。

（7）需要得到满足的人会产生新的需要，得不到满足的人或者放弃，或者继续追求原需要，那么激励过程便会重新开始。

（二）激励过程的要点

激励过程要注意如下几个要点：

（1）分析内外诱因。它主要是指对影响个人行为的内外环境进行综合分析，准确掌握内外情况，以求改进或引导个体适应环境。

（2）了解需要。激励活动应当了解每个人各种需要的强度、需要的结构，确定满足需要的方法及个人需要不能满足时应该如何处理。

（3）明确目标。激励活动要有明确的目标，并要设立完善的沟通渠道，使每个个体都了解激励的目标和途径。此外，还要做到目标协调，如在达到组织目标的同时，注重满足员工个体的需要。

（4）及时激励。人们往往对于近期的、眼前的激励印象深刻，所以要提高激励的效果，需要及时采取措施。

（5）利益兼顾。激励过程要兼顾组织、团体和个人的利益。

在综合考虑上述几方面的情况后，我们就可以选择适当的奖励办法，采取有效的管理措施，提高个体的激励水平。[1]

第二节 内容型激励理论

内容型激励理论是以激发动机的因素为主要研究内容的。管理心理学认

---

〔1〕 范逢春：《管理心理学》，中国人民大学出版社 2013 年版，第 90、91 页。

为，需要是激励过程的起点，因而，这一类型的理论主要是从人的需要出发，探讨工作动机激励的规律性。本节主要介绍四种内容型激励理论，如表 7-1 所示。

表 7-1　四种内容型激励理论

理论	提出时间	主要内容
美国马斯洛的需要层次理论	1943 年	主要研究有哪些实质性内容对人有激励作用，也就是人有哪些需要 人的一种需要得到满足以后较高层次的需要就会出现并继而成为主导需要
美国赫兹伯格的保健双因素理论	1966 年	把企业因素分为满意因素和不满意因素进行区分激励
美国麦克利兰教授的成就激励理论	1966 年	成就需要、权力需要和被接纳需要是需要的核心，认为拥有高成就需要的人越多，企业的经济效益就越好，国家的发展也就越快
美国组织行为学教授阿德弗的 ERG 理论	1972 年	生存、相互关系和成长是人的 3 种核心需要，强调对成长的需要有更强的激励作用

一、马斯洛的"需要层次"理论

亚伯拉罕·哈罗德·马斯洛（Abraham Harold Maslow，1908 年~1970 年）是美国近几十年来影响最大的人本主义心理学家之一。他于 1943 年首次提出了"需要层次"理论，该理论后来在西方各国广为流传，改革开放后，需要层次论在我国思想界尤其是在我国的心理学界和管理学界产生了重大影响，指导了一系列管理活动。

（一）"需要层次"论的主要内容

马斯洛认为人的需要分为由低到高逐渐上升的 5 个层次，即生理、安全、归属与爱（社交）、尊重、自我实现的需要。[1]如表 7-2 所示。

1. 生理需要

生理需要是最低层次的、满足生存需要的基本条件。主要包括衣、食、

---

〔1〕 ［美］亚伯拉罕·哈洛德·马斯洛：《人的动机理论》，许金声等译，中国人民大学出版社 2007 年版，第 37、38 页。

住、行等方面基础性需要，它们是人类最原始、最基本的需要，如果离开这些需要，一个人将无法生存。马斯洛认为："在一切需要之中，生理需要是最优先的。这意味着，在某种极端的情况下，即一个人在生活上的一切东西都没有的情况下，很可能主要的动机就是生理的需要。对于一个处于极端饥饿的人来说，除了渴求食物对其他事物都没有兴趣。就是做梦也梦见食物。""在这种极端情况下，写诗的愿望，获得一辆汽车的愿望，对美国历史的兴趣，对一双新鞋的需要，则统统被忘记或退居第二位。但是，当一个人有了充足的面包，而且长期以来都填饱了肚子，这时，又会有什么愿望产生呢？这时，立即会出现另外的'更高级的需要'。"

2. 安全需要

安全需要是人们天生地追求安全的生活和工作条件，避免天灾人祸，寻求保护，保证个体生命能够延续下去的心理需求。在现代社会，安全需要还包括了劳动保障、职业安全、生活安稳等因素。

安全需要是寻求依赖和保护，避免危险与灾难，维持自我生存的需要。马斯洛认为："整个有机体是个追求安全的机制，人的感受器官、效应器官、智能和其他能量主要是寻求安全的工具，甚至可以把科学和人生观都看成满足安全需要的一部分。"马斯洛强调："如果人的生理需要相对满足了，就会出现一组新的我们可以概称为安全的需要……一个和平、安全、良好的社会，常常使得它的成员感到很安全，不会有野兽、极冷极热的温度、犯罪、袭击、谋杀、专制等的威胁。""我们可以看到个人表达安全需要的某些现象，比如，人们一般偏爱职位牢固有保护的工作，要求有积蓄，以及要求各种保险（医疗、牙科、失业、老年的保险）。追求安全的另一种情况是，人们总喜欢选择那些熟悉的而不是陌生的，已知的而不是未知的事情。有一种信仰或世界观，它趋向于要把世界上的人们组成一种令人满意的、和谐的、有意义的世界，这也是部分地受到安全需要的驱使。当然，当人们的这种需要一旦相对满足后，这些需要也就不再是激励因素了。"

3. 社交需要

社交需要是指人与人交往的需要。通过交往建立良好的人际关系，获得群体的认可是人的社会性需要。社交需要包括两个方面的内容：第一是友爱的需要，即人人都需要健康的伙伴关系、同事关系，需要获得爱情、获得他人认可等。第二是人人都有归属于群体的感情需要，希望成为群体的一员，希望彼此之间能够互相关照。社交需要是一种情感需求，与生理需要一样重要，而且更加细致，更难满足。

4. 尊重的需要

每个人都有自尊和被别人尊重的需要。人们都需要感到自己是重要的、有存在价值的；人皆有自尊，人们需要有较高的社会地位、希望事业有成、希望获得别人的肯定、希望能具备各种能力和知识。尊重的需要也分为两个方面，一个是自我尊重，也就是内部尊重，是一个人对自己的尊重，是胜任力和自信的综合。一个人的自我认可是自尊的核心内容，也是获得他人尊重即外部尊重的基础。他人的尊重，即外部尊重，是人们在社会交往中从他人那里获得的尊重。一般来说，只要是正常的人都期望获得他人的认可，特别是来自于有名望的、名誉较好的公众人物或者权威人物的认可。

5. 自我实现的需要

自我实现其实是一种自我认同，即通过实现理想，成为自己所希望的那个人。一个人最高层次的需要就是按照自己的兴趣爱好，最大化地发挥自己的能力，实现自己的抱负。一个人从事着自己喜欢的且能够胜任的工作，从中获得乐趣，并能够为了更好地开展工作而积极主动地付出，这样就是自我实现的状态。马斯洛认为："音乐家必须演奏音乐，画家必须绘画，诗人必须写诗，这样才能使他们感到最大的快乐。是什么样的角色就应该干什么样的事。我们把这种需要叫作自我实现。'自我实现'这个词是库尔特·戈尔德斯泰因首创的。说到自我实现需要，就是指使他的潜在能力得以实现的趋势。这种趋势可以说成是希望自己越来越成为所期望的人物，完成与自己的能力相称的一切事情。"

表 7-2 马斯洛的 5 个需要等级的主要内容 [1]

需要层次	需要名称	基本因素	具体的组织因素
1	生理	空气 食物 房屋 性欲	保暖和空气调节 基本工资 食物 工作条件

[1] 陈国海、李艳华、吴清兰：《管理心理学》，清华大学出版社 2008 年版，第 81、82 页。

续表

需要层次	需要名称	基本因素	具体的组织因素
2	安全	安全 保障 胜任 稳定	安全的工作条件 福利 普遍增薪 工作保障
3	归属	伙伴关系 感情 友谊	领导质量 和谐的工作团体 同事间的友谊
4	尊重	承认 地位 自尊 被尊敬	工作头衔 奖励工资的增加 同事/领导的认同 工作本身 负有责任
5	自我实现	成长 成就 晋升	有挑战性的工作 创造性 组织内晋升 工作中的成就

1954 年，马斯洛在《动机与人格》[1]一书中又把人的需要层次发展为七个，由低到高的七个层次：生理的需要、安全的需要、友爱与归属的需要、尊重的需要、求知的需要、求美的需要和自我实现的需要。如图 7-2 所示：

---

〔1〕　［美］亚伯拉罕·哈洛德·马斯洛：《动机与人格》，许金声译，中国人民大学出版社 2012 年版，第 55、56 页。

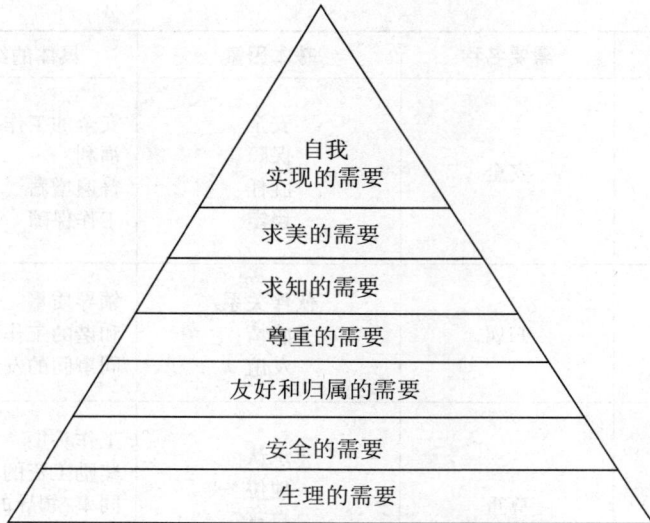

图 7-2　马斯洛的 7 个需要等级的主要内容

　　在新的理论阐释中，马斯洛特别解释了自我实现需要的重要性，以及能够自我实现者所具备的 15 种积极人格特征：

　　（1）正视现实，有良好的现实知觉；

　　（2）认可与接纳自我、他人和自然；

　　（3）言行坦率、自信，表现真实、自然的我；

　　（4）不以自我为中心，热爱事业，以工作为中心；

　　（5）有独立、独处和自主性需要；

　　（6）有自主、自制能力，与环境关系和谐，不受环境和文化的被动支配；

　　（7）欣赏日常生活，对审美及平常经验有奇特的、永不衰退的欣赏力和新意；

　　（8）具有难以言表的高峰（或顶端）体验；

　　（9）同情、关心他人；

　　（10）注重友谊和爱心，人际关系深刻（或深切、深重）；

　　（11）对人民主平等、谦虚待人，尊重他人；

　　（12）明确并信守伦理道德标准；

　　（13）待人处事诙谐、幽默、风趣；

　　（14）富有创造性（追求革新、独创、发明）；

（15）不受现存文化规范束缚，不随波逐流。

自我实现的途径也有很多，马斯洛将其归纳为 8 种：

（1）自我实现是充分地、生动地、无私念地体验生活，忘怀一切，达到入迷的状态。太计较自我得失，就不可能达到自我实现水平。

（2）生活是一系列选择（如前进与倒退，安全与畏缩等），自我实现是连续进行的成长选择过程。

（3）自我实现是一个内部控制过程，有一个来自自己内部的呼唤，而儿童多是听父母及教师的呼唤。

（4）真诚坦率，不要违心。当有怀疑时，诚实地说出来，敢于承担责任，就是迈向自我实现的一步。

（5）每次选择时做到以上四步，可以说就是自我实现。要听从自己内心的想法，不要刻意迎合外界。

（6）自我实现是通过学习使人变得更加聪明，发挥个人潜能的过程。因此，个人要勤奋，要有成为"第一流"的准备，才会有自我实现的可能。

（7）要为自我实现创造良好的环境与条件，才能出现高峰体验。

（8）善于了解人，分析人，善于自我分析，与人相处。[1]

（二）需要层次理论的特点

（1）需求主次的划分：马斯洛认为每个人都潜藏着多种需要，但是每个时期内，最迫切、最强烈的需要才能成为激励人们行动的主要原因和动力。

（2）需求的发展：需求是动态的。处于连续发展过程中，当低层次需要满足后人们就会追求较高层次的需要。

（3）需要之间的关系：低层次需要满足后，人们才会追求高层次需要。但任何需要并不由于高层次需要的出现而消失，各层次需要之间是相互依赖和并存的。

（4）优势需要对行为的作用：得到满足的需要，成为非优势需要，对人的行为不再具有激励作用。

（5）需要作用的差异：高层次需要是主体内部需求的反映，这些需要的满足对人的激励作用更大，也更持久。一个社会整体的需要状况与这个社会的经济发展状况、公众普遍受教育状况等相关。经济落后地区、受教育程度

---

〔1〕　程正方：《现代管理心理学》，北京师范大学出版社 2016 年版，第 180 页。

低的人群更偏向基础需要，反之，也成立。以美国社会为例，1935 年与 1995 年 5 个层次的需要相比较：生理需要从 35% 降为 5%；安全需要由 45% 降为 15%；社会需要由 10% 上升为 24%；尊重需要由 7% 上升为 30%；自我实现的需要由 3% 上升为 26%。

（三）对需要层次论的评价

1. 优点

（1）这一理论从研究人的需要出发来研究人的行为，抓住了问题的本质和关键，为在组织管理中如何调动职工的积极性指明了方向。管理者要把重视和关心人的需要作为激励工作的永久出发点。

（2）由低到高的 5 个层次的排序反映了人类需要发展的一般规律。管理者要重视满足人的不同需要，而且还应将引导人的需要向高层次发展作为管理的主要内容。

（3）对优势需要的强调。需要层次论指出，人在某时期内都有一种优势需要，这种优势需要对人的影响最大，因此在管理中应重视人的优势需要。

（4）强调高层次需要的激励作用。自我实现这一需要的满足是最高层次的顶峰体验，这启示管理者应当调动职工内在的工作动力，重视职工潜力发挥。

2. 局限性

（1）遗传决定论。该理论将需要看作是人与生俱来的本能反应，否认社会和教育在人成长中的决定作用。需要层次理论属于人本主义心理学，其核心是一个人的自我实现，这种自我实现是一个自然成熟的、可以脱离社会生活条件的过程。遗传决定论认为一个人只要依靠自己，通过努力就可以自我实现。这种带着浓重"自我奋斗"色彩的论断显然是与现实不相符的，没有人可以不受社会环境的影响。

（2）机械主义。需要层次理论将人的需求分成不同的层次，并认为当前层次的需要得到满足后，就会产生更高层次的需要，人的需要的产生是一个循序渐进的过程，不能越级，也不能倒退，这就带有机械主义色彩了。

（3）简化论。马斯洛的需要层次论只注意了人的各种需要之间存在纵向联系，而忽视了一个人在同一时间内往往存在多种需要，而这些需要又会相互矛盾，进而导致动机的斗争。一般情况下，人们的需要是逐步提高的，从生理需要开始，往高层次需要发展。但是，人在同一时期可以有多个需要，可能一方面是生理需要，另一方面是自我实现的需要。在特殊情况下，一个人可能连生理需要都没有获得满足，却有着强烈的自我实现的需要。这些情况在现实生活中都是存在着的，但是，马斯洛的需要层次理论却无法对此作出解释。

（四）马斯洛需要层次论在管理实践中的应用

人的行为是由需要引起的，因此管理者首先应准确把握员工的需要，尤其是当前的优势需要，然后再设法去满足他们的其他需要。在我国，人们的生理需要已经基本得到满足，因此管理者应当重点满足下属的安全需要、社交需要、尊重需要和自我实现的需要。[1]在管理过程中主要应注意以下几点：

1. 精准满足员工的安全需要

安全需要可以分为经济上的安全需要、心理上的安全需要和人身的安全需要三种，满足这些不同种类的安全需要的管理措施也不同。对于经济上的安全需要，可以通过合理的工资报酬、奖金和福利等措施给予满足。对于心理上的安全需要，则可以通过给员工规定明确的职责和能力所及的任务，同时又经常给予他们评价和表扬来满足。如果管理者能适时地帮助和指导员工解决困难，尽量保持政策和管理措施的连续性和稳定性，员工在心理上的安全感也会增强。对于工作中人身的安全需要，要设法改进工作环境，合理安排作息时间，以满足员工这方面的需要。

2. 充分满足人的社交需要

满足员工的社交需要可以充分地实现组织人际关系的和谐。当管理者观察到员工的社交需要已成为主导性的需要时，应当支持、赞许员工的态度，鼓励他们参与集体活动，更多地组织员工参加各部门之间的联谊活动，培养其对集体规则的遵从。管理者对非正式组织的存在也不应该排斥，只要非正式组织的目标不与企业目标相背离，就可以充分地发挥其在增进人际关系方面的作用。

3. 重视人的尊重需要

有尊重需求的人渴望自己被他人认可，希望别人按照他们的实际形象来接受他们，并认为他们有能力，能胜任工作。一般来说，如果一个人尊重需求比较强烈的话，他们是比较看重成就、名声、地位和晋升机会的。当人们得到成就、名声、地位时，他们内心的自我认可也会得到强化。而如果别人

---

〔1〕 李靖：《管理心理学》（第2版），科学出版社2011年版，第106、107页。

给予他们的认可不是根据他们的实际才能做出的，他们内心也会产生紧张感，会认为自己徒有虚名。这就要求管理者在对人们进行激励的时候，一定要把握好员工的需求，了解员工的需求状况，过或者不及都不是可取的，要实事求是地对员工进行激励。

4. 协助人的自我实现

自我实现是最高的境界，现实生活中能够达到这种境界的人比较少，到了这一阶段，人们会有很强的自律意识，善于独处，解决问题能力强，且注重自身才能的发挥。这种最高层次的需要的追求可能影响到人们对其他层次需要的追求，比如为了这一层次的需求而自愿放弃其他层次的需求。管理人员要客观地看待人们这一层次的需求，观察每个人的需求情形，按照其兴趣爱好、个人能力以及抱负理想等来安排工作，为员工个人抱负的实现创造条件，并提供力所能及的帮助。

总之，因为人的需要本身具有复杂性与层次性，所以满足需要的方法也应是多种多样的。管理者只有以时间、地点、条件为转移，综合运用各种方法和措施，才能取得令人满意的激励效果。[1]

二、阿德弗的 ERG 理论

美国耶鲁大学管理心理学教授阿德弗在大量实证研究的基础上将马斯洛的五种需要简化为三种需要：即生存、关系、成长理论。简称 ERG 理论。

（一）需要的构成

1. 生存（existence）需要

生存需要指的是人们为生存而最基本的需要，这种需要涵盖了马斯洛理论中的生理需要和物质方面的安全需要，包括了衣着、饮食、居住等物质方面的需要。人们通过劳动获得工资或物品等来满足这方面的需要。

2. 关系（relation）需要

又称交往需要，包括社交、人际关系的和谐、相互尊重。关系需要是相互关系的需要，即人们要求与他人交往，以及维持人际关系和谐的要求，相当于马斯洛理论中的人际关系方面的安全需要和部分尊重的需要。在生活中，往往体现在人们希望建立和谐的个人与组织的关系、上下级关系以及实现同

---

〔1〕 李靖：《管理心理学》（第2版），科学出版社 2011 年版，第 107 页。

事之间的和谐相处。

3. 成长（growth）需要

包括了自尊和自我实现需要。阿德弗把成长需要独立出来，强调了个人对自身成长发展方面的要求，指的是人们在事业、前途等方面能够得到发展的内在要求，它相当于马斯洛需要理论中的部分尊重需要和自我实现的需要。[1]

（二）需要的关系

ERG 理论中的生存需要、交往需要和成长需要之间是并存、互补和反向关系：

1. 并存关系

三种需要可以同时存在，当在一种需要缺失或受到抑制时可以相互补充。例如在工作群体中，当交往需要被抑制时，个人可能会把追求个人生存需要看得更重；或者更加激发起自我的成长需要，并通过个人的加倍努力来满足这种需要。

2. 互补关系

在阿德弗理论框架中，当一个人在某一更高等级的需要层次受挫时，那么作为替代，他的某一较低层次的需要可能会有所增强。例如，如果一个人的交往需要得不到满足，可能会增强他对得到更多金钱或更好的工作条件的渴望。

3. 反向关系

在马斯洛的需要层次理论中，人的需要呈明显的线性递进关系，即人只有在低层次的需要得到满足之后，才能产生高层次的需要，并且这种关系不可逆转。阿德弗认为，马斯洛需要层次理论中的需要关系有失偏颇，也过于武断。所以在 ERG 理论中，阿德弗摒弃了马斯洛的需要关系观点，认为人的需要是一种共存关系，而不是一种对立关系。比如说，即使一个人的生存和交往需要尚未得到完全满足，他仍然可以出于成长的需要而工作，而且这三种需要可以同时起作用。一些学者在此基础上提出了"反向分析马斯洛需要层次理论"的观点，即现实中的很多人，他们所获得的成就、尊重常常是在

---

〔1〕 刘新民、余亮：《管理心理学》，中国科学技术大学出版社 2014 年版，第 138 页。

牺牲了自我低层次需要的情况下实现的，这是规律，也是事实。[1]

（三）需要的特性

1. 优势需要的特性

在某时期，人会同时存在几种需要，但是总有一种需要占支配地位，对行为起主导作用，这种需要称为优势需要。只有满足人的优势需要才能对人形成最大的激励作用。[2]满足程度最低的需要，对人的行为的影响最强烈。

2. 需要的低满足——高渴求特性

较低层次需要的满足越充分，则对较高层次需要的渴望、追求越强烈。

3. 需要的挫折——倒退特性

升入高一层级的需要如果满足程度低或是受到严重挫折，则可能会退化为对较低层次需求的更强烈追求。

4. 需要的层级——变换特性

个人需要结构的发展过程不是陡立的、间断的阶梯样式，并非每一低级需要都要完全满足，较高一级的需要才会出现。需要层次演进更多具有波浪式演进的性质。因此，高层次需要发展后，低层次需要仍然存在，只是对人的行为的影响程度大大减少。人的需要的升级并非严格按照由低到高的顺序逐渐发展，是可以越级的。

"需要层次论"与"生存、关系、成长论"的比较。

表 7-3 "需要层次论"与"生存、关系、成长论"的比较

需要层次论	生存、关系、成长论
人的需要分为 5（或 7）类	人的需要分为 3 类
建立在"满足-上升"的基础上（只有低层需要满足，才上升到高级需要）	建立在"满足-上升"与"挫折-倒退"两个方面（高级需要未满足，低级需要追求会更强烈）
每个时期只有 1 种优势需要	可能有 1 个或 1 个以上优势需要

---

[1] 王晓钧：《管理心理学》（第 2 版），高等教育出版社 2014 年版，第 92、93 页。
[2] 车丽萍：《管理心理学》（第 2 版），武汉大学出版社 2016 年版，第 241 页。

需要层次论	生存、关系、成长论
严格按等级上升不存在越级也不存在倒退	可能超越需要等级上升，也可能会因挫折下降
人的需要是与生俱来的、内在的、下意识的	人的需要有的生而有之，有的是后天获得的，如成就需要

（四）评价

ERG理论假设需要是具有一定层次的，在这点上，它与马斯洛的理论相似，但ERG需要理论对各层次需要之间的内在联系的阐述更具说服力，它进一步修正和发展了马斯洛的需要层次论。

1. 需要不是遗传所决定的

人既有与生俱来的需要，如生存需要；也有经后天习得的需要，如成就需要。

2. 多种需要的共同作用

人在不同的发展阶段，其需求结构也不同，3类需要并没有严格的层次界限。一般来说，在同一时期内，人们可以同时存在几种需要，但总有一种需要占支配地位，它决定着人们行为的方向。

3. 需要发展的可逆性

需要层次理论是基于"满足-上升"的逻辑，即个体较低层次的需要相对满足后，会向较高层次需要前进。ERG需要理论认为需要的发展并非严格按照由低到高的顺序逐级上升，而是由满足状况而定。需要既可以升级，还可以因为受挫而降级。"挫折-倒退"思想认为在人的高层次需要没有相应满足或受到挫折后，需要的追求可能会转向较低层次。

相比之下，ERG理论比马斯洛的理论更切合实际，特别是"挫折-倒退"理论。该理论告诫管理者，工作中职工之所以追求低层次需要往往是因为管理者未能为其提供满足高层次需要的环境与条件。

当然，ERG需要理论也存在不足。该理论缺乏充分的研究予以验证，因此，理论界和实务界对其质疑至今仍在，质疑的人认为这一理论在有些组织中有作用，但是在另外一些组织中根本没有作用，这可能与组织的基本工作性质的差别相关。但当代大多数理论家认为这一理论优于马斯洛的理论，有人认为它提供了更为实用的激励方法。[1]

三、麦克利兰的成就需要理论

（一）需要层次

麦克利兰提出了人的多种需要，他认为个体在工作情境中有 3 种重要的动机或需要：

1. 成就需要

争取成功，希望做得更好的需要。成就需要高的人具有以下几个特点：

（1）有较强的责任感。责任感是一个人对自身、对他人、对群体、对组织应尽的义务等的一种认知和情感，会直接影响人们的行为。成就需要高的人期望通过个人努力实现个人目标以及组织目标，把工作看成是对组织的贡献。

他们不仅仅把工作看作是对组织的贡献，而且希望从工作中来实现和体现个人的价值，因此对工作有较高的投入。

（2）他们喜欢能够得到及时的反馈，希望看到自己工作的绩效和评价结果，因为这是产生成就感的重要方式。

（3）倾向于选择适度的风险。过于轻松、简单的工作会使他们感到厌倦，因为缺乏挑战性。但是，风险过高的工作又会打击他们的积极性。因此，他们倾向于选择中间状态。他们既不甘于去做那些过于轻松、简单而无价值的事，也不愿意冒太大的风险去做不太可能做到的事，因为如果失败就无法体验到成就感。高成就需要的人希望从事创造性的工作，也比较容易做出成绩。他们通常比较注重自己专业能力的提升，看重工作业绩，而不是很关心对他人工作的影响。这就决定了高成就需要的人可能并不是很适合做管理性的工作，现实中成功的管理者往往是比较务实的人。

2. 权力需要

权力需要是影响或控制他人且不受他人控制的需要。现实中权力需要较高的人喜欢支配、影响别人，喜欢对人"发号施令"，十分重视争取地位与影响力。他们也会追求出色的成绩，但他们这样做并不像高成就需要的人那样

---

〔1〕 张世杰等：《管理心理学》，清华大学出版社 2011 年版，第 143 页。

是为了个人的成就感，而是为了获得地位和权力或与自己已具有的权力和地位相称。经验研究的结果，一般的管理者都有较高的权力欲望，且权力欲望与所处层级呈正相关关系。实际上，这与工作开展是高度相关的，越处于高层，也就越需要处理关乎全局的问题，必须具有更高的权力，否则，将无法开展工作。具有这种需要的人如果是通过正常手段获取权力而被提升到领导岗位的，那么他们就能够得到别人的认可。但是，如果其目的仅仅是为了获得个人权力，则难以成为成功的组织领导者。

研究表明，杰出的管理者往往都有较高的权力欲望，而且一个人在组织中的地位越高，其权力需要也越强，越希望得到更高的职位。高权力需要是高管理效能的一个条件，甚至是必要的条件。如果权力需要强的人获得权力是为了整个组织的好处而去影响他人的行为，他们就有可能成为优秀的管理者。

3. 亲和需要

建立友好、亲密的人际关系的需要，也被称为友谊需要。这种需要比较强的人比较看重人与人之间的关系，特别是自己被接受、被喜欢的程度，他们追求与人合作，追求与他人的友谊等。这样的人在工作中容易被他人影响，情绪容易波动，一旦接收到来自他人的消极评判，就会受到影响。优秀的管理者的这种需求相对较弱，他们能够开放地与他人合作开展工作，不会过分强调良好的人际关系的重要性。

（二）成就需要

成就需要是麦克利兰理论的核心内容，下面专门对成就需要进行介绍：

1. 成就需要的测量

麦克利兰通过"主题统觉测试"（TAT）了解人们成就需要的状况。这套测试工具由 4 张~6 张图片组成，这些图片是无结构性的，可以唤起被测试者的多种反应，如其中一些会被个体知觉为多种不同事物的墨迹或可以衍生出各种故事的图片。测试时告诉被测试者这是为了测试他们的想象力，让他们在几秒钟内（10 秒~15 秒）匆匆看过一幅图画，并根据自己的理解，在短时间内（如 5 分钟~8 分钟）写出一篇不超过 200 字的短故事。按照以上方法对每幅图进行观察并编写故事直至整套图片都做完。然后在专家指导下，被测试者自己单独与其他被测试者组成的小组一起，按给定的程序、规则与要领，参照一些例句，给自己编写的故事评分，由此测量出他们每个人的成就、友谊和权力需要的强度及其组合情况。该方法依据的是心理学上的投射方法。由于看图与回答的时间很短，被测试者只能凭直觉反应来回答问题，因此，答案往往投射出回答者潜意识的、真实的意图。如一张图片上有一位女士正面带喜悦拿着话筒打电话，看完这幅图片后，要求针对以下问题撰写一则小故事：①图片中的正在发生什么事情？②图片中女士在想些什么？③这是由何事引起的？其中一位经理看完后写道：这位女士是一位小企业管理人员，她想为公司赢得一份合同，但是竞争十分激烈，她在想象要是她的公司赢得这份金额巨大的合同，她该是多么快乐，因为，这将意味着企业的发展以及她本人的升迁。由于，她已经想出了帮助公司赢得该合同的捷径，因而此刻正踌躇满志。从被测试者写的故事中就可以看出他对成就比较关注，说明他的成就需要十分强烈。[1]

2. 成就需要的作用

麦克利兰认为，具有强烈的成就需要的人渴望将事情做得更为完美。他们追求的是在争取成功的过程中克服困难、解决难题、努力奋斗的乐趣，以及成功之后的个人的成就感，他们并不看重成功所带来的物质奖励。

3. 成就需要的形成和培养

个体的成就需要与他们所处的政治、经济、文化、社会发展程度有关；社会风气也制约着人们的成就需要；成就需要与家庭教育有着密切关联。

麦克利兰还通过实验和训练证明了高成就需要的人才可以通过教育加以培养。他组织了训练班，每期 7 天~10 天，分 4 个部分进行：①根据 17 年积累的资料，赞扬与传播高成就需要人才的形象；②要求学员制订具体的、可衡量的两年规划，训练班结业后每半年检查一次进展情况；③进行人生、价值等基本概念的教育，提高学员的自我意识；④让学员交流成功或失败、希望与恐惧的经验体会，形成团结互助的气氛。这种方法在美国、墨西哥、印度都取得了明显的效果。[2]

4. 高成就需要者的特点

麦克利兰发现高成就需要者的特点是：

（1）他们希望得到关于工作绩效的及时明确的反馈信息，从而了解自己

---

〔1〕 车丽萍：《管理心理学》，武汉大学出版社 2016 年版，第 244 页。
〔2〕 程正方：《现代管理心理学》，北京师范大学出版社 2016 年版，第 185 页。

是否有所进步；

（2）他们喜欢具有适度挑战性的目标，不喜欢凭运气获得成功，不喜欢接受那些在他们看来特别容易或特别困难的工作任务，高成就需要者在从事成败机会各半的工作时，表现得最为出色。

（3）高成就需要者事业心强，有进取心，敢冒一定的风险。

（三）成就需要理论的意义

在现实工作中，确实有一部分人是具有强烈的成就需要的，该理论解释了这部分人的行为，认为成就动机也是可以通过后天教育来塑造的。对于组织管理人员来说，如果员工的成就需要比较强，那么，他们会产生诸多对组织目标实现有利的行为，从而帮助组织更好地发展。管理人员如果把握住了这一规律，就可以通过专门的训练来帮助员工树立成就需要，激发他们的成就感、工作动机等。另外，管理者要善于发现具有较高成就动机的员工，将其安排在具有一定难度和风险、富有挑战性的岗位上，这样就能激发出他们的成就动机从而最大限度地发挥员工的聪明才智。[1]

成就需要理论在一定程度上解释了人们的工作动机及其所引发的行为，强调了成就动机可以通过教育来塑造，这对于组织管理具有很大的指导意义。管理者要充分认识员工的成就动机的激励作用。管理者应当对员工进行专门的培养与训练，通过安排既适合员工能力又具有一定难度的工作，使员工从工作中获得一定的成就感、激发员工的成就动机。

（四）麦克利兰成就需要理论的应用

麦克利兰的成就需要理论可以应用于以下几个方面：

（1）在人员的选拔和安置上通过测量和评价一个人动机体系的特征对于如何分派工作和安排职位有重要的意义。

（2）对于需要不同的人要采用不同的激励方式，了解员工的需求与动机有利于合理建立激励机制。

（3）麦克利兰认为动机是可以训练和激发的，因此可以通过训练提高员工的成就动机，以提高工作效率。[2]

（4）对于不同需要的个体，激励的手段也不尽相同。对于高成就需要的

---

〔1〕　刘新民、余亮：《管理心理学》，中国科学技术大学出版社 2014 年版，第 140 页。

〔2〕　张世杰等：《管理心理学》，清华大学出版社 2011 年版，第 146 页。

员工，管理者则需要为他们提供具有挑战性的、适宜难度的任务，并及时对他们所完成的任务或是成绩给予反馈，以便员工更好地了解自己的任务完成质量和情况。对于高权力需要的员工，管理者则需要及时地安排和控制他们的工作，努力让他们参与组织决策的制定，尤其是与他们工作相关的决策。对于高友谊需要的员工，领导者应该让他们感觉到自己是团队中的一员，领导者和管理者需要经常性地去关心、表扬、激励他们，让员工在组织中感觉到自己受到重视，增强其对组织的归属感。[1]

四、赫茨伯格的双因素理论

美国心理学家赫茨伯格 1959 年提出了双因素理论（two-factor theory），即"激励保健"因素理论。20 世纪 50 年代末期，赫茨伯格和他的助手使用"关键事件法"在美国匹兹堡地区对 200 名工程师、会计师进行了调查访问。访问主要围绕两个问题：在工作中，哪些事项是让他们感到满意的，并估计这种积极情绪能持续多长时间；又有哪些事项是让他们感到不满意的，并估计这种消极情绪能持续多长时间。赫茨伯格以对这些问题的回答为材料，着手研究哪些事情使人在工作中感到快乐和满足，哪些事情造成人的不愉快和不满足。基于调查和研究，赫茨伯格和他的团队提出了双因素理论。[2]

（一）基本观点

赫茨伯格在调查中发现使员工感到满意的一般是与工作本身或工作内容有关的因素；使员工感到不满的，一般是与工作环境或工作关系有关的因素。因此他把组织中影响人的积极性的因素根据功能的不同划分为激励因素和保健因素（维持因素）两大类。激励指那些可以产生满意感和激励的因素；保健因素是维持现状或者预防职工产生不满和消极情绪的因素。

赫茨伯格发现，在工作中人们感到满意和不满意的因素是不同的。令人满意的因素往往是与工作本身的特点联系紧密，以及能否取得成就、获得赏识、得到提升和发展有密切关系的因素。这类因素能够对职工产生直接的激励作用，因而称之为激励因素。

人们感到不满的因素往往与工作环境与外部因素有关。如工作的物质条

〔1〕 江波：《人力资源管理心理学》，华东师范大学出版社 2014 年版，第 219 页。
〔2〕 王晓钧：《管理心理学》，高等教育出版社 2014 年版，第 93 页。

件、工作保障、上下级关系，如果这类因素缺少就会引发不满和消极情绪。如果改进这些则能够消除和预防不满，但是不能直接起到激励作用。就像医疗保健对于身体健康所起的作用。

表 7-4　激励因素与保健因素的比较[1]

项目	激励因素	保健因素
起源	人类形成的趋向	动物生存的趋向
特征	性质上属于生理方面 长期满足 满足或没有满足 重视目标	性质上属于心理方面 短暂满足 不满足或没有不满足 重视任务
满足和不满足的源泉	工作性质（主要是内部的） 工作本身 工作标准	工作条件（主要是外部的） 工作环境 非个人标准
显示出来的需要	成就 成长 责任 赏识	物质 社交 身份地位 方向、安全 经济
具体内容	工作上的成就感 工作中得到认可和赞赏 工作本身的挑战意义和兴趣 工作职务上的责任感 工作的发展前途 个人成长、晋升的机会	组织的政策和行政管理 技术监督系统 与高级主管之间的人事关系 与同级之间的人事关系 与下级之间的人事关系 工作环境或条件 薪酬 个人的生活 职务、地位 工作的安全感

　　这一理论打破了人们的常规的认识。通常情况下人们认为"满意"的对立面就是"不满意"，"不满意"的对立面就是"满意"。而该理论认为，"满

---

　　[1]　陈国海、李艳华、吴清兰：《管理心理学》，清华大学出版社 2008 年版，第 81、82 页。

意"的对立面是"没有满意"，即即使没有出现能够让人们感到"满意"的因素，人们也不会消极怠工，只是没有积极努力的工作而已。同时，"不满意"的对立面是"没有不满意"，即只能保证人们不消极怠工，而不能让人们积极努力地工作。能够让人们积极努力工作的因素，就是激励因素，即让人满意的因素；一旦缺失就会让人消极怠工的因素，就是保健因素，即让人不满意的因素。对于管理者来说，要分清楚保健因素和激励因素，并且能够妥当地使用激励因素和保健因素。整体来说，保健因素没有不行，多用无益；而激励因素没有也可，多多益善。

（二）应用

1. 重视激励因素的作用

正因为激励与保健因素存在功能上的差别，赫茨伯格认为，调动人的积极性应当从激励因素，即从内部、从工作本身出发调动人的积极性，使人们对工作产生感情。在他看来，改善保健因素并不能直接对人产生激励作用。即使有一定激励作用也只是暂时提高了员工的工作满意度和激励水平，效果有限且不持久，如提一次工资只能在短期内提高人的激励水平，时间一长就会失去作用。相反，如果能够改进工作特性，使人们能够从工作中获得快乐和成就感，则会产生更大、更持久的激励效果。

因而要想获得持久而高效的激励就必须改进职工的工作内容，管理者首先需要进行工作任务的再设计，即改善个人工作本身的激励因素，为职工提供获取成就、赏识、责任、进步和成长的机会，从而使职工能够从工作中体验到成就和自我实现感。其次，管理者需要增加核心工作要素及技能的多样性、任务的完整性、任务意义、自主权和反馈，使员工体验到工作的意义和被赋予的责任，并知晓工作的结果。最后，管理者还应给员工更多的主人翁感，多安排有挑战意义、战略意义和关键性的工作，为职工设计他们感兴趣的工作任务，扩大工作范围，增强成就需要，经常给予职工表扬和鼓励，使他们感受到领导对自己的重视和尊重，让工作本身成为一种强有力的激励因素

2. 不能忽视保健因素

保健因素尽管不能让人们积极努力的工作，但却可以消除消极怠工的状态，因此，也是不可或缺的。在组织管理中，保健因素包括工作环境的改善、待遇的提升等。保健因素如果很差或变差则会招致职工的不满；当然也没有

必要过分强调保健因素，过于安逸的条件反而会使人产生怠惰。

3. 要将激励因素和保健因素有机结合

显著提升员工效率要靠激励因素，但保证员工不消极怠工要靠保健因素，就像一个人日常的保健和生病以后的服用药物都是必需的一样，激励因素和保健因素也是不可互相替代的。要通过采取保健措施，消除员工的不满、怠工和对抗。但仅仅有保健措施是不够的，如果不能激发起员工的工作热情，员工的工作效率将只能保持在一般的水平，因此管理人员还是要通过激励因素来激发员工的斗志。

4. 保健因素和激励因素的认定不能绝对化

不同的人、不同的时期、不同的环境条件下，保健因素和激励因素的界限是模糊的。例如对于经济紧张的人，工资奖金就不是保健因素，而是激励因素。如果运用合理，工资和奖金等保健因素都有可能发挥强有力的激励作用。这就要求管理者根据不同部门、不同个人的特点进行不同的激励。如果不考虑这些因素，一味地强调平均主义，在保健因素方面搞绝对的公平，那么保健因素就只能发挥保健作用而无激励作用。此外，如果长期使用高工资高福利作为激励，在员工的经济要求得到满足后，这些经济激励会转化为保健因素，而一旦不再发放高工资、高福利就会招致员工的极度不满。

5. 因素的划分不能强求一致

保健因素和激励因素的划分是在美国文化背景之下做出的，与我国的国情有所不同。在我国，哪些属于激励因素，哪些属于保健因素，这个问题还有待进一步探讨，然后根据具体情况确定何为激励因素，何为保健因素。

6. 激励要遵循"三公"原则

"三公"是指公平性、公正性和公开性。公平是激励的基本原则，管理者如果想发挥激励的作用，就必须坚持这一原则。对于组织管理者来说，要坚持多劳多得、少劳少得，员工的工资、奖金、晋升等都要与其工作表现挂钩。这些关乎员工切身利益的问题，如果不能做到"三公"，则必然导致员工的不满，影响到员工的工作情绪和工作绩效。

7. 重视多种激励方式的综合运用

人的需要是丰富的，不同的人有不同的需要，同一个人在不同时间有不同的需要。这就要求组织管理人员要采用丰富化的激励方式，对各种激励方式进行综合运用。应特别注意将物质激励和精神激励有机结合起来，物质需要是人的第一需要，合理而又富有竞争力的薪酬制度是组织激励员工、留住人才的基本方略。同时，组织也要重视精神激励的作用，使员工在物质之外有较高的精神追求，防止职工过于物质化。

（三）对赫茨伯格双因素理论的评价

1. 双因素理论的贡献

（1）激励侧重点的变化。以泰罗为代表的管理学家，多数认为激励依靠外部条件，如金钱和严格的管理制度。双因素理论对激励和保健因素进行了划分，强调了内在激励的重要性。

（2）对于满意——不满意观念模型的修正。该理论认为传统的满意——不满意的观念模型是简化的、不确切的、非此即彼的。员工在两个极端之间还存在着没有不满意和没有满意两个过渡状态。

2. 双因素理论的不足

双因素理论虽然在国际上影响很大，但也有人对它提出了批评和质疑，主要体现在：

（1）赫茨伯格的样本只有 203 人，数量明显不够，而且他的研究对象是工程师、会计师，他们在工资、安全、工作方面都比较好，所以这些因素对他们自然不会起激励作用，很难代表一般职工的情况。

（2）赫茨伯格在调查时把好的结果归结于职工自己的努力，而把不好的结果归属于客观的条件时，赫茨伯格也没有使用"满意尺度"这一概念。

（3）赫茨伯格认为满意和生产率的提高有必然的联系，而实际上满意并不等于劳动生产率的提高，二者之间并不存在必然的联系。

（4）赫茨伯格将保健因素与激励因素截然分开有欠妥当，实际上保健因素与激励因素、外部因素与内部因素都不是绝对孤立的，而是相互联系并可以相互转化的。

（5）组织是由不同的主体组成的，不同的主体都有自己的目标，都有各自的可控因素和激励因素，这些并不是双因素理论都能涵盖的。[1]

【参考文献】

1. 车丽萍：《管理心理学》，武汉大学出版社 2016 年版。

---

[1] 蔡韦龄："管理心理学激励理论综述"，载 https://wk.baidu.com/view/afa50882f18583d04864 5923#1，访问日期：2018 年 3 月 6 日。

2. 程正方：《现代管理心理学》（第 5 版），北京师范大学出版社 2016 年版。

3. ［美］哈罗德·孔茨、海因茨·韦里克：《管理学》，郝国华等译，经济科学出版社 1993 年版。

4. 范逢春：《管理心理学》，中国人民大学出版社 2013 年版。

5. ［美］亚伯拉罕·哈洛德·马斯洛：《人的动机理论》，1943 年版。

6. ［美］亚伯拉罕·哈洛德·马斯洛：《激励与个性》，1954 年版。

7. 李靖：《管理心理学》，科学出版社 2011 年版。

8. 张世杰等：《管理心理学》，清华大学出版社 2011 年版。

9. 陈国海、李艳华、吴清兰：《管理心理学》，清华大学出版社 2008 年版。

10. 刘新民、余亮：《管理心理学》，中国科学技术大学出版社 2014 年版。

11. 王晓钧：《管理心理学》（第 2 版），高等教育出版社 2014 年版。

12. 刘永芳：《管理心理学》，清华大学出版社 2008 年版。

13. 江波：《人力资源管理心理学》，华东师范大学出版社 2014 年版。

14. 蔡韦龄："管理心理学激励理论综述"，载 https://wk. baidu. com/view/afa50882f1858 3d048645923#1，访问日期：2018 年 3 月 6 日。

【阅读材料】

纠结的科长

施迪闻是富强油漆厂的供应科科长，厂里同事乃至外厂的同行们都知道他心直口快，为人热情，尤其对新主意、新发明、新理论感兴趣，他自己也常在工作里搞点新名堂。前一阶段，常听见施科长对人嚷嚷说："咱厂科室工作人员的那套奖金制度，是彻底的'大锅饭'平均主义，我看，到了非改不可的地步了。奖金总额不跟利润挂钩，每月按工资总额拿出 5% 当奖金，这5% 是固定死了的，一共才那么一点钱。说是具体每人分多少，由各单位领导按每人每月工作表现去确定，要体现'多劳多得'原则，还要求搞什么'重赏重罚，承认差距'哩。可是谈何容易，'巧妇难为无米之炊'呀！总共就那么一点点，还玩得出什么花样？理论上是说要奖勤罚懒，干得好的多给，一般的少给，差的不给。可是你真的不给试试看？不给你造反才怪呢！结果实际上是大伙基本上拉平，皆大欢喜；要说有那么一点差距，确定分成三等，不过这差距也只是象征性的。照说这奖金也不多，有啥好计较的？可要是一个钱不给，他就认为这简直是侮辱，存心丢他的脸。唉，难办！一个是咱厂穷，奖金拨的就少；二是咱中国人平均主义惯了，爱犯'红眼病'。"最近，施科长却跟人们谈起了他的一段有趣的新经历。他说："改革科室奖金制度，我琢磨好久了，可就是想不出啥好点子来。直到上个月，厂里派我去市管理干部学院参加一期中层管理干部培训班。有一天，他们不知打哪儿请来一位美国教授，听说还挺有名，他给咱们作了一次讲演。""那教授说，美国有位学者，叫什么来着？……对，叫什么伯格，他提出一个新见解，说是企业对职工的管理，不能太依靠高工资和奖金。又说：钱并不能真正调动人的积极性。你说怪不？什么都讲金钱万能的美国，这回倒说起钱不那么灵了。这倒要留心听听。""那教授继续说，能影响人积极性的因素很多，按其重要性，他列出了一长串单子。我记不太准了，好像是，最要紧的是'工作的挑战性'这个洋名词。照他解释，就是指工作不能太简单，轻而易举地就完成了；要艰巨点，得让人动点脑筋，花点力气，那活才有干头。再就是工作要有趣，要有些变化，多点花样，别老一套，太单调。他说，还要给自主权，给责任，要让人家感到自己有所成就，有所提高。还有什么表扬啦，跟同事们关系友好融洽啦，劳动条件要舒服、安全啦什么的，我也记不准、记不全了。可有一条我是记准了：工资和奖金是摆在最后一位的，也就是说，最无关紧要。""你想想，钱是无关紧要的！闻所未闻，乍一听都不敢相信。可是我细想想，觉得这话是有道理的，所有那些因素对人说来，可不都还是蛮重要的吗？我于是对那奖金制度不那么担心了，还有别的更有效的法宝呢。""那教授还说，这理论也有人批评，说那位学者研究的对象全是工程师、会计师、医生这类高级知识分子，对其他类型的人未见得合适。他还讲了一大堆新鲜事。总之，我这回可是大开眼界啦。""短训班办完，回到科里，正赶上年末工作总结讲评，要发年终奖金了。这回我有了新主意。我那科里，论工作，就数小李子最突出：大学生，大小也算个知识分子，聪明能干，工作积极又能吃苦，还能动脑筋。于是我把他找来谈话。""别忘了我如今学过点现代管理理论了。我于是先强调了他这一年的贡献，特别表扬了他的成就，还细致讨论了明年怎么能使他的工作更有趣，责任更重，也更有挑战性……瞧，学来的新词儿，马上用上啦。我们甚至还确定了考核他明年成绩的具体指标，最后才谈到这最不要紧的事——奖金。我说，这回年终奖，你跟大伙儿一样，都是那么多。我心里挺得意：学的新理论，我马上就用到实际里来了。""可是，小李子竟发起火来了，真的火了。他蹦起来说：什么？就给我那一点？说了那一大堆好话，到头来我就值那么一点？得啦，您那套好听的请收回去送给别人吧，我不稀罕。表扬又不能当饭吃！""这是怎么一回事？美国教授和学者的理论听起来那么有道理，小李也是知识分子，怎么就不管用了呢？把我搞糊涂了。"

分析：案例中所提到的激励理论应该是弗雷克里·赫兹伯格的双因素理论即"激励-保健"因素理论。传统理论认为，满意的对立面是不满意，而根据双因素理论，满意的对立面是没有满意，不满意的对立面是没有不满意。因此，影响职工工作积极性的因素可分为两类：保健因素和激励因素，这两种因素是彼此独立的，并且以不同的方式影响人们的工作行为。所谓保健因素，就是那些造成职工不满的因素，它们的改善能够解除职工的不满，但不能使职工感到满意并激发起职工的积极性。它们主要包括企业的政策、行政管理、工资发放、劳动保护、工作监督以及各种人事关系处理等。由于它们只带有预防性，只起维持工作现状的作用，因此也被称为"维持因素"。所谓激励因素，就是那些使职工感到满意的因素，唯有它们的改善才能让职工感到满意，给职工以较高的激励，调动他们的积极性，从而提高劳动生产效率。它们主要包括工作表现机会、工作本身的乐趣、工作上的成就感、对未来发展的期望、职务上的责任感等等。双因素理论与马斯洛的需要层次理论是相吻合的，马斯洛理论中低层次的需要，相当于保健因素，而高层次的需要相似于激励因素。案例中的施科长过于忽视保健因素的意义，而一味地强调激励因素的作用，他片面地理解和运用了双因素理论。保健因素相当于马斯洛理论中低层次的需要即生理的需要、安全的需要、社交的需要。企业的经营者管理者首先要注意保健因素也就是中低层次的需要，案例中的薪金就属于中低层次的需要，人只有满足了中低层次的需要才会去追求高层次的需要，即案例中施科长所说的"工作挑战性""工作的成就感"等。马斯洛的需要层次理论指出，人们的五种需要是按生理需要、安全需要、社交需要、尊重需要、自我实现需要的顺序从低到高依次排列的。满足需要的顺序也同样如此，只有当低一级的需要得到基本满足以后，人们才会去追求更高一级的需要。低级需要是有限度的，一旦得到满足就不再成为激发人们行为的动力；高级需要往往不易满足，它对激发人的行为具有持久的作用。双因素理论正是运用了这一点，由于低级需要是有限度的，所以不以低级需要为激励的核心因素，然而案例中的"富强油漆厂"被施科长称为"穷厂"，也就是说该厂的薪金刚刚满足或尚未满足职工的中低层次需要，何谈以高层次需要调动职工的工作积极性呢？正如案例中提到的："那教授还说，这理论也有人批评，说那位学者研究的对象全是工程师、会计师、医生这类高级知识分子，对其他类型的人未见得合适。"工程师、会计师、医生都是些高薪职业，低级需要已不再是激发人们行为的动力，他们自然需要那些"工作挑战性""工作的成就感"来作为动力去激励自己。而这些在"富强油漆厂"并不适用。那么如何解决"富强油漆厂"的问题呢？答案还是运用奖金制度。使奖金成为"激励因素"而不成为"保健因素"。首先，奖金制度要充分体现"按劳分配"的原则，反对平均主义，保证超额劳动得到超额报酬。如果把奖金当作附加工资，不问好坏一人一份，奖金就失去了激励作用。其次，要使职工认识到自己与企业的繁荣和发展的关系。要使职工的工资定额与奖金总额随企业的发展而变化，自然浮动，这样，就能使外在的奖励发挥激励的功效。

资料来源：智库文档：http://doc. mbalib. com/view/9347b55651886d1d140605 aedaec603a. html，访问日期：2018 年 3 月 6 日。

【复习思考题】

1. 什么是激励，激励在组织中有何意义？
2. 试比较四种内容型激励理论。
3. 马斯洛需要层次理论有何局限性？
4. 试述赫茨伯格双因素理论的基本观点及其对管理工作的有益启示。
5. 假如你是一个团队的领导者，你发现团队中有位员工对工作不愿付出更多的努力，因为他觉得工作过于简单，对提升个人专业能力没有帮助，完全是浪费时间毫无价值。请你根据成就需要理论，提出激发这位员工工作积极性的措施。

CHAPTER 8 第八章
过程型激励理论

内容型激励理论说明了可以从哪些角度入手对员工进行激励，即激励的切入点，但是并没有描述真正的激励过程。激励是一个动态性的过程，过程型激励理论就是探索从动机的产生到采取实际行动的心理活动过程。该类理论试图弄清人们对付出劳动、功效要求和奖酬价值的认识，以达到激励的目的。从整体上看，过程型激励理论更多的是从认知的角度探讨激励问题。[1] 它主要包括弗洛姆的期望理论、洛克的目标设置理论、亚当斯的公平理论等。

第一节　期望理论及应用

人的需要是多方面的，任何时候都存在着多种需要，但是否所有的需要都会转化为行为动机呢？如一外企向社会公开招聘部门经理，年薪 50 万，资历不限，这对大多数人应该都是有吸引力的，但是否会有很多人去应聘呢？答案是否定的，究其原因，有人可能感觉自己外语差，有人可能感觉自己工作能力不够，有人可能感觉自己适应不了外企工作的快节奏。所以，大多数人都认为去了也白去或者根本就不想去，最终导致报名者寥寥无几。从这一案例可以看出，决定行为动机的因素，除了诱因本身的吸引力大小和需要的强弱外，还有目标达成或者需要满足的可能性和可行性问题。

一、期望理论的产生及发展

期望理论最初是由著名心理学家托尔曼和勒温提出的，来源于认知观念

---

〔1〕 车丽萍：《管理心理学》，武汉大学出版社 2016 年版，第 247 页。

以及古典经济理论中的效用概念。他们认为，预期、判断和朝向目标的认知是人类动机的基础，他们通过动物试验的方式提出行为的目的性就是通过行动以获得某种东西或者不获得某种东西的渴望。如果我们预期某种行为会带来我们期望的成就，那么这种渴望就会对行为产生指导作用。在这一过程中我们必须解决两个问题：一是期望什么，二是目的的价值。美国行为学家弗洛姆（V. H. Vroom）为了解决以上两个问题，用效价、期望和激励力量构造了人类的动机作用模式，并用期望理来论说明工作激励问题。1964 年，弗洛姆出版了《工作与激励》一书，书中比较详细地阐述了期望理论。

二、期望理论的理论基础

弗洛姆对组织行为原因的假设构成了期望理论的基础，主要包括以下四个方面：

第一，一个人行为的决定因素取决于内外两方面，即个人和环境，单一的哪个方面都不能完全决定人的行为。人们带着期望加入组织，人们对事业、需求等期望激励着他们产生对组织有利的行为。

第二，在一个组织中，规章制度、规范等因素限制着人们的行为，但人们仍然要对以下问题做出清醒的规定，一个是是否要去某个单位工作，另一个是决定完成工作时的努力程度。

第三，不同的人有着不同类型的需求和目标，人们希望从他们的工作中得到不同的成果。

第四，人们做出决定是基于自己的判断，一般来说，人们更愿意做出那些他们自己认为能够得到回报的事情，而避免去做那些可能出现他们不期望的后果的事情。

三、期望理论的基本内容

期望理论是一种通过考察人们的努力行为与其所获得的最终奖酬之间的因果关系来说明激励过程，并以选择合适的行为达到最终的奖酬目标的理论。这种理论认为，当人们有需要，又有达到这个需要的可能时，其积极性才高。只有当人们认为预定的目标可能性很大，并且实现这种目标又具有很重要的价值时，该目标才会对人产生最大的激励作用。[1]期望理论的模型是通过效价（Valence）、期望值（Expectancy）和工具性（Instrumentality）三个概念建立起来的。因此也被称为 VIE 理论。弗洛姆的基本观点是：人之所以被激励起来从事某项工作并达成组织目标，是因为这些工作和组织目标有助于达成个体的目标，满足个体某方面的需要。只有当预期某一行为能给个体带来吸引力的结果时，个体才会采取特定的行动。也就是说，激励是个体有意识选择的过程，个体在选择的过程中会对不同要素进行评价和权衡。[2]

（一）期望理论的公式

弗洛姆将激励的公示表示如下：

$$M = V \times E$$

M 代表动机激发水平（Motivation），也就是一个激励措施所产生的激励力的大小，即当管理者采取了一定措施之后，是否能够以及在多大程度上能够调动个人的积极性，激发其内在的潜能。

V 代表效价（Valuation），也就是被激励对象在达成一定目标之后所获得的奖励对其价值的大小，也称为标效价，即奖励对于满足个体需要的价值。效价有正、负、大、小之分，介于（-1，+1）之间。只有在效价为正值时，才有激励力量，效价越高，激励力量越大。

E 代表期望值（Expectancy），是指采取某种行为可能导致的绩效和满足需要的概率。这是一种判断，即通过个人努力能够实现目标的可能性，因为只有实现目标才能够获得奖励。如果个人认为某种行动肯定不会得到某种结果，则概率为 0，如果肯定这一行动一定会得到某种结果，则概率为 1。[3]

由公式可知，只有当 V 和 E 都处于最高值时，才能获得最高水平的激励。三者之间的关系具体如图 8-1。

---

〔1〕　刘永芳：《管理心理学》，清华大学出版社 2009 年版，第 90 页。
〔2〕　王晓钧：《管理心理学》（第 2 版），高等教育出版社 2014 年版，第 96 页。
〔3〕　车丽萍：《管理心理学》，武汉大学出版社 2016 年版，第 248 页。

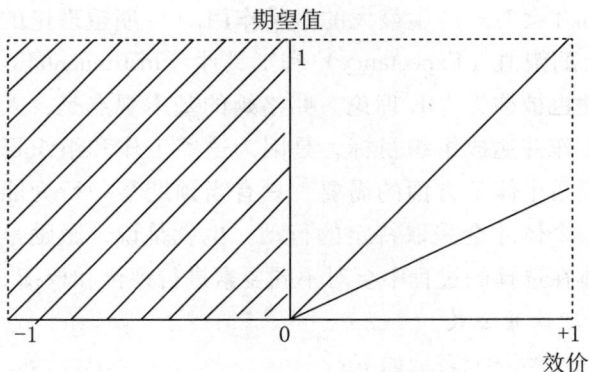

图 8-1　期望值-效价关系图

由图可知，当效价或者期望值为 0 时，激励水平表现为 0；当效价范围在 -1~0 时，无论期望值是多少，激励水平都一直表现为负值，激励表现为消极激励；当效价范围在 0~+1 时，随着效价和期望值的增大，激励水平逐渐增大，当效价和期望值均为 1 时，激励水平为最大值，达到最高水平的激励，在此范围内，激励水平与效价和期望值均表现为正相关。例如，有一位员工负责开拓东北的市场，过去几年的市场占有率一直在 2%~3% 的范围之内。经理对这个员工说，如果你今年能够将市场占有率提高到 5%，那么，公司将奖励你一套住房。这个员工就开始思考，这个奖励，即一套住房毫无疑问是自己所需要的，效价是很高的。那么，下面最重要的问题就是实现目标的可能性，即通过努力能否将市场占有率从 2%~3% 提升到 5%。如果做出正面的判断，那么，激励力会很大。如果做出负面的判断，那么，激励力就会很小。

（1）E 高×V 高＝M 高

（2）E 中×V 中＝M 中

（3）E 低×V 低＝M 低

（4）E 高×V 低＝M 低

（5）E 低×V 高＝M 低

可见，要使被激励对象的内部激励力量达到最大，效价值和期望值都必须很高。当效价和期望值其中有一项很低时，这件事对激励对象来说就会缺乏激励的力量。[1]

（二）期望理论的基本模式

期望理论的基本模式中除了期望值和效价之外，媒介性（关联性）也是影响激励水平的重要因素。

I 代表工具性（instrumentality）（手段性），指职工取得的工作成果与取得报酬之间的联系，即员工通过努力取得绩效后能否得到组织许诺的奖励。工具性的值为 $-1 \sim +1$。根据期望理论，只有当员工认为高绩效能够为自己带来（或者作为一种工具帮助自己得到）诸如高工资、工作保障、有趣的工作、奖金或者成就感等理想的结果时，他们才会受到激励。如果好的成果总会获得预期的报酬，那么工具性就高，反之则低，激励水平也低。[2]因此，工具性也可以被看作是绩效与奖励的关联性。关联性是与效价有关的一个因素。个人所预期的结果有两个层次，即一级结果和二级结果，二级结果是个人在某一行动中希望达到的最终结果，而一级结果则被认为是达到二级结果的工具或手段。一级结果是被激励对象经过努力所取得的成绩，通常表现为工作绩效的提升，以及因为工作绩效提升而对组织产生的积极影响。二级结果是被激励者通过一级结果的获取而最终期望获得的东西，比如加薪、提升、同事的好评、上级的表扬、优厚的待遇等。例如，一个人希望得到提升，他认为突出的工作成绩是达到这一结果的前提条件，于是他就会努力工作，希望能以出色的成绩得到提升。这里，工作成绩是一级结果，提升是二级结果，对工作成绩与得到提升之间关系的认识就是工具性（关联性）。[3]因此，激励公式可以转变为：$M = E \times V \times I$。

---

[1]　刘永芳：《管理心理学》，清华大学出版社 2009 年版，第 90 页。
[2]　王晓钧：《管理心理学》（第 2 版），高等教育出版社 2014 年版，第 96 页。
[3]　范逢春：《管理心理学》，中国人民大学出版社 2013 年版，第 102 页。

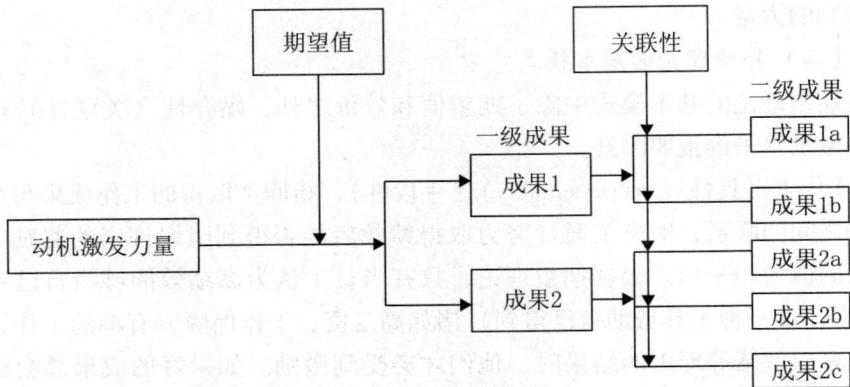

图 8-2　弗洛姆的期望理论模型

　　如图 8-2 所示，从该理论模型可知，激励力的大小是效价、期望值和关联性共同作用的结果，在两个因素都比较高的情况之下，激励力才会比较大。当被激励对象认为奖励的东西是自己所需要的，即奖励的东西能够满足自己的预期、与预期相符，且自身经过努力实现目标的可能性比较大，那么，被激励对象就会全力以赴地完成工作。

　　这一理论及其模型对于组织来说是非常重要的，该理论阐述了组织激励的完整过程和关键因素，提醒了管理者进行有效激励应掌握的关键点，对管理实践具有重要的指导意义。

四、期望理论的应用

（一）关系分析

　　为了使激励达到最佳值，弗洛姆提出了人的期望模式，对个人努力、个人绩效、组织奖赏及个人需要四部分的关系做了细致分析，如图 8-3 所示。

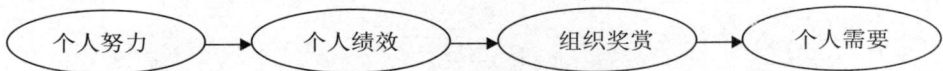

图 8-3　简化的期望模型

　　从图中我们可以看到，要激发人的工作动机，主要需要处理好以下三方面的关系：

1. 努力与绩效的关系——期望值

努力要能够产生绩效，否则被激励者就会放弃努力。这是被激励者的个人主观判断，但也与激励者所设置的目标的完成难易程度有直接关系的。如果目标设置得过高，被激励者会认为无论自己如何努力都达不成目标，那么，被激励者就会感到意志消沉，不会出现激励者所期望的行为。

激励者一定要正确处理努力和绩效之间的关系，不能制定过低的目标，否则被激励者会认为谁都能完成，自然不会激发其斗志。因此，一个优秀的管理人员要充分考虑被激励对象的素质和意愿，考虑完成目标的难易程度，制定出切实可行的目标，并且尽可能地帮助被激励者排除不利因素，帮助其树立信心。

2. 绩效与奖励的关系——关联性

努力产生绩效，这是第一步，第二步则是绩效能够使被激励者获得奖励，即被激励者达到一定绩效之后，激励者要对其进行奖励。被激励者和激励者之间是互相作用的，激励者期望被激励者出现某种行为、达到某种绩效，而激励者也会给予被激励者相应的奖励，当二者能够相继实现时，整个奖励过程就是顺利的。如果奖励是虚无缥缈的，那么，被激励者的积极性就不会太高。

绩效与奖励之间的关系对管理者来说有很大的启示，一方面是严格制度、规范制度，确立多劳多得的基本理念，让那些付出多的员工能够有较多的收获。另一方面，要有规范的制度作为依据，以保持政策的稳定性和连续性，这样才能持续性地激励员工。

3. 奖励与满足需要的关系——效价

激励者给予被激励者的奖励应是被激励者所需要的，这样，才能真正起到激励效果。如果激励者给予被激励者的并不是其所需要的，那么，激励效果将大打折扣，甚至起到反作用。这一点对于管理者有特别重要的警示作用。此外，管理者还应看到并不是所有人的需要都是一样的，不是管理者认为重要的奖励对于被管理者来说就一定重要。作为一名管理者，要能够把握好每个员工的需求，根据其年龄、性别、经历、社会地位、经济条件等确定其偏好，再根据其差异性等对其进行激励。

由此可见，奖励应该针对需要，需要是不同的，那么，奖励也应该不同；奖励应该因人而异，内容丰富、形式多样的奖励才能够调动员工的积极性。

（二）激励途径

期望理论在管理实践中具有重要的应用价值，它提出了一系列激励员工的重要途径：

1. 提高职工期望值

要让员工相信只要肯努力就一定能取得更高的绩效。努力能否带来绩效是职工的主观判断，但管理者在这方面也是大有可为的。一方面，目标是由管理者确定的，那么，管理者就要确保这一目标本身是合理的，不能过低，也不能过高。另一方面，管理者还要通过日常的培训等活动来帮助员工提高工作技能，帮助他们树立信心。当这些工作都做好了，职工的自信心就会提高，期望值也会提高。

2. 给予个性化奖励

强调给予员工个性化的奖励是因为个体的需求是个性化的，激励要起作用就需要与这种个性化的需求相匹配。比如，应该根据年龄不同对员工进行区分，因为不同年龄段的员工会有不同的需求偏好。如年龄较小的员工，他们刚刚参加工作，需要不断地学习新知识、新技能，而且他们精力充沛、想法新奇，那么，就可以通过多提供培训机会以及组织外出旅游等方式对其进行奖励；中年人生活压力相对偏大，上有老下有小，生活成本偏高，应该给予他们更多的物质报酬，当然，由于中年人一般都成了各个单位的中流砥柱，因此职位上的奖励也很重要；对于年龄偏大的员工来说，他们更喜欢舒适的工作环境、和谐的人际关系等，因此应该注重改善他们的工作环境。除了年龄因素之外，时间、地点等因素的变化也会影响人们的需求，从而需要对员工进行不同方式的激励。

3. 明确绩效与报酬的联系

高绩效与有价值的报酬之间的关系也需要捋顺，这一点对于提高激励效果来说非常重要。在员工开始工作之前，管理人员就需要以明确无误的方式将高绩效带来高奖励这一信息传递出去，明确规定什么样的行为是组织鼓励的，什么样的行为是组织禁止的。通过信息传递使职工认识到绩效与奖励的关系，从而确立二者的关联性。

4. 引导员工正确看待效价

激励是管理人员和员工之间进行互动和博弈的过程，双方是彼此影响的。管理人员要引导员工更加重视内在激励，因为外部激励不仅成本较高，而且效果可持续性较弱。管理人员要不断提高工作的内在效价，使员工能够有正确的价值观，正确看到物质激励和精神激励的关系。

5. 注意奖酬的合理性和公平性

根据亚当斯的公平理论，只有奖惩是公平的，员工才会努力工作，才会受到激励。否则，会导致员工产生诸多的负面情绪。比如，当员工工作绩效提升时，奖励也跟着提升，反之亦然。管理人员的工作就是客观地进行奖励，并且为员工绩效的提升提供一些基本条件，包括工作环境的改善等。同时，管理者还应重视员工之间的比较，防止员工因横向比较导致工作积极性的降低。

6. 明确期望与目标

当组织希望员工出现某种行为的时候，组织必须以适当的形式将这一期望清晰地表达出来，使员工有一个非常清晰的认识，这样员工的行动才有方向性，否则，员工不明了组织鼓励什么样的行为，行动起来就会无所适从。这一过程是个人目标和组织目标的统合过程，该过程使二者能够统一起来，使员工朝着组织希望的目标前进，最终通过组织目标的实现促进个人目标的实现。当然，需要指出的是，目标是稳定性和权变性的统一，权变性是指随主客观条件的变化，对不合理的目标进行必要的调整；稳定性是指目标一旦确定，没有特殊情况就不要轻易和频繁调整，否则，将会失去可信度而降低目标的效价和期望值。[1]

7. 兼顾期望值和效价的提高

在 $M = V \times E$ 中，只有在 V 和 E 都比较大的时候，M 才是理想的，即激励才是有效的。为达到这一目标，管理人员必须能够统筹兼顾，一方面要提高 V，即提供一种对员工具有吸引力的奖励；另一方面要提高 E，要帮助员工树立信心，帮助员工达成目标。

8. 提高对绩效与报酬关联性的认识

工作导致绩效，绩效带来奖励，奖励又是员工所需要的，这样的激励才是有效的。因此，对于管理者来说，员工绩效提升之后，组织能够提供的奖励一定是员工所需要的，即符合员工预期的，否则，奖励的吸引力会很弱，激励效果也会较差。

───────────────

〔1〕　王晓钧：《管理心理学》（第2版），高等教育出版社2014年版，第97页。

9. 将物质奖励与精神奖励结合起来

物质奖励和精神奖励满足的是不同的需求，二者都很重要。提供物质奖励可以满足员工的生活需要，提供精神奖励可以帮助员工满足内在的精神需要。但由于在物质需要和精神需要的倾向上个体存在差异，所以针对不同的个体应该有所侧重。管理者应该了解自己的管理对象，在可能的情况下，有针对性地采取多元化的奖励方式，使组织的报酬在一定程度上与员工的愿望相吻合。[1]

五、评价

期望理论提出之后，得到了人们广泛的认同和应用。该理论在预测人们由决策系统支持的动机、离职行为、群体环境中的偷懒倾向以及组织公平行为等方面，表现出了较好的预测力。

与动机激励等内容激励理论相比，期望理论要复杂一些，主要差别表现在认知变量的引入。在期望理论看来，行为是个体有意识决策的结果，决策又以个体的主观期望为基础。同时，期望理论认为个性变量、生活经验、角色认知、环境条件等因素都对激励力量和实际绩效之间的关系有较大的影响。

期望理论的局限性在于其考虑的变量过多，过于复杂。一些批评者认为，理论的生命力在于运用，而过于复杂的公式限制了其应用。除了前面的基本公式之外，还有一些复杂的计算公式，而激励过程中的一些变量是否能用这些公式来精确计算还存在疑问。而且，人们在实际进行选择性决策时，是否如期望理论所说的进行了完全理性的计算也是值得商榷的。[2]

六、启示

期望理论能够获得较为广泛的认同以及应用，表明了其具有生命力和科学性。具体来看，期望理论给予管理者的启示主要包括：

第一，管理者应设法确定每个员工所应得的报酬。报酬要有区别，区别的基本依据在于工作绩效。管理者要向员工传递这一信息，并征询他们的需求意见。

---

〔1〕 刘宏、高丽君：《管理心理学》，清华大学出版社 2016 年版，第 147 页。
〔2〕 王晓钧：《管理心理学》，高等教育出版社 2014 年版，第 98 页。

第二，管理者应该采用可观察、可计量的标准对员工的表现进行等级划分，使员工清楚组织对于他们的期望和对他们现状的判断。

第三，管理者应该确保为员工们所设置的业绩标准是员工经过努力能达到的，防止标准过高造成员工因力不能及而放弃任务。

第四，管理者应将组织特殊的业绩要求与员工所期望的工作报酬直接挂钩，及时进行奖励。

第五，应确保所给予的奖励或回报是员工所渴望的、有吸引力的。微不足道的奖励或不适当的奖励对员工是没有意义的，是不具有激励价值的。[1]

第二节　目标设置理论及应用

人类行为的重要特征就在于其显著的目的性，是一种受大脑支配的，主动建构的目的性，而非动物性的本能。人类的一切行为都是有目的的，即使某些下意识的行为也往往隐藏着某种目的。所以，基本上不存在无目的的行为。目标设置理论就是从人的行为的目的性角度来研究人的工作动机和行为的。

一、目标设置理论的产生及发展

目标设置理论是由美国马里兰大学洛克（Edwin Locke）和休斯教授在研究中提出的。他们通过研究发现，奖励、工作反馈、监督的压力等外来的刺激都是通过目标来影响动机的。1967年，他们提出了"目标设定理论"（Goal Setting Theory），认为目标本身就具有激励作用，目标能把人的需要转变为动机，使人们的行为朝着一定的方向努力，并将自己的行为结果与既定的目标相对照，及时对自己的行为进行调整和修正，从而能实现自己的目标。这种使需要转化为动机，再由动机支配行动以达成目标的过程就是目标激励。目标激励的效果受目标本身的性质和周围变量的影响。在这一理论的基础上，其他学者进行了进一步的研究，如尤克尔（Yukl）和莱瑟姆（Latham）认为，目标设置应与组织成员参与、注意个别差异和解决目标艰巨性等因素结合运用，他们提出了目标设置的综合模式；班杜拉（Bandura）和洛克等人则认识到目标对动机的影响受自我效能感等中介变量的影响；德韦克（Dweck）及

---

〔1〕　刘宏、高丽君：《管理心理学》，清华大学出版社2016年版，第148页。

其同事在能力理论基础上，区分了目标的性质，并结合社会认知研究的最新成果，提出了动机的目标取向理论等。

二、目标设置理论的内容

目标是在一定时期内个体活动的期望成果，是衡量个体活动有效性的标准。个体的行为不仅受到各种内在或外在力量的驱动，而且有一定的目标与方向。人们会受到激励，去寻找目标和实现目标。事实上，设置目标是组织激励中最有效的激励方式之一。[1]

人的行为大多是有目的性的行为。一个人的行为有无目的性，其结果大不一样。心理学的许多研究也表明，漫不经心的练习是没有什么作用的，在掌握技能的过程中，练习者要为自己确立一定的目标，这对于提高练习的效果具有重要意义。例如，练习游泳时，练习者可以确定当天或一个阶段内所要达到的目标，并且向这目标奋斗，进而有助于练习效果的提高。[2]

目标设置理论认为，引起行为的最直接动机为目标，当设置一个合理的目标时，会使人产生一种想要达成该目标的动机，从而对人产生强烈的激励作用。在洛克看来，从激励的效果或工作行为的结果来看，有目标的任务比没有目标的任务好；有具体目标的任务比只有空泛、抽象目标的任务好；难度较高但又能被执行者接受的目标比没有难度、可以轻而易举实现的目标好。因此，有任务的、具体的、难度较高但又被激励者接受的目标激励作用比较大。

（一）目标的概念

目标是在未来一定时间要达到的状态，是一个激励性的因素，如果目标确定得合理，则可以诱发人的动机，引导着人朝着这一方向来努力。目标有个人目标和团体目标之分。人的行为只有在具有明确的目的性时，才是有意义的。如果一个人漫不经心地行动，做什么、为什么做等都没有认真考虑，这样的工作是很难取得成果的。比如，在学习某项技能的过程中，有无明确的目的与要求是区别练习和简单重复的基本特征，练习是有目的、有指导、有组织的学习活动，而重复本身并没有改进动作方式和效果的目的，最终取

---

〔1〕 王晓钧:《管理心理学》（第 2 版），高等教育出版社 2014 年版，第 107 页。
〔2〕 刘永芳:《管理心理学》，清华大学出版社 2009 年版，第 70 页。

得的效果也将有很大的不同。在组织管理中，也要设置一定的目标，比如产量、销量等能够以数字形式表现出来的目标，也包括荣誉、思想水平等精神方面的目标。

目标有两个基本的属性，分别为明确度和难度。明确度是表明目标内容清晰程度的属性，有的目标是清晰的，比如规定在一定时间之前达到一定量的目标。有的目标则是模糊的，比如，只提出要完成某件事情，但并没有规定完成这件事情的时间等具体因素。一般来说，具体的目标对人具有明确的指引作用，人们清楚行动的目标和行动的方式，目标产生的激励作用就比较大。反之，模糊的目标有时会让人一头雾水，无从下手，使人行动比较盲目。因此，一个优秀的管理者在设置目标时一定要尽可能清晰，目标的清晰程度与其激励作用之间是正相关的关系。

难度是目标的另外一个属性，取决于人和目标之间的关系，即同一个目标，不同的人在进行判断时难易程度是不同的，这与不同的人的能力、经验等相关。一般来说，目标的绝对难度越高，人们就越难达到它。研究发现，如果承担任务的人有足够的能力和高度的责任感，那么绩效与目标的难度水平呈线性关系，也就是任务越难，绩效越好。[1]

（二）目标设置理论模式

目标设置指的是个体计划组织未来事件、预期解释和构建未来行为的过程。目标设置之后要通过员工的努力来达成，那么，管理者在设置目标的时候要与员工进行充分的沟通，还要辅导员工以提高工作能力和绩效。绩效管理要实现个人发展和工作目标实现之间的良性互动。因此，在目标设置的时候，有两个条件是必要的：①员工必须觉察目标和知道通过什么方式、采取什么行为去达到目标；②员工必须接受目标，即他愿意用必要的行动去完成任务。

目标对行为绩效的影响有四种机制：①在认知和行为过程中，目标引导应注意和努力指向目标行为而脱离非目标活动；②目标有决定努力付出多少的作用，高目标比低目标要付出更多的努力；③目标影响行为的持久性，如果允许员工控制工作时间，困难目标延长了努力时间，然而在平衡了工作时间和努力程度之后会缩短努力时间；④目标通过唤醒、发现目标任务知识和策略的使用来间接地影响行为。

---

〔1〕　李靖：《管理心理学》，科学出版社2016年版，第142页。

通过目标设置的模型（见图8-4）可以看出，对目标的承诺、反馈、个人目标、任务策略、满意感等因素也在目标设置与绩效之间发挥作用。

承诺是指个体被目标所吸引，认为目标重要并持之以恒地为达到目标而努力的过程。当一个人特别想要解决一个问题的时候，是最容易进行承诺的，之后便会产生真正解决问题的行动。研究发现，一个人对能否实现目标的判断会加强或者弱化其自我效能感，比如自我判断能够实现目标时会加强自我效能感。一般来说，制定得合理的目标会激发效能感。在这种情况下，人们认为达成目标有一定难度，但是，经过努力是能够完成的。当人们认为目标能够达到，而达到目标又有很重要的意义时，对目标的承诺就会加强。激励物对产生承诺的作用是很复杂的。一般来说，对于无法达到的目标提供奖金不仅不能提高承诺还会降低承诺，对于中等难度的任务提供奖金最能提高承诺。洛克等人设计了一个个体目标设置与绩效模型，如图8-4所示。[1]

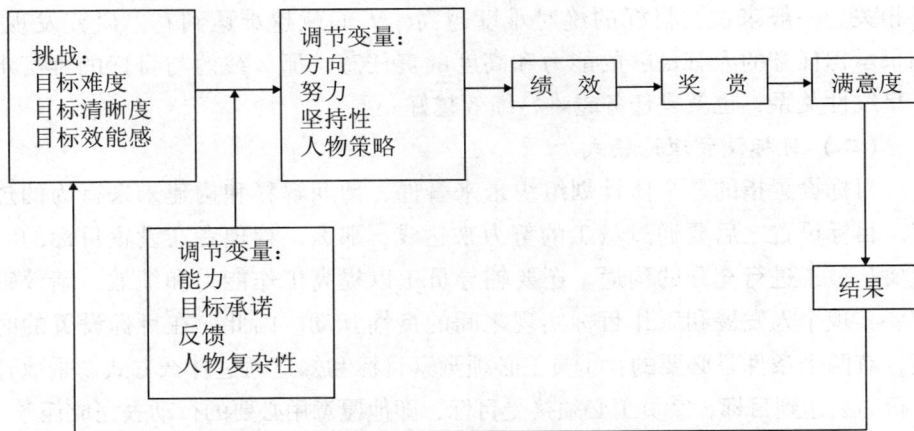

图8-4　洛克的目标设置模型

绩效还取决于目标与反馈之间的良性互动。反馈是激励策略之一，有信息方式和控制方式两种表达方式。反馈有多种，能力反馈（competence feedback）是其中之一，其是由上司或同事提供的关于个体在某项活动上的绩效是否达到了特定标准的信息。能力反馈有正面的，即达成目标的反馈。反之，

　　[1]　刘永芳：《管理心理学》，清华大学出版社2009年版，第70页。

就是负反馈，即个人没有达成某项标准的反馈。

在目标设置理论中，还有一部分内容是研究目标激励的效果与个体自我效能感的关系。自我效能感是一种自我判断，是以对自我的评估为基础的，是综合自身能力、经验、任务本身等信息的结果。自我效能感越强，则目标承诺会越高。反之，目标承诺会降低。在前一种状态下，个体会做出持续性的努力。

任务目标本身对实现目标有一定的帮助。首先，在目标指引之下，员工会剔除与目标无关的行为，而专注于与目标有关的行为。其次，目标难易程度会影响个体的行为调整，遇到难度较大的目标，员工会加大努力程度。最后，目标会影响行为的持久性，如果目标设置合理，则员工一般不会轻言放弃。

满意感是个体经过努力实现目标后获得的报酬、奖励等与其预期期望的相符程度。如果能够满足其预期，则其满意度比较高，如果没有实现其预期，则满意度会比较低。一般来说，任务越容易，个体越会体会到明显的满意度。当然，这种判断也与个体的经验、能力、分配公平度等相关。以分配公平情况为例，如果个体认为分配是公平的，就会感到满意。反之，则会不满。理想的情况是组织目标的达成与个人成就感的实现保持同步。这就要求处理好目标难度、绩效、员工满意感等因素之间的矛盾。管理者可以采取以下的措施：①控制好目标的难易程度，不偏高，也不偏低，能够激发员工斗志。②进行过程性奖励，当达到部分的目标时也给予奖励。③使目标在任何时候都保持中等难度，但不断适量地、逐步地增加目标的难度；④采用梯级奖励结构，目标实现的难度越高，得到的奖励越大。

（三）目标设置的三个标准及对工作效率的影响

1. 目标的具体性

目标的具体性即目标能被个体精确观察、测量和把握的程度。目标必须明确、清晰而又具体。具体的目标比一般的、含混不清的目标更能激发人的行为动机，从而促使员工达到更好的工作绩效。研究发现，从效果来看，有目标比没有目标好；目标明确比目标模糊好；纸面目标比口头目标好；定量目标比定性目标好。

莱瑟姆做过一个"卡车运木头"的实验。在实验开始阶段，管理员对司机的指令是"尽力做好"，结果卡车的装载量只有额定装载量的一半；第二阶段实验的指令是要求司机达到装载量的 94%，并警告如果达不到目标就会受到惩罚。结果，在头三个月里卡车的装载量分别为 80%、70% 和 90%（第二个月，司机认为不会受到惩罚，运量大幅下降，结果遭到了管理员的重罚，所以第三个月达标），而且这样的结果保持了 7 年之久。这一结果出现的原因在于目标越具体越能够使人有明确的努力方向和激励效果。

2. 目标的难度

目标的难度即实现目标的难易程度。目标应当是既具有挑战性又能达到的。过难的目标会使人望而生畏，容易使人认为即使能达到目标也需要付出巨大的努力，因此过高的目标不利于激励；过低的目标也不适宜，不易于产生激励效果。从组织管理角度而言，过低的目标不利于充分利用人力资源；从个人角度而言，过低的目标固然比较容易完成，但是大材小用，不利于个人能力的发挥和才干的增长。同时，过低的目标没有挑战性，不能充分激发人的工作动力，容易使人失去工作乐趣，使人缺乏成就感，因此也不能有效提高员工的工作效率。所以，有一定难度的目标比唾手可得的目标更能激发人的工作行为，从而使人达到更好的工作绩效。但目标的难度必须适中，过于困难、无法达到的目标会使人遭受挫折、丧失信心。在这种情况下，员工的工作绩效甚至会低于容易目标下的工作绩效。

3. 目标的可接受性

目标的可接受性即人们承诺和接受目标和任务指标的程度。个人必须接受目标，目标才会对个人行为起到激励作用。影响个人接受目标的因素是多方面的，例如，提出目标的领导人的威信，员工是否参与目标设置、奖励制度、竞争以及个人达到目标的信心等。

研究表明，在设置目标过程中，如果让员工参与讨论会比强迫其接受效果要好。因为，一方面多数人的参与会使目标的制定更为科学、合理；另一方面参与能够提高员工对目标的认同度，容易使员工将个人目标和组织目标统一起来。

员工不接受目标的原因主要有：第一，认为目标超出了自己的能力、知识的范围，员工因为不具备能力导致信心和期望值变低。第二，员工认为即使达到目标也获得不了想要的奖励。一方面，因为人的需要存在差异，导致效价因人而异，使所得非所需；另一方面，可能是因为关联性低，员工认为达成目标也得不到相应的奖励。

（四）目标管理的实施

目标管理是一种管理技术，是在以人为本的理念指导之下，由管理者和被管理者共同制定目标、共同实现目标的管理技术。该理论强调员工的全程参与，强调民主性和参与性，强调目标自上而下的层层分解和自下而上的层层保障。在实际管理工作中，根据目标设定理论，管理者需注意两点内容：第一，了解目标，以确立激励措施；第二，采取措施引导员工设置合理的目标。

目标管理的过程分为三个阶段：第一阶段是设置尽可能明确、具体、合理的目标，组织设定总目标，然后层层分解设置部门目标、基层目标、个体目标等，自上而下形成一个目标链条。第二阶段是通过一系列的管理方法来组织、实施、完成既定目标的过程。目标的具体完成最后要落到每个员工身上，要进行有效的协调。第三阶段是考评效果。对于业绩的考评应对照既定目标，针对未实现的目标，要充分讨论并考虑实际环境，查找原因，不断改进，同时为设定新目标创造有利条件。[1]

（五）其他影响目标的因素

1. 自我效能感

个体对自我能力的判断、实现目标的可能性的判断等都会影响到目标的实现。二者之间是正相关的，自我效能感越高，个体的绩效水平也会较高。个体的效能感越低，绩效水平也会越低。这就要求管理者要创造条件帮助员工提升个人效能感。

2. 反馈

反馈也是影响目标实现的因素。在实现目标的过程中，及时的反馈、高质量的反馈可以帮助员工及时地解决问题、提高绩效。如果没有反馈，或者反馈不及时，抑或反馈不够具体，都会对目标实现产生负面作用。

3. 个人参与

个人参与设置的目标往往比别人为他设置的目标更为有效。

4. 群体及社会心理因素的影响

在现实中，目标的设置、接受和实现都是在一定群体和一定的社会背景下进行的。因此，目标与绩效必定受到群体规范、竞争气氛等社会心理因素

---

〔1〕　刘新民、余亮：《管理心理学》，中国科学技术大学出版社 2014 年版，第 143 页。

的影响和制约。此外，要使目标设置起到有效的激励作用，管理者还必须为执行者实现目标提供各种支持。这些支持既包括财力、物力这样的硬条件，也需要时间、政策和指导等软条件。

三、目标设置理论的应用

为给员工设置有效的目标，管理者应着重考虑以下因素：目标的难度、目标的明确度、目标承诺、参与目标制定和反馈。

（一）目标的难度

目标的难易程度要适当，一般来说，合理的目标要符合以下标准：具体的（specific）、可测量的（measurable）、可达到的（achievable）、基于结果的（results‐based）、具有特定时限的（time‐specific），也就是通常所说的"SMART"标准。"SMART"标准可以将一个目标非常清晰地呈现出来，这样的目标对员工具有较强的激励作用。

（二）目标的明确度

明确度是一个需要特别关注的方面。目标设置的明确与否直接关系到员工能否清晰地理解组织希望其完成的任务。比如，在目标管理中，组织总目标确定之后，由中层人员确立部门目标。如果组织目标非常模糊，那么中层管理者将根本摸不着头脑，也就很难确定本部门的目标。同理，如果部门目标较为模糊，基层人员也难以确定自己的目标。目标明确将有利于信息的传递，激发起相关人员的斗志；目标模糊则会产生不确定性，导致各种意外结果。

此外，明确的目标必须确定明确的完成时限，员工知道在什么时间之内要达成什么样的标准，从而产生有利于目标实现的行为，提升组织的绩效。这就要求管理者要用清晰的语言来描述目标，能量化的尽量量化，不能量化的也要用清晰的语言进行表达。

（三）目标承诺

目标承诺（goal commitment）是指人们在达到目标过程中的自我投入程度。在目标管理中，目标制定的过程是上下互动的结果，如果员工积极参与了目标制定，那么目标承诺也会比较高。反之，如果目标不被员工接纳，是强加于员工身上的，那激励效果往往较差。也就是说，外部设置的目标只有被员工接纳成为个人的目标时才具有激励性质。如果目标是由上司设置的，那么就需要确保这些目标经过了充分的解释与调整，使得相关人员能够理解并接受这些目标。"微软"公司认为目标就是"承诺",而设置目标就是设置承诺。对于每一个这样的承诺都要提出一个具体的计划,明确怎样实现任务,最后还要确定责任。有关影响目标承诺的因素,学者们做了大量研究,表8-1列出了影响目标承诺的主要因素。

表8-1 影响目标承诺的因素一览表[1]

影响既定目标被接纳的因素	提高实现既定目标的感知能力的因素
1. 目标由一位适当的权威人士设定	1. 在任务中有高度的自我效能
2. 奖励与惩罚和目标成败挂钩	2. 有成功的榜样
3. 目标增强了自我成就感和发展的潜力	3. 任务不是无法实现的
4. 目标分派者被认为是值得信赖的	4. 有很高的期望值
5. 目标分派者具有支持性,并提倡自我效能	5. 与他人有竞争
6. 同事中的榜样们都致力于这个目标	
7. 目标分派者为目标提供了基本理论	
8. 目标为证明自我和满足自我提供了机遇	
9. 目标是公共的	

（四）参与目标制定

参与性是目标管理的特征之一,也是目标管理备受推崇的重要原因。在目标管理中,目标制定不再是管理者单方面的行为,而是由管理者和被管理者共同制定的,高层和中层管理者协商确定组织的总目标,中层在结合总目标和本部门实际基础上确立部门目标,基层在结合中层目标和自身实际的基础上确立自身目标。形成一个层层分解的过程。每一个员工都有机会参与到目标的制定中,因为自身的参与从而对目标产生认同感。一些大公司都非常重视并应用目标管理,比如日本的东芝公司,该公司就是由高层人员和基础

---

　　[1] [美] 迈克尔·A. 希特、C. 切特·米勒、安瑞妮·科勒拉:《组织行为学:基于战略的方法》,冯云霞、笪鸿安、陈志宏译,北京机械工业出版社2008年版,第116页。

人员参与目标制定，从而提高了目标管理受重视的程度，扫清了一些不必要的障碍。让基层员工参与目标设置能让他们产生主人翁意识。[1]

（五）积极进行目标反馈

反馈是指人们接收到的有关自己行为结果的信息。反馈所起到的作用，第一是告诉员工其完成工作的程度，正面反馈有利于其效能感的提升。第二是指出其需要改进的方面，并帮助其改善绩效。有效的反馈应该是：反馈是多次的，并且是定期地向员工提供；反馈应该包括有关员工该如何提高绩效的信息；反馈的来源应该可信；反馈应该聚焦在绩效上，而不是人身上。

【案例】反馈效应

反馈原来是物理学中的一个概念，是指把放大器的输出电路中的一部分能量送回输入电路中，以增强或减弱输入讯号的效应。心理学借用这一概念，以说明个体对自己学习或者工作结果的了解，而这种对结果的了解又对个体的行为起到了强化作用，促使个体更加努力，从而提高效率。这一心理现象被称作"反馈效应"。下面是一个著名的反馈效应的心理实验：

C. C. 罗西与 L. K. 亨利把一个班的学生分为三组，每天学习后就测验。主试者把第一组学习的结果每天都告诉学生，第二组学生只是每周告诉他们一次，而对第三组，则一次也不告诉。如此进行了 8 周教学。然后改变做法，第一组与第三组对调，第二组不变，也同样进行了 8 周教学。结果除第二组稳步地前进、继续有常态的进度外，第一组与第三组的情况都大为转变，说明及时知道自己的学习成果对学习有非常重要的促进作用，并且即时反馈比远时反馈效果更大。[2]

四、评价

自洛克 1967 年提出目标设置理论以来，许多研究有力地证明了从目标设定角度来研究激励是有效的。越来越多的管理者意识到在管理中不需要直接控制员工的行为，即使这样做了，也常常是事倍功半，效果不理想；相反，如果通过设定一些为员工所接受和认可的目标来指引其行为，常常可以起到

---

〔1〕 王晓钧：《管理心理学》（第 2 版），高等教育出版社 2014 年版，第 109 页。
〔2〕 范逢春：《管理心理学》，中国人民大学出版社 2013 年版，第 100 页。

事半功倍的效果，因为目标本身具有内在激励作用。同时，管理者还可以通过对员工提供目标达成程度的回馈信息，来使目标成为一个更加有效的激励因子。这些理论成果在实践领域的应用，给实际工作带来了很大帮助。但是，在目标设置理论中还存在很多问题需要进一步的研究。

（一）目标设置与内部动机之间的关系

目标设置是个复杂的过程，而非线性的关系，不是目标设定合理了就一定能激发人的内部动机，其还受到其他诸多因素的影响，管理人员应综合考虑。

（二）目标设定与满意感的关系

这也是一对复杂的关系，一般来说困难目标比容易目标能激起更高的绩效和满足感，但如果难度不适宜，可能会导致员工更低的满意感。

（三）正负反馈的关系

正面反馈还是负面反馈，还是二者兼顾，这些都需要管理人员在实践中进行琢磨。

（四）其他关系的处理

另外还有一些关系需要进一步研究：目标冲突与绩效效果的关系；当目标困难，任务复杂时，目标选择与策略选择的关系。

第三节　公平理论

公平理论又称社会比较理论。是由美国心理学家亚当斯提出的。该理论着重研究了工资报酬分配的合理性、公平性对于员工积极性的影响。如在单位中，对工资、奖金、住房的分配中或职务晋升，经常会有人不满。不满不仅会影响个人情绪和工作积极性，还会引起组织的内部矛盾。古人云：不患寡而患不均，物不平则鸣。奖惩和分配都要做到公平合理，公平体现了人们要求利益分配合理化的愿望，特别是像在我国这样一个拥有平均主义传统的国家中，人们对于公平的理解和追求更有异于其他国家，因此必须对此认真研究。

一、公平理论的产生与发展

公平理论又称社会比较理论，美国心理学家亚当斯（John Stacey Adams）在《工人关于工资不公平的内心冲突同其生产率的关系》（1962 年）、《工资不公平对工作质量的影响》（1964 年）、《社会交换中的不公平》（1965 年）等著作中研究了工资报酬分配的合理性、公平性及其对员工生产积极性的影响，通过研究他发现了员工的激励程度来源于对自己和参照对象（Referents）的报酬和投入的比例的主观比较感觉。

公平理论研究人的动机与知觉的关系，后来其他学者又对之进行了补充。西波特和沃而克（Thibaut & Walker）又提出了程序公正的概念，更强调分配资源时使用的程序、过程的公正性。比斯和莫克（Bies & Moag）提出了互动公平（interactional justice）。他们主要关注的是当执行程序时，人际处理方式的重要性。格林伯格（Greenberg）认为互动公平有两种：一种是人际公平，即在执行程序或决定结果时，权威或上司对待下属是否有礼貌，是否考虑到对方的尊严，是否尊重对方等；另一种是信息公平，主要是指是否给当事人传达了应有的信息，即给当事人提供一些解释，如为什么要用某种形式的程序，或者要用特定的方式分配结果。[1]

二、亚当斯的分配公平理论

（一）主要内容

该理论认为，人们在看待报酬时，不仅关注绝对报酬，还关注相对报酬，而且相对报酬更能够影响人们的工作积极性。绝对报酬是个人所获得报酬的量，相对报酬则是人们将自己所获得的报酬与他人进行比较的结果。如果经过比较发现大体相当，那么就会认为是公平的；反之，则会认为不公平。这里的付出是一个综合性的概念，包括教育、智慧、经验、培训、技能、工龄和年龄等，收入则包括工资、福利、津贴、工作地位和职务象征等。比较可以分为两种，一种是横向的社会比较，另一种是纵向的历史比较。[2]

1. 横向比较

公平理论可以用公平关系式来表示。设当事人为 A 和比较对象为 B，则当 A 感觉到公平时有下式成立：

$$OA/IA = OB/IB$$

式中：OA 为对自己所获报酬的感觉；OB 为对他人所获报酬的感觉；IA

---

〔1〕 程方正：《现代管理心理学》（第 5 版），北京师范大学出版社 2016 年版，第 195 页。
〔2〕 范逢春：《管理心理学》，中国人民大学出版社 2013 年版，第 107 页。

为对自己所作投入的感觉；IB 为对他人所作投入的感觉。

当上式为不等式时，可能会出现以下两种情况：

（1）OA/IA < OB/IB。在这种情况下，他可能要求增加自己的收入或减小自己今后的努力程度，以便使左方增大，趋于相等；他可能要求组织减少比较对象的收入或者让其今后增大努力程度以便使右方减小，趋于相等。此外，他还可能另外找人作为比较对象，以便达到心理上的平衡。

（2）OA/IA > OB/IB。在这种情况下，他可能要求减少自己的报酬或在开始时自动多做些工作，但久而久之，他会重新估计自己的技术和工作情况，最后习惯成自然，会觉得自己确实应当得到那么高的待遇，于是产量便又会回到过去的水平了。

如下图所示：

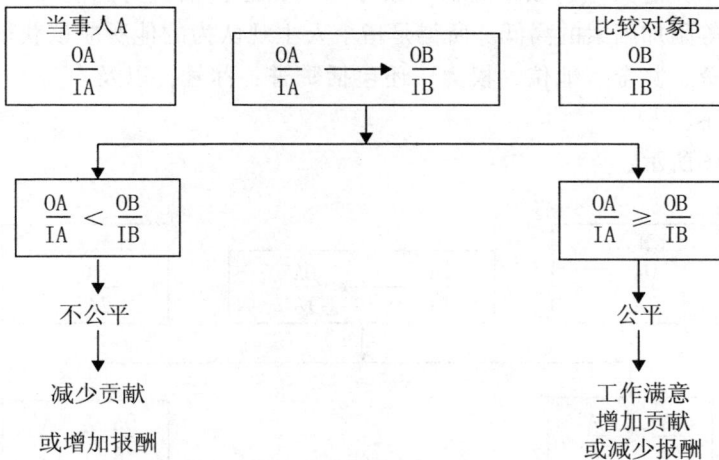

图 8-5　横向比较示意图

2. 纵向比较

除进行横向比较之外，人们还会经常做纵向比较，即把自己目前投入的努力与目前所获得报偿的比值，同自己过去投入的努力与过去所获报偿的比值进行比较。只有相等时他才认为公平，此时，设当事人为 A，参照对象为 A'，如下式所示：

$$OA/IA = OA'/IA'$$

式中：OA 为自己对现在所获报酬的感觉；OA' 为自己对过去所获报酬的

感觉；IA 为自己对个人现在投入的感觉；IA'为自己对个人过去投入的感觉。

当上式为不等式时，也可能出现以下两种情况：

（1）OA/IA < OA'/IA'。当出现这种情况时，人们也会有不公平的感觉，感觉自己不如以前，在走下坡路，所以会导致工作积极性的下降。

（2）OA/IA > OA'/IA'。当出现这种情况时，人们不会因此产生不公平的感觉，但也不会觉得自己多拿了报酬，而是认为自己应该是越来越好，因此不会主动多做些工作，除非他认为自己得到的报酬远大于自己的投入。

调查和实验的结果表明，不公平感的产生，绝大多数是由于经过比较认为自己目前的报酬过低造成的；只有在少数情况下，才会由于经过比较认为自己的报酬过高而产生。

当然这里的付出和所得往往是个人的主观感觉和判断。投入包括个人认为投入的工作量大小、效率高低和质量好坏，还包括自身的能力、资历、学历、地位等附加因素的高低。所得是指个人主观认为的他所应该获得的回报，既包括工资、奖金、地位、权力，还包括赞誉、称号，以及自身产生的自豪感和成就感。[1]

如下图所示：

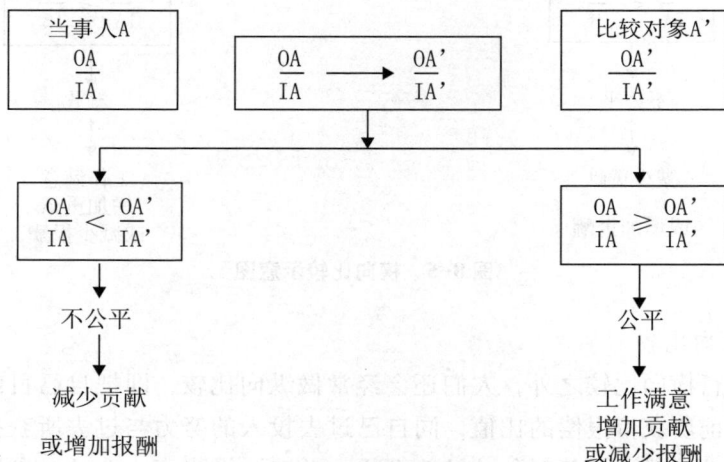

图 8-6　纵向比较示意图

---

〔1〕　刘宏、高丽君：《管理心理学》，清华大学出版社 2016 年版，第 152 页。

（二）不公平感产生的原因

公平本身是个复杂的理论和现实问题，与之相关的问题如下：

1. 与个人的主观判断有关

即使是在情况基本相同的情形之下，不同的人也会对是否公平得出不同的判断。一般人总是会高估自己的投入，而低估他人的投入，因而产生不公平感。

2. 与个人所持的公平标准有关

如果标准不同，那么，个人对公平与否得出的结论自然也不相同。比如，在发放奖金时，有员工认为应该平均分配，有人认为应根据绩效分配，有人则认为应该根据贫困程度来分配等。

3. 与绩效的评定有关

如何评定绩效？是以工作成果的数量和质量，还是按工作中的努力程度和付出的劳动量？是按工作的复杂、困难程度，还是按工作能力、技能、资历和学历？不同的评定办法会得到不同的结果。即使评定依据能够达成共识，但是，如何评定绩效又成了一个问题。比较客观的做法是按工作成果的数量和质量，用明确、客观、易于核实的标准来度量。

4. 与评定人有关

绩效由谁来评定，是领导者评定还是群众评定或自我评定，不同的评定人会得出不同的结果。由于同一组织内往往不是由同一个人负责评定，因此绩效的评定会出现松紧不一、回避矛盾、姑息迁就、抱有成见等现象。[1]

（三）消除不公平感的途径

当人们感觉不公平时，往往会紧张和不安，从而会从行为和心理两方面入手采取一定的措施来消除这种不公平感。

（1）通过自我解释，达到自我安慰，从认知角度降低不公平感；

（2）重新选择参照对象，获得主观上新的平衡；

（3）采取一定行动，改变他人的收支状况以求平衡；

（4）采取相应的对策，改变自己的收支状况以求实际平衡；

（5）发牢骚，泄怨气，制造人际矛盾，放弃甚至破坏工作。

不同的人，因其个性特征、所受教育、不公平感的大小、外界环境影响

---

〔1〕 刘宏、高丽君：《管理心理学》，清华大学出版社 2016 年版，第 153 页。

的不同和客观条件制约程度等的差异，会采取不同的方式来消除不公平感。

三、西波特和沃尔克的程序公平理论

1975年，西波特和沃尔克提出了程序公平理论。他们认为：程序公平即组织中决定资源分配过程的公平性。程序公平在解释员工的态度、动机和行为方面，特别是影响员工的组织承诺、对上司的信任和离职意向方面，比结果公平更重要。

（一）程序公平的结构规则

结构规则是指决策制定者应该遵守的政策和惯例，管理者在制定决策时，可以通过遵循以下规则来增加决策过程的公平性：

1. 赋予员工发言权

让员工有平等的机会来进行意见表达，比如绩效评估中的员工参与，更有利于人们感到公平。

2. 建立纠错机制

申诉程序非常重要，如果员工感到不满，可以通过制度化的途径来表达不满并主张自身的利益，避免负面情绪的积累。

3. 保持规则和政策执行的一致性

规则与政策执行应当保持一致，管理者对所用员工应当一视同仁，遵循相同的标准。例如，在给员工加工资时，每一员工适用的标准应该相同。

4. 保证决策的公正性

组织的决策者必须是无偏见的，只有决策者公正，才会被人认为决策在程序上是公平的。

5. 防止偏听偏信

对于有争议的问题，决策者应该听取所有牵涉对象的意见，避免偏听偏信。

（二）程序公平的社会规则

程序公平会受到社会规则的影响。社会规则是指员工与决策者之间的互动准则，这些规则有时也被称作互动公平，指的是人们在考虑过程公平时，会考虑决策者在过程中如何对待员工的问题。

程序公平中有两个重要的社会规则：第一是表示尊敬。运用到激励当中就是管理者要尊敬员工，员工要能够感受到来自于管理者的尊敬。这样，他

们才会感到程序公平，否则，就可能会产生抱怨。第二是可解释性，即有权利要求决策者对决策做出解释，特别是那些可能对员工产生负面影响的决策。合理的解释会使员工感到程序公平。

四、互动公平理论

1986 年，比斯和莫克提出了互动公平理论。互动公平是指人们对于他人（尤其是管理者）对待自己的态度是否公平的看法，包括信息公平和人际公平，分别体现在沟通的信息传递和态度传递这两个方面。当一个员工被公司解雇时，他的负面情绪很重，如果这个时候他的直接上司对公司做出解雇决定的原因能够进行较为清晰的、态度中肯的解释，员工一般是能够接受解释的。

互动公平能体现管理人员对下属的尊重，有助于管理人员赢得员工的信任。格林伯格（Greenberg）提出将互动公平分成两种：一种是人际公平，主要指在执行程序或作出决定时，权威或上级对待下属是否有礼貌、是否考虑到对方的尊严、是否尊重对方等；另一种是信息公平，主要指是否给当事人传达了应有的信息，即要给当事人提供一些解释，如为什么要用某形式的程序或为什么要用特定的方式分配结果。信息公平程度越高，人际关系公平程度越高，人们越会觉得受到了公平对待。

日本松下公司的做法值得推广。会议室的桌子是圆形的，这样在开会时就没有主次之分，每个位置都是一样的，目的在于创造一种平等氛围，鼓励每个人积极为公司发展献计献策。松下公司的总裁松下幸之助深谙激励之道：当他看到职员正在工作时，便会有"谢谢你们，辛苦了，请喝一杯茶"的态度。员工也以强烈的归属感和责任感来对公司进行回馈。

综上，组织中的公平包括结果（分配）公平、程序公平和互动公平 3 个方面，三者之间的关系如图 8-7 所示。[1]

---

〔1〕 王晓钧：《管理心理学》（第 2 版），高等教育出版社 2014 年版，第 104 页。

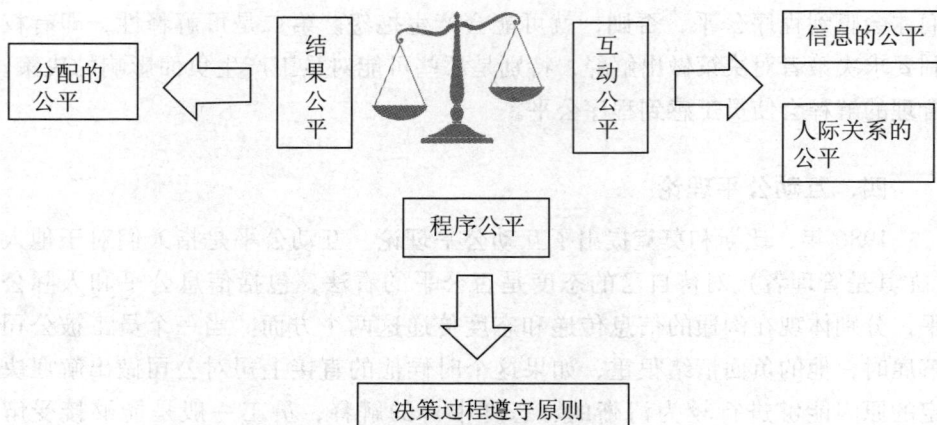

图 8-7　组织公平示意图

五、公平理论对管理的启示

一个国家、一个组织，如果想要获得长远、健康的发展，就必须高度重视公平问题。对于一个国家来说，人们感到公平了，才会被激起创新意识、责任意识，通过良性竞争来推动国家的发展。对于一个组织来说，坚持管理的程序与过程的公正性、人际与信息的公平性，力求在招聘与用人、工资与奖金、提职、晋级、提薪、福利等方面做到公开、公平、公正、合理。公平理论对组织管理的启示主要体现在：

（一）重视和了解员工的公平感

管理者要对公平信息保持高度的敏感，时刻关注着员工的心理感受。例如，他们在领取薪酬之后，有没有心理波动？心理波动在什么样的范围之内？是否对业绩有影响等。这些都需要管理者通过与员工接触或调查来了解和发现。

（二）客观分析产生不公平感的原因

如果管理者观察到员工有不公平感，那么，就要客观分析不公平感产生的原因，然后，对症下药消除不公平感。一般来说，产生不公平感的原因既有主观方面的又有客观方面的：

1. 主观方面

公平感本身是人们的主观感受，是报酬与投入的比值。报酬的绝对量是一个数值，很容易把握，高就是高，低就是低，但是，报酬的相对量却是一个比值，是人们自己比较的结果。人们的心理活动过程受到自己的情绪、认知问题的惯性等多种因素的影响。如前所述，人们习惯于高估自己的付出、低估他人的付出，产生自己遭受了不公的想法。管理者能够做到的就是引导员工进行客观比较，引导员工客观地看待问题，不盲目进行攀比。

2. 客观方面

组织在客观上确实存在不合理分配的现象；不同员工在投入和报酬上存在不可比性；组织中一些绩效考评和奖励制度不透明，有暗箱操作的现象。这些不合理和不公现象都增大了员工的猜测和不安全感。这要求管理者要不断完善公正合理的组织激励和薪酬制度。

（三）建立奖惩分明的管理制度

对员工报酬的分配要体现"多劳多得，质优多得"的原则，坚持精神激励与物质激励相结合的办法。在物质激励方面，建立健全竞争机制，既拉开收入差距，又将这种差距控制在可以接受的范围之内。在精神激励方面，要通过鼓励、表扬等方式，使员工体会到自己受到了重视。其中，物质激励和精神激励不可偏废。奖惩分明是基本要求，有功必奖，有过必罚。如果组织中确实存在着不公现象，比如有功不奖、有过不罚、无功受禄等，就说明组织制度和管理出现了问题，需要通过改革，形成公平的氛围。

（四）实行量化管理，增加透明度

衡量标准的客观化有助于克服公平感中个人主观因素的负面影响。为此，要建立清晰的评估分配回报基础。在绩效考评和奖励时要实行量化管理，做到用数据说话，取缔暗箱操作，提高整个工作的透明度。

（五）加强员工教育，纠正错误的比较观

管理人员要对员工加以引导，特别需要通过教育的方式，帮助员工客观地看待自己的投入、收入和他人的投入、收入。管理者要有敏锐的眼光，能够把握人们认知上的偏差，帮助员工确定合理的对比标准。

（六）增强员工话语权

参与决策的员工通常比没有参与决策过程的员工更容易接受结果，这就是程序公平的效果。要促进这种公平，管理者就要经常和员工交流，倾听他们的意见和看法。下面是组织经常使用的方法：

（1）定期举行员工座谈会，邀请员工参与决策；

（2）开展员工问卷调查，系统收集员工的想法；

（3）坚持"门户开放政策"。让员工得到话语权的最简单、最直接的方法就是让员工知道随时可以向领导表达意见；

（4）采纳建议制度。许多组织都开辟了专门的网页，供员工发表意见。当某一员工的意见得到采纳后，公司将根据该意见为组织带来的经济效益或节约的费用奖励这名员工。此外，管理者也应允许员工对自己的绩效评估结果提出修改意见，使结果的公平度能够更接近于员工心理上的公平感。

当然，公平理论也存在着局限性，它认为公平与否都源于个人知觉，事实上不公平有的是源于客观实际，有的并不反映客观实际。比较是否是真实的非常重要，基于不客观、不真实的比较而产生的不公平感，难以通过简单的制度调整和完善来化解，还需要大量的沟通工作。

【阅读材料】

亚当斯的公平理论的研究进展

1. 亚当斯的公平理论的发展脉络

按照亚当斯的公平理论出现的先后顺序，分别有古典亚当斯的公平理论、基于畏惧的亚当斯的公平理论、下行亚当斯的公平理论、基于社会认知的亚当斯的公平理论、基于个体差异的亚当斯的公平理论。古典亚当斯的公平理论强调上行比较和代理人模型。

在费斯廷格研究的基础上，推动上行比较理论发展的研究中较有影响的是惠勤的排序实验，他要求被测试者对小组中的其他人的得分进行排序，然后询问被测试者愿意与谁进行比较。研究结果表明被测试者更愿意与那些比他们稍微优秀一点的人进行比较，这一结果有力地支持了费斯廷格的上行比较研究。

代理人模型主要描述人们如何利用社会比较去回答"我也能做某件事吗"或者"我也能出色地完成某一特殊任务吗？"当人们预测正在从事的、重要的新任务的绩效时，他们通常与已经从事过这项任务并且为之付出了最大努力的人（代理人）比较。莱德·惠勤在研究中所提出的案例可以说明这个问题，比如你想知道自己是否有能力游过某一海湾，你已经知道你和你的朋友（代理人）一样都能在游泳池里游完50米。你的朋友刚刚游过了那个海湾，那么现在你有把握也能做到吗？这取决于在游泳池中游完 50 米是不是代理人的最大能力。如果通过与你的朋友过去经常游泳你发现他最多只能游完 50 米，并且你每次都比他游得更远或者一样的话，你显然会认为你也能游过那个海峡。但是如果你不能确定 50 米是他的上限，那其他相关的信息对你的预测就很重要。

基于畏惧的比较理论主要涉及自我不确定性和压力。班克的一系列研究证实：在工作、婚姻中经历不确定感的个体有更强的愿望去了解有同样经历的他人，并向这些人倾诉，因为这种不确定感带来的威胁正是压力产生的来源之一，而倾诉可以在一定程度上消减压力。

该理论拓宽了亚当斯的公平理论的研究范围，在早期只强调观点和能力的比较的基础上，认识到了情感也是社会比较中的重要内容。在承受压力时，由于人们都有自我提高的需要，通常会进行下行比较，以减轻由压力而带来的消极情绪。只要个体认为和比较对象不相似的话，就能在下行比较中受益。

此后人们又从社会认知的角度去分析社会比较，丹尼尔和吉贝特认为社会比较应该存在自动比较和转换比较两个过程。第一阶段的比较基本上是自动产生的，如对成功的演员和卓越的商人，人们会不假思索的比较并产生对自我的负面评价。在这个阶段后会经历转换比较过程的调整，以减轻自我的负面评价。社会比较的过程可能比研究者想象的更加复杂，在出现比较的结果前人们存在更多的认知调整。与之相关，人们又进一步强调人的个体差异，如敏感性、独裁、进取心、好竞争等个体特征在社会比较中的调节作用。高敏感性特征（焦虑、沮丧、担忧）的个体更乐于与他人比较并且更容易得到消极的情感体验。具有独裁、好竞争的特征的人则会进行更多的上行比较，而该特征较低的个体会进行等比例的三种比较。

回顾以上亚当斯的公平理论，他们集中在比较对象的选择、比较方向、认知过程、个体差异等方面。在已有研究成果的基础上，亚当斯的公平理论获得了进一步的发展。主要包括：低人一等效应（worse-than average，WTA）和高人一等效应（better-than average，BTA）、社会比较频率的因果研究、在组织中的社会比较研究等。

2. BTA 和 WTA 效应研究

在费斯廷格的研究中有一个重要的但没有直接提出的问题：人们如何评价自己。在驾驶员评价他们的驾驶能力的研究中，研究结果发现 90% 以上的驾驶员认为自己的能力在 50 分以上，即在平均水平以上。这在统计学上是矛盾的，却说明了人们有高人一等的倾向。

拉里克围绕任务的难易程度主要针对高人一等效应进行了研究，并分析了高人一等、低人一等效应和自信的关系。研究结果表明：困难的任务会产生 WTA 效应和过分自信，简单的任务会产生 BTA 效应和不自信 。为了准确衡量个体的自我评价程度，他还引进了乐观排位的概念。它指个体认为的认知排位超过实际排位。乐观排位倾向的个体容易产生 BTA 效应。

相对的，摩尔进一步对 WTA 效应进行了探讨，认为人们把自己分别与一个模糊的群体（如与不熟悉的行业中的某一群体）进行比较时，更容易产生 BTA 或 WTA 效应。而当人们与具体的、了解的个体进行比较时，则更容易作出准确、合理的评价 。同时他还发现直接比较和间接比较的差异。直接比较要求人们在比较后直接回答他们认为的比别人优秀的程度。而间接比较则是在充分地衡量比较目标和所比较内容后再给出比较结果。研究结果是直接比较比间接比较会导致更显著的 BTA 和 WTA 效应。

他注意到了文化背景对社会比较的影响。一个有趣的例子是日本人和美国人在社会比较中的差异，日本人和美国人一样认为他们高人一等，但是在内容上不一样。美国人强调自我依赖，因此展现更多的自我，日本人强调团队忠诚，更多的展现团队忠诚。

3. 社会比较频率的因果研究

布朗通过构建假设模型，分析了社会比较频率的前因和后果。前因主要包括角色模糊、任务自主性、核心自我评价（core self-evaluation，CSE），后果变量主要有情感承诺、工作满意度、工作搜寻行为。角色模糊和任务自主性分别与上行比较频率正相关和负相关，而与下行比较频率无显著的相关关系 。其中涉及的 CSE 指个体对自己的价值、能力、竞争力的最基本的评价。它比自我评价（如自尊、自我效能）在范围上更广，具有很大的整合个体特征的能力，在理论上是一个更合适用于描述个体特征的概念。高 CSE 的个体的特征是善于自我调节、积极、自信、高效。他们不会因为对自己的能力不确定而更多地进行社会比较，因此研究指出：CSE 与上行比较和下行比较的频率都负相关。不仅个体在组织中的角色定位会影响社会比较的频率，而且自我概念的清晰性（Self-concept clarity）也与社会比较频率呈负相关。

对于社会比较的后果变量，布朗经研究认为上行比较和下行比较的频率分别与工作满意度、感情承诺负相关和正相关。上行比较和下行比较的频率与工作搜寻行为分别存在显著的正相关和负相关的关系，同时上（下）行社会比较对工作搜寻行为的影响受到工作满意度和组织感情承诺的调节。

4. 在组织中的社会比较研究

亚当斯的公平理论可以用来解释组织中的现象。格林伯格从绩效考核、虚拟工作环境、压力、领导关系来考察亚当斯的公平理论的应用。在绩效考核过程中，随着360度考核和自我管理团队的出现，同级间的互相评价越来越普遍。

同时同级之间有着共同的工作环境、领导和相似的任务，这使得他们很可能成为彼此的比较目标。但虚拟工作环境和不断强化的专业化要求，使得同级之间缺少有用的比较信息，人们很难与自己的同事进行社会比较以消除不确定感。即使是组织中的同级，任务的相关性的程度也会影响比较信息的获取。共同完成一个相关性很高的任务比完成各自独立的任务将使参与者获得更多有用的比较信息。

在组织中，领导对于组织成员而言处于相对优势的地位。员工与领导的比较属于上行比较。亚当斯的公平理论中关于领导的主要理论有领导成员交换理论（leader‐member exchange，LMX）和社会身份认同理论（Social identity theory，SIT）。LMX 理论认为根据信任水平的不同，领导与成员的关系存在差异。因此把组织看成是一个没有差异的统一整体并不合适，而应当把组织看作是领导与成员之间的一系列不同的关系的组合体。不同的员工与领导之间存在不同程度的LMX，拥有高LMX关系的成员将获得领导更多的支持和鼓励并承担更多的责任、挑战和任务。社会比较容易发生在高LMX的员工身上，高LMX的员工更喜欢进行上行比较，更有信心成为和领导一样的人。SIT 理论认为群体成员的自尊和身份认同是部分通过与领导的社会比较决定的 。同时组织中的成员通过不断地与领导的社会比较来保持团队的认知，并在组织内外建立自我认知。领导是个体社会身份认同过程中最重要的影响因素。

资料来源：MBA 智库百科，http://wiki.mbalib.com/wiki，访问日期：2018 年 3 月 10 日。

【参考文献】

1. 车丽萍：《管理心理学》，武汉大学出版社 2016 年版。

2. 王晓钧：《管理心理学》（第 2 版），高等教育出版社 2014 年版。

3. 刘永芳：《管理心理学》，清华大学出版社 2009 年版。

4. 范逢春：《管理心理学》，中国人民大学出版社 2013 年版。

5. 刘宏、高丽君：《管理心理学》，清华大学出版社 2016 年版。

6. 李靖：《管理心理学》，科学出版社 2016 年版。

7. 刘新民、余亮：《管理心理学》，中国科学技术大学出版社 2014 年版。

8. 程方正：《现代管理心理学》（第 5 版），北京师范大学出版社 2016 年版。

9. ［美］迈克尔·A. 希特、C. 切特·米勒、安瑞妮·科勒拉：《组织行为学：基于战略的方法》，冯云霞、笪鸿安、陈志宏译，北京机械工业出版社 2008 年版。

10. MBA 智库百科："亚当斯的公平理论"，载 http://wiki.mbalib.com/wiki，访问日期：2018 年 3 月 10 日。

【复习思考题】

1. 期望理论的基本观点是什么？

2. 期望理论认为人在工作方面是如何被激励的？这一理论对管理者有什么现实意义？

3. 目标管理的步骤有哪些？

4. 公平理论比较的是什么？

5. 亚当斯认为公平是如何影响动机的？员工产生不公平感的时候会采取什么样的行动？

6. 试分析目标设置理论的基本观点对管理工作有什么启示？

7. 比较三种过程型激励理论的异同。

行为改造型激励理论

管理的目的在于调动人们的积极性，即增加人们在工作中的积极行为，减少或避免消极行为。行为改造理论就是研究如何巩固和发展积极行为，使之向着有利于实现组织目标方向发展的一种理论。

行为与心理活动密切相关，前者是后者的外化。管理目标要通过行为来实现，那么，就要关心人们的心理活动。在这个问题上，不同的学者提出了不同的观点和方法：①强化理论，该理论认为行为是对外界刺激的反应，改变了外在的环境刺激就能改变或强化行为表现；②挫折理论，该理论强调人的心理状态和行为与外部刺激之间的相互作用；③归因理论，该理论主要是研究人们行为背后的原因，认为人们心理认知活动指导、影响着人们的行为。可见，这些理论都从不同层面去分析和解释了行为改造的问题，同时也提示人们，行为表现的复杂性受个人认知、目标实现状况、外在环境等因素的影响。

第一节　强化理论及其应用

一、强化的概念

首先，我们通过黑箱理论来引出强化的概念。所谓黑箱理论是指我们虽然不清楚黑箱的内部结构，但是只要注意研究它对信息刺激如何作出反应，注意到它的输入-输出关系，就可以对黑箱的机制进行研究。前面所讲的激励理论有一个共同之处，即都是从探讨人的内在心理状态开始的，在心理学中属于认知心理学派。而斯金纳认为，人的大脑犹如一个黑箱，人的心理状态犹如黑箱中的东西，是不可知的。他提出应以行为主义的学习理论来解释人类行为的形成机制，而学习过程的最基本原理就是强化。

所谓强化，指的是对一种行为后果是实施的肯定和否定（奖惩），在一定程度上决定了该行为能否重复。强化理论认为：人的行为模式基本上是"S-N-R"模式，其中，S指的是刺激，N指的是主观因素，R指的是行为或反应。[1]由此可见，依照强化理论，只要控制行为的后果评价（奖惩），就可以达到预测和控制人的行为的目的。在组织管理中，强化有正强化和负强化之分。对人的行为给予肯定和奖赏，就能使这种行为得到巩固、保持和加强，这叫作正强化；对不良行为给予否定和惩罚，使之减弱和消退，这叫作负强化。两种强化方式运用得当就会起到积极作用。

二、强化的类型

在管理的过程中，管理者需要通过循序渐进的方式来指导个体的活动，影响或塑造个体的行为，服务于组织或组织的发展，这一过程称为行为塑造（shaping behavior），包括了积极强化、消极强化、惩罚和消退等四种方法。这里需要特别强调的是，管理者的强化一定要循序渐进，而不是在员工出现理想中的行为时才进行强化，只有这样才可以使个体的行为越来越趋近管理要求，达到行为塑造的目的。

（一）积极强化

指对某种行为给予肯定和奖励，以增加其出现的可能性，如当员工工作出色时，管理者就要针对这种好的表现给予适当的奖励，目的在于期望员工能够保持并进一步取得优异的成绩。

（二）消极强化

管理者使用消极强化这一手段的目的与积极强化相同，都是为了鼓励良好的行为。但与前者不同，它所采用的是撤销负面措施的方法。如，某员工经常不能如期完成工作任务，管理者可以对其采取有针对性的监督措施，而当员工一旦如期完成任务，则立即放松对他的监督，这样就意味着对员工行为改进的肯定，鼓励员工如期完成工作任务。所以，从根本上讲，消极强化也是一种奖励，只是奖励的方式消极一些而已。

---

〔1〕 刘新民、余亮：《管理心理学》，中国科学技术大学出版社2014年版，第148页。

（三）惩罚

惩罚是指当某种不良行为出现后，及时施加某种带有强制性、威胁性的手段，以期减少这种行为出现的可能性或消除这种行为。

（四）消退（衰减）

消退（衰减）指撤销对某种行为的积极强化，以终止或降低该行为出现的可能性。例如，对一个打小报告的人领导者可以采取置之不理的态度，以使这类人自讨没趣而主动放弃这种不良行为。采取消退法，在某种程度上足以达到制裁的效果，因此在本质上它是一种惩罚。

在以上四种强化手段中，前两种是奖励性的，人们为了获得更多的奖励，会主动重复出现某种行为；后两种是惩罚性的，通过惩罚，可以减少行为重复出现的概率。从管理的角度来说，强化的重点应该是实施积极强化而不是惩罚。尽管惩罚措施可以在一定程度上消除不良行为，但效果往往是短暂的，并不是员工乐于服从的，在某些情况下还会出现抵触情绪或人际冲突。这就提醒管理者，对于某些管理者不认同的行为，管理者可采取忽视或协调的方法，而不是惩罚。同时管理者要充分考虑影响到员工动机水平的因素，如工作目标、成就需要、工作性质等，以最大限度地提高员工的工作实效。

【案例】

妈妈带着孩子在商场购物，当他看到巧克力时，他要妈妈给他买。但是，妈妈没有答应。这时小家伙开始哭闹，甚至大发脾气。无奈之下，妈妈只好给他买了。以后的几周里经常能看到这一幕。再后来，这位妈妈只要一走进食品区，就先给孩子买巧克力。一天下午，妈妈又带着孩子在商场购物，这时小家伙看到玩具汽车就哭闹要妈妈给他买，不给买就大发脾气。妈妈狠狠地打了他的屁股，并说他不乖把他刚买的巧克力抢走了。虽然他不要玩具汽车了，但是，整个下午呈现出很不开心、很害怕妈妈的样子，情绪都很低落。

思考：该故事中的正强化、负强化分别是什么？

三、强化的原则

（一）奖励和惩罚相结合的原则

该原则即西方管理学界所说的"胡萝卜加大棒"。奖惩一定要结合起来才会发生作用，奖功罚过，恩威并施，才能起到鼓励先进、鞭策后进的作用。

（二）以奖为主，以罚为辅原则

奖励是主流，惩罚是支流，惩罚应慎用。

1. 慎用惩罚的原因

（1）惩罚有时会造成新的不良行为。惩罚只是告诉人们不应做什么，而没有告诉人们应该做什么。正如斯金纳所说，受过惩罚的，并不因为惩罚改弦易张，而只是学会了如何逃避惩罚而已。

（2）过度惩罚会使人产生挫折感。过度惩罚导致人的情绪低落，伤及自尊心和自信心。过多的惩罚只会把人变成制度的奴隶，有时还会使人丧失理性，产生攻击行为。

（3）惩罚不能产生自觉性和觉悟。惩罚只会使人被动的回避，而不是主动的建构，因此惩罚不能使人产生自觉性和觉悟，惩罚的滥用还会助长管理者的官僚习气。

2. 惩罚依据的原则

基于以上几点，惩罚主要起警示作用，不能为了惩罚而惩罚。当然，当不得不用惩罚时，应当遵循以下原则：

（1）对事不对人。对事不对人即就事论事，不扩大，不夸大，不溯及既往。否则，容易转变成对人不对事，就会被认为是管理者在公报私仇，必然招致受罚者的怨恨。如果惩罚程度过重，还会招致组织中其他成员的不满。

（2）严中有情。使受罚者感受到管理者的良苦用心，使其明白惩罚也是在帮助自己。

（3）惩罚有度。惩罚过轻则不疼不痒，起不到防止不良行为再次出现的目的，惩罚过重则会产生上述不良副作用。

（4）惩罚及时。在不良行为出现之后及时给予惩罚有助于当事人认清行为与后果之间的因果联系，防止不良行为的危害扩大及习惯化。

（5）惩罚公开。惩罚的依据要事先公之于众，最好有书面条文，使惩罚有理有据，明明白白。惩罚摆在明处可以避免受罚者将怨恨直接指向管理者个人。惩罚原因要说明，要对外公布，以达到警示他人的目的。

（6）惩罚公正。对于受罚者应一视同仁，保持公正，不厚此薄彼，不徇私枉法。

（7）惩前毖后，治病救人。对于犯错者不能揪住不放，不能一棍子打死，要为受罚者提供改过自新的机会和途径。

（三）及时强化原则

无论是负强化还是正强化，都应在行为发生后立即进行，及时强化使人能够了解奖惩的前因后果，使良好行为巩固，不良行为消退。

（四）适当原则

首先，要做到有功必奖，有过必罚，赏罚分明。其次，应奖得其功，罚当其过，不能乱奖乱罚。如一些单位为了激励员工滥发奖金和实物，很快使奖励失去了激励效果，时间一久还会使激励因素沦为保健因素，有时甚至连保健作用都起不到。

（五）适应性原则

人各不相同，要适应员工需求多元化的特点，实现奖罚方式多样，不搞"一刀切"。

（六）连续性和间断性相结合原则

当行为处于变动期时，宜采用连续强化的方式，使良好状态巩固，不良状态消退；当情况稳定后，宜采用间断强化的方式，巩固提高，打压不良苗头。

第二节　挫折理论及应用

一、概念

员工的职业生涯不可能一帆风顺，挫折在所难免。有些困难可以通过努力而克服，但有些确实暂时甚至永远都无法克服。员工在工作中因各种障碍导致目标无法实现，需求难以满足，动机难以兑现的压抑的情绪状态，我们称之为"挫折"。挫折既是一种工作状态，也是一种心理现象，是一种人的内在心理状态。

二、挫折理论的内容

西方的挫折理论主要围绕着挫折情绪的产生、挫折情绪的外在表现等两个问题展开。[1]

---

〔1〕　范逢春：《管理心理学》，中国人民大学出版社 2013 年版，第 109~111 页。

（一）挫折情绪的产生源理论

该方面的理论主要探讨挫折情绪是怎样产生的，再根据情绪源头采取措施去调节或改变情绪。这方面的理论有本能论、需要和紧张的心理系统理论、社会文化理论等。

1. 本能论

该理论认为挫折情绪是人的本能造成的，主要代表人物是精神分析学派弗洛伊德等人。弗洛伊德将人格分为本我、自我、超我三部分。本我包括生的本能和死的本能，性爱本能是前者中最强烈的，且随着个体成长而扩大，但与现实相冲突，受到代表社会道德的超我的抑压，使得性的欲望不能实现。如果长期压抑，则导致挫折情绪。在人类活动中，遭遇挫折情绪并由此引发挫折行为反应，这是人的本能冲动的结果。

2. 需要和紧张的心理系统理论

该理论认为挫折情绪是需要和紧张造成的，主要代表人物是勒温。勒温认为非生理需要让人们产生紧张的心理状态，激发起动机，以平衡心理。需要得不到满足，人们便产生紧张情绪，随之出现挫折情绪，这种情绪在需要得到满足之后会随之消逝。

3. 社会文化理论

该理论认为挫折是社会文化和人际关系造成的，其创立者是新精神分析学派的代表人物沙利文（Hany Stack Sulivan）和人本主义心理学派的代表人物罗杰斯（Carl Ransom Rogers）等。在他们看来，受一定社会文化或人际情绪影响，人的"本能"需要经常处于不满足状态，这往往会导致人的挫折感。个体得不到他人的关注，缺乏自我的认同时，挫折感会自然产生。

（二）挫折的行为反应理论

挫折情绪引起了很多个体和社会反应，这使许多心理学家关注挫折的行为反应研究。20 世纪三四十年代开始，人们以弗洛伊德等人的理论为基础展开了挫折研究，形成了挫折-攻击理论、挫折-倒退理论、挫折-效应理论等。

1. 挫折-攻击理论

1939 年，耶鲁大学心理学家多拉德（J. Dollard）、米勒（N. E. Miller）等5 人合著了一本论述攻击的经典专著《挫折与攻击》。在这本著作中他们首次提出了挫折-攻击假说，这个假说的主要观点是："攻击行为的发生总是以挫折的存在为先决条件，反之，挫折的存在也总是会导致某种形式的攻击。"挫折和攻击是对应关系，挫折是攻击行为的充分必要条件。

2. 挫折-倒退理论

挫折-倒退理论最先由巴克（R. Barker）等人提出。他们提出挫折导致倒退，即人在受挫折后表现出活动水平的降低。

3. 挫折-效应理论

挫折-效应理论是由阿姆泽尔（A. Amsel）正式提出的。阿姆泽尔首先给挫折下了操作性定义。这一界定是，挫折是当有机体在先体验到奖赏后又体验到无奖赏时所出现的情况。阿姆泽尔认为挫折有可能会引起人的活动效率的提高。

三、挫折产生的原因

在目标未能达成的情况下，一个人是否有挫折感及其感受的程度，常常受到客观和主观两个方面因素的影响。

（一）客观因素

由客观因素引起的挫折称为环境起因的挫折（environment frustration），也叫外因性挫折，是指因外界事物或情况阻碍人们达到目标而产生的挫折。这种挫折又可以分为两种，一种是由自然因素引起的挫折，自然原因是指由于自然的或物理环境的限制，使个体的动机不能达到满足，如生老病死、自然灾害、时间空间限制等；另一种是由社会因素引起的挫折，社会因素是指人在社会生活中所受到的人为因素的限制，如由政治、经济、宗教、家庭，以及社会和民族风俗习惯等引起的挫折。客观因素是否导致挫折和产生挫折的程度，很大程度上取决于挫折的容忍力，即人们在遇到挫折时能免于行为失常的能力。

（二）主观因素

由主观因素引起的挫折称为个人起因的挫折（personal frustration），也叫内因性挫折，是指因个人的生理、心理因素缺陷而产生的挫折。这种挫折也可以分为两种：一种是由生理因素引起的，如由个人智力、体能、容貌、身材及生理上的缺陷疾病等引起的挫折；另一种是由心理因素引起的，如无法兼顾同时存在的两种或两种以上的需要而引起的心理冲突等。

四、挫折心理的表现

遭遇挫折后，挫折心理可以从情绪和外显行为中体现出来。

（一）情绪反应

1. 恼怒

在遭受挫折后，人们的挫折情绪常常表现出来。有时甚至表现激烈，暴跳如雷。

2. 焦虑

焦虑是恼怒的后续反应。恼怒是暂时的，如果短期内情况改变无望的话，人们就会陷入焦虑状态。焦虑包括焦躁和忧虑，焦躁使人精神兴奋，忧虑则使人情绪低落、慌张，二者之间形成一种张力。适当的焦虑会使人认真对待所做的事情，提高专注力；但如果焦虑过度，则会使人被情绪所裹挟，徒增烦恼，方寸大乱，无所适从，从而导致效率的降低。

3. 沮丧

沮丧包含了失望、悲伤和抑郁。当事人如果受到较大的打击或者屡遭挫折，就会心情低落，提不起精神，或者从此沉沦，往往被禁锢在负面情绪中不能自拔，需要很长时间才有望恢复，不少人会从此一蹶不振，破罐破摔。因此，沮丧的危害性较大，会使人的工作效率在短期内难以提高。

（二）行为反应

挫折导致的行为反应是多种多样的，一般可以分为两类：一是积极的建设性行为，二是消极的破坏性行为。

1. 积极的建设性行为的主要表现形式

（1）升华。现实生活中化悲愤为力量就是挫折升华的表现，一般是个体在遭遇挫折之后的自我保护性反应。部分人在遭受挫折后会更加努力，或者通过其他方式展现自身价值，如某些女孩因貌不出众，转而发奋读书，武装自己的头脑。

（2）重新解释目标。若目标无法达成，人们会选择重新解释目标，其方法一是延长实现目标的期限，二是重新调整目标的难度以减少挫折。

（3）补偿。当一个目标确定无法实现的时候，人们选择用实现另一个目标来进行心理补偿，或者以新的需要来取代原来的需要。如下级遭受上级批评之后产生的挫折感就是补偿的反映。

2. 消极的破坏性行为的主要表现形式

（1）攻击。攻击是一种常见的行为反应。可分为直接攻击和转向攻击。直接攻击指向阻碍目标实现的人或事物。如某些人遭遇不公待遇时，会针锋相对，对他人迎头痛击。转向攻击是指当事人由于某些原因，无法直接攻击那些阻碍因素，就会把这种攻击转向别的人或事物。如有的人在单位遭到领导训斥后，往往不敢吱声，然后回家对老婆、孩子发脾气。

（2）防卫。遭受挫折时，人们由于怕伤及自己的面子，往往会自觉不自觉地采取一些防卫行为，来维护自己的面子，防卫又可以表现为以下行为：

第一，合理化。在受挫后，有人总会以冠冕堂皇的理由掩盖失败的真正原因，以维护自尊，降低焦虑。一般情况下，多数人都不愿对自己的行为后果和失误负责，会尽可能掩盖事实，或推诿于他人和客观条件。比如一个学生考试成绩不好，往往不愿意从自身找原因，而是归咎于老师偏心或出题偏难，这样他就会感觉有面子，内心感受会好一些。有些人甚至采取阿Q式的精神胜利法。还有的人遭受挫折后，往往对于应对困难失去信心，将责任推给上帝。此外，还有酸葡萄效应，认为只要是吃不到的，肯定是酸的。总之，合理化使人感觉到自己的挫折是有道理的。

第二，转换性疾病。人皆有恻隐之心，同情弱者，同情病人，对他们的要求较低，一旦出现问题也往往会表示谅解，不予计较。所以有些人遭受挫折时，总会下意识地以生病为理由，逃避现实或获得别人的谅解，而某些人确实真的病倒了。这类疾病，心理学上称之为机能性障碍，即某人的生理器官没有器质性问题，只是其功能发生了问题。例如，某些人的眼睛从生理上没问题，但是一旦遭受挫折就会失明；有些人明明四肢发达，一旦遭受打击，却瘫倒在地。这些人其实是在下意识地将心理压力转化为生理症状，借以逃避现实或免除责难，达到减轻心理压力、保护自尊心的目的。当然，这种病不是诈病，连当事人都可能无法自觉控制。还有一种情况就是，挫折尚未发生，但由于恐惧挫折，人们会提前出现某些症状，如出现心慌气促、出冷汗、腹泻等症状。

第三，固执或偏执。人们在遭受挫折后，本应调整做法，寻求改变，应该体现出主动求变的灵活性。但有的人却明知此路不通，仍然一意孤行，固执己见，不思悔改，导致一错再错。比如，有些组织的管理者，当他的方法和决策在执行过程中受挫后，为了维护自己的面子、一贯正确的形象和不容置疑的权威，往往会一条道走到黑，这就是一些组织政策僵化，管理不善的重要原因，也是某些社会灾难爆发的原因。

（3）消极替代。指在原有目标由于主客观因素无法实现的情况下，人们会转移目标，并全身心投入其中。如有些人事业不成转而沉湎酒色。

（4）退化。有些人在遭受挫折时，为减轻内心的压力，往往表现出与其年龄不相称的幼稚行为。如有些成年人遭受挫折后，会像小孩子一样号啕大哭；有些人受挫之后会拼命吃东西、咬指甲，这些幼稚行为是一种典型的心理退化。

五、克服方法

（一）冷静分析

1. 原因分析

冷静分析失败的原因是来自外部还是内部，如果是由于外界的不可抗力导致的失败则不用过于内疚。如果是主观造成的则应汲取教训，将教训当财富，亡羊补牢。这样，人的挫折感就会大幅降低。

2. 后果严重性分析

某些人在某些后果发生之时可能会感觉非常严重，末日降临，但事后冷静下来，经过认真分析后会发现不过尔尔，虚惊一场，这样人的挫折感就会降低。

（二）树立正确的成败观

1. 失败乃成功之母

正确看待成败的关系。失败并不可怕，关键是要学会在失败中吸取教训，做到君子不贰过；

2. 胜败乃兵家常事

每个人都有所长、有所短，胜败也不完全决定于个体的能力和努力，任何人都不可能永远在竞争中处于上风。所以，管理者应当引导员工树立正确的成败观，凡事尽力而为即可，不要执着于结果，这样人才能坦然接受失败，挫折感也就自然而然地减轻了。

（三）领导与组织的宽容

大多数人在犯错后都会进行自责，如果此时领导者过分训斥，往往会令人无地自容，甚至产生逆反心理，不利于其改正错误。领导者对于犯错的下属应尽量采取宽容的态度，比如对于攻击型的受挫者，应引导他将内心的痛苦烦恼倾诉出来，好言安慰，防止其出现攻击行为；对于退缩型的人则应多多关心、帮助和鼓励，使其走出阴影，重拾信心。管理者千万不可乘人之危，落井下石，幸灾乐祸，火上浇油，使矛盾进一步激化，从而把员工推向更加危险的境地。

（四）改善环境

第一，改善组织管理制度与管理方式。国外研究发现，来自组织的支持是影响员工挫折感的重要因素，因此，组织应该根据环境变化及时调整组织结构，调整有碍发挥员工积极性的不合理管理制度，改善人力资源制度，实行参与制、授权制、建议制等。第二，改善组织内的人际关系。组织内上级与部属间的关系不协调，过分强调单向沟通，员工没有机会向上级反映自己的意见，是影响人际关系的重要原因。因此管理者要注意改善领导与部属管理者与被管理者的关系，建立起相互信任、相互帮助、相互支持、相互尊重的组织氛围。[1]

（五）精神宣泄

人们在受挫之后，往往会出现理智与情感的不平衡，这时有必要引导他将非理智的情感因素发泄出来，从而恢复心理平衡。比如，松下公司曾在下属企业中设置"出气室"。出气室分四层：第一层是平面镜，让人们看看自己怒气冲天或精神萎靡的样子；第二层是哈哈镜，使人领悟到怒气和颓废会使心理发生扭曲；第三层是老板或经理们的橡皮塑像，如果员工对于哪个人不满，就可以拿棍子痛打一顿，一泄怨气；最后一层是谈话室，里面备有饮料、小吃，并有经理和心理学家与之谈心，听取他们的想法和要求，这样员工的怨气就会逐渐消退了。

第三节　归因理论

一、归因的定义

归因，就是人们对自己及他人活动的原因加以分析、说明、解释和推断的过程。既包括相关环境，也包括随这种环境而出现的行为。归因理论就是

---

〔1〕　刘永芳：《管理心理学》（第2版），清华大学出版社2016年版，第252页。

对归因现象进行研究的理论。

二、归因的内容

（1）人需要对他人或自己的行为进行解释，找出原因。原因的分析包括对内部原因和外部原因、直接原因和间接原因的分析。

（2）人需要对周围的人或组织的行为对自己产生的影响进行利害分析。利害分析即对外部原因对自己行为所产生影响的后果进行分析。

（3）人需要通过归因对自己的行为和奖惩得失之间的关系进行分析。该分析即根据自己的行为及其后果与奖惩规则之间的对应关系进行分析。

因此，归因不仅是一种心理过程，也是人们认识世界和认识自我的基本需要。

三、如何归因——几个主要的归因理论

（一）海德的二分法：内部归因和外部归因

弗里茨·海德（Fritz Heider，1958 年）被誉为"归因理论之父"。

1. 归因分类

人们在解释行为的原因时通常会从内部或外部两方面进行推断。

内部归因：行为出现的原因在于行为者自身的人格、态度、价值观和能力等内部因素。

外部归因：行为的原因在于行为者所处的情境因素，如他人、制度、运气、心情、健康等，而且认为其他大多数人在同样情景下也会如此。

2. 归因倾向

人们在个性上有一种比较稳定的归因倾向，或是倾向于外部归因，或是倾向于内部归因。倾向于外部归因的叫作"外控型"，倾向于内部归因的叫作"内控型"。

3. 归因的不一致性

人们在评价别人的成功时往往重外部归因，评价别人的失败时重内部归因。评价自己的成功时往往重内部归因，评价自己的失败时重外部归因。相比之下，人们更偏好于内部归因——倾向于认为成败起因于个人或能力因素。

（二）维纳的成败归因模型

该模型又叫作自我归因理论。维纳（B. Weiner，1979 年）等认为人们用

于解释自身成败的原因可用下列三个维度加以分类与描述：

1. 向度

内-外因。内因，个人内在原因：人格、品质、动机、能力、努力等；外因：个人之外，运气、任务、难度、帮助等。

2. 稳定性

稳定-不稳定。内外因中都有稳定与不稳定的因素，如内因：能力-努力；外因：规则制度-运气

3. 可控制性

可控制性是指原因是否在个人控制范围内，如能力、运气不可控；努力、方法可控。

常见原因的维度分析，如表所示：

	稳定	不稳定	内在	外在	可控	不可控
能力	+		+			+
努力		+	+		+	
任务	+			+		
运气		+		+		+
身心		+	+			+
环境		+		+		+

（三）凯利的共变模式（co-variation model）

该模式又称为三维归因理论。在海德的基础上，哈罗德·凯利（Harold Kelley，1967 年）进一步研究指出，人们对行为的归因总是涉及客观刺激物、行动者以及所处关系或情境这三个方面的因素。其中，行动者的因素属于内部归因，客观刺激物和所处的关系或情境属于外部归因。人们最终做何种归因，关键依赖于对一致性信息、一贯性信息和独特（区别）性信息变化的综合考虑：

1. 一致性信息（consensus information）

行动者的行为是否与这种情境下其他人的行为一致。（是否与他人一致）

2. 一贯性信息（consistency information）

行动者的这种行为在其他时候、环境或条件下是否也会发生。（是否一向如此）

3. 独特（区别）性信息（distinctiveness information）

行动者对其他对象是否也做出类似反应。（是否绝无仅有）

通常情况下，当人们在对三种信息的整合后的归因表现出一致性、独特性低，但一贯性高时属于内部归因；当一致性、一贯性和独特性都高时属于外部归因。反之，当一致性、一贯性和独特性都低时，则属于特殊现象。后来有其他研究者发现：首先，生活中人们并不总是能拥有需要的三类信息。在这种情况下，人们只能依赖现有信息进行归因，有必要的话，对缺失信息进行推论或间接了解。其次，当这三类信息都具备时，人们在归因时更多依赖一贯性和独特性信息，相对不重视一致性信息。

（四）琼斯和戴维斯的归因理论

琼斯（Edward. E. Jones，1928～1993 年）和戴维斯（K. E. Davis）于 1965 年提出的归因理论称为对应推论。该理论认为人们进行个人归因时习惯于从行为及其结果推导出行为的意图和动机，这与所观察到的行为及其结果相对应，即对应推论。在推导时，所拥有的信息量越大，对应性就会越高。

影响对应推论的因素主要有三个。

1. 非共同性结果

非共间性结果是指所选行动方案有不同于其他行动方案的特点。比如，一个人穿上毛衣并关上窗户的举动，我们可以推论出他感到冷了。如果仅仅是关上窗户，则可能是听到有噪音。在这个过程中，穿上毛衣这个非共同性结果就起到了作用。

2. 社会期望

一个人表现出符合社会期望的行动时，我们很难推断他的真实态度。人们可能是基于基本的礼貌而说出一定的话语或者采取一定的行动。比如，应邀出席晚宴的客人在离开时都会称赞晚会有趣，这就是符合社会期望的行为。从中我们无法判断，人们是否真的觉得晚会有趣。反之，当一个人行为与社会期望相悖时，这种行为基本就是真实的。

3. 选择自由

如果知道某人从事某行动是自由选择的，我们便倾向于认为这个行为与某人的态度是对应的。如果不是自由选择的，则难以作出对应推论。

（五）自我效能归因理论[1]

自我效能理论首先由美国心理学家班杜拉（A. Bandura，1977 年）提出，后经认知心理学家加以借鉴，发展成现在的自我效能感归因理论。

自我效能（self-efficacy）指个体在执行某一行为之前对自己能够在什么水平上完成该行为活动所具有的信念、判断或感受，即对自身能力的主观判断。班杜拉的自我效能理论的中心思想是：个体的自我效能感决定他在成就情境中的行为动机。自我效能感高的人在有关的活动中行动的积极性高，愿意付出更多的努力和采取策略来应付遇到的问题，解决面临的困难。而当问题和困难得到解决和克服时，他当初的效能感就得到了证实，这就维持了动机，使个体偶尔遇到前所未有的困难时，能够保持取得成功的信心，这有助于个体克服先前的消极情绪，诱发动机行为。相反，自我效能感低的人，在有关的活动上行为的积极性就低，不愿付出过多的努力和采取相应的策略应对困难，这就必然导致活动结果不尽如人意，反过来又降低了他的效能感。

归因与自我效能感之间的关系是相互的，一方面，个体的归因会影响其自我效能感。对成功做稳定的、内部的归因，会提高自我效能感。如，个体对自己的成功做能力强的归因，未来的成就动机也会相应提高，自我效能感也会提高；而对失败做稳定的、内部的、不可控制的归因，如对失败做能力差的归因，对自己的效能感的评价就会降低，其未来的成就动机水平也会相应受到影响。

另一方面，个体的自我效能感又会影响其归因，自我效能感强的个体倾向于将成功归因为稳定的、内部的因素，而将失败归因为不稳定的因素，并相信未来的成功是可以通过努力达到的；而自我效能感差的个体则更加倾向于将失败归因为内部的不可控制的因素，将成功归因于外部的、不可控制的因素，对未来的成功也缺乏信心。

（六）习得无助归因理论[2]

习得无助概念最早是由 20 世纪 60 年代末的动物学理论家们提出的。他们研究发现，当动物（狗、白鼠等）被置于难以逃避的电击区域时，起初它

---

〔1〕郭振芳："归因理论研究综述"，载《科技信息（科学教研）Science & Technology Information》2007 年第 32 期。

〔2〕范逢春：《管理心理学》，中国人民大学出版社 2013 年版，第 113~114 页。

们试图逃避电击的反应很积极，然而 24 小时之后，它们的逃避反应明显地减少或消失了，表现为动机缺乏、认知或联想缺失、情绪缺失等现象，他们称这种现象为"习得无助"，认为这种习得无助现象的产生是因为动物在无休止的电击过程中了解到它们的反应和结果（电击）是相互独立、不相倚的，即无论它们做出什么样的反应都无济于事。而且，这种习得的无助具有弥散性，能够扩散到新的情境中去。习得无助概念提出以后，迅速引起了人们的兴趣，人们引入此概念用以研究人类的类似行为。

其中，塞里格曼（Sligman）是习得无助归因理论的最早提出者。他认为消极行为事件或结果本身并不一定产生无助感，只有当这种事件或结果被个体知觉自己难以控制或改变的时候，人才会产生无助感。他所构建的动机产生的模型是：不可控制的事件——反应和结果不相倚的预期——反应强度的减弱。显然，塞里格曼认为只有消极的行为事件和结果被归因于不可控制的原因时，人才会产生无助感。然而，随后的研究表明这种对无助感产生的条件的解释由于直接从动物的研究中类比推理而来，因而过于简单，难以从根本上解释人类无助感产生的复杂性。因为研究者们发现，在人类无助行为研究中，动机缺失现象并不总是存在。尽管无助的被测试对象没有很快地学会积极的反应，但这不是他们没有做出有效反应的动机，人们有时在经历了不能控制的消极事件或结果后，并未出现反应减少或削弱，而是增强了随后的反应强度，在人类被测试者中产生的无助现象似乎仅限于特定的活动和任务，并未像塞里格曼预言的那样弥漫和扩散到其他活动上去；用假定反应-结果不相倚的信念作为面临不可控制的消极事件时产生无助感的前提是不必要的。一些研究者指出，在用人类被测试者进行的无助感研究中，试图让被测试者产生反应-结果不相倚的信念或预期是很难做到的。

1978 年，心理学家艾布拉姆森（Alramson）在用习得无助理论说明人类的行为时，明确地引入了归因的概念和原则，从而发展了习得无助归因理论，他指出，仅有不可控制的消极事件或对这种事件产生的原因的不可控制性的知觉还不足以使人类这种具有高度理性的复杂动物产生弥散性的无助感。决定一个人经历不可控制的消极事件后动机缺失的性质和程度的是他对该种结果更复杂的归因。如果一个人将不可控制的消极事件归因于内部的、稳定的、普遍的因素，那么一种弥散的无助或抑郁状态就会出现，自我评价就会降低，动机也会减弱到最低水平。否则，人们在经历消极事件后所产生的无助感就只能是限于特定时空条件的、不普遍的、不足以降低人们的自我评价和弱化人们的动机的，甚至还会强化随后行为的动机。也就是说，消极事件原因的可控制性、稳定性、普遍性一起决定了无助感的产生和随后的行为动机，而不是单独起作用的。由此可以看出，在解释习得无助感的原因时，艾布拉姆森既看到了主体的内部控制因素，又看到了稳定性因素和普遍性因素的作用。事实上，后来的研究也证明了他的理论。

四、归因偏差

人们在归因时经常出现如下错误或偏差：

（一）基本归因错误（fundamental attribution error，对应偏差）

基本归因错误指人们在解释他人行为时，常常夸大行动者的个人因素，低估环境因素的影响。其产生的原因有以下几个方面：

（1）人们有一种信念，相信人们需要而且能对自己的行为负责，所以多以内因解释行为，忽略外在影响。比如，学生们倾向于认为考试分数与自己的努力程度有很大关系，所以，当成绩平平或者下滑时，往往会认为是自己不够努力。

（2）情境中的行动者比情境中的其他因素往往更突出。个人的一言一行、一举一动都很容易被注意到，而社会环境、社会角色、情境压力等外部条件则难以引起注意，所以人们更注意行动者，而忽略背景因素、社会因素。

（3）"探照灯效应"（spot light effect），即人们倾向于高估自己的行为或外表在他人眼中的显著程度。这种效应基于人们对基本归因错误的直觉信念，即他人在对我们归因时，一定会将注意力集中在自己而不是当时的情景上，所以我们坚信自己的行为和表现在很大程度上被他人关注并做出评估。

（二）行动者与观察者偏差

观察者倾向于做内部归因，强调行动者的内在特征；而行动者对自己的行为倾向于做情境归因，强调外部因素。其产生的原因有以下两个方面：

（1）行动者较注意环境而不是自己，观察者更注意行动者。

（2）观察者对行动者的过去了解少，只注意现时现地，站在理想的角度，从常规的逻辑出发，一旦发现不合常规，就会归因于行为实施者的个人因素；而行动者了解自己的过去，知前因后果，来龙去脉，所以往往会从具体的情况出发，强调实际行为的特殊情境。例如，旁观者认为借东西就应该如期归还，如若未还，则是因为行动者缺乏信守承诺的意识，而行动者往往归因于自己这段时间太忙，没时间去还。

（三）自利归因偏差

即把成功归因于自己努力等内部原因，失败则归于情景等外因。其原因在于：

（1）多数人会尽可能维护自尊，改变想法或信念，甚至会扭曲事实。

（2）"找借口"，给自己留面子，在别人面前表现自己。

（3）自我防卫的需要。这是指个体面临挫折或冲突的紧张情境时，在其内部心理活动中具有的自觉或不自觉地解脱烦恼，减轻内心不安，以恢复心理平衡与稳定的一种适应性倾向。

（四）导致归因偏差的其他因素

例如迷信、宿命论、行为者的社会地位及个体差异等。如一个人迷信或坚信宿命论时，往往会将成败归因于某种神秘的力量；若行为者是一个拥有一定的社会地位且形象良好的人物时，观察者就习惯对其行为进行好的归因；而对于一个漂亮且讨人喜欢的女孩的过失行为，人们更愿意作出外部归因。

五、归因理论的管理应用

（一）人才选拔

维纳认为，不同归因风格的人有着不同的情绪和动机水平。因此，我们在选拔人才时应力求避免以下两种人：

1. 自命不凡者

此类人习惯于将自己的成功归于内在因素，将自己的失败归于外在因素；而将别人的成功归于外在因素，将别人的失败归于内在因素。与这种人合作必然影响团队精神。

2. 习得性无助者

这种人总是把成功归于运气好，把失败归于能力不足。亚伯拉姆森（L. Y. Abramson）等人提出了习得性无助理论（learned helplessness），即人们经常把失败归因于内部稳定且普遍因素（如能力有限），就会产生结果不可控的预期，从而出现动机水平下降、抑郁、无助情绪——悲观式解释风格。常与这种"祥林嫂"式的人物合作最终会导致整个团队萎靡不振。所以，最佳人选是那些自我效能感高的人。所谓自我效能感是指个体对自己是否有能力为完成某一行为所进行的推测与判断。班杜拉等人的研究还指出，自我效能感具有下述功能：

（1）决定人们对活动的选择及对该活动的坚持性

（2）影响人们在困难面前的态度

（3）影响新行为的获得和习得行为的表现

（4）影响活动时的情绪。所以，自我效能高的人通常具备迎难而上、坚持不懈等品质。而那种悲观的归因方式对个体的情绪、动机、身心健康有害。人们可通过归因训练，改变原有归因方式，使自己朝乐观、健康的方向转变。

（二）培训与开发

传统意义上的培训与开发多注重知识的更新和技能的提高。其实，观念的转变和情绪的调节也是培训与开发的重要职能。归因理论认为，情绪不是由某一诱发性事件本身引起的，而是由经历了这一事件的个体对这一事件的解释和评价引起的。例如：两个人同时遭到上司莫名其妙的严厉训斥，甲认为其上司今天可能心情不好，因此并不在乎。但乙却另有想法：他在故意整我！于是耿耿于怀。从这个例子中可以看出，人们的情绪及行为反应与人们对事物的想法、看法密切相关，在这些想法或看法的背后，有着人们对一类事物的共同看法，即观念。紧张的工作、繁琐的程序，人与人之间长时间得不到沟通，必然会出现分歧和误解。如果不予以重视，最终可能导致组织障碍。尤其有三种极端的归因症状不容忽视：

1. 绝对化

绝对化即以自己的意愿为出发点，对某一事件怀有其必定会怎样或必定不会怎样的绝对观念，一旦事件的发生与其愿望相悖时则会陷入情绪困扰。

2. 过分概括化

过分概括化是指个人一方面对自身持有不合理的评价。一些人面对失败或极坏的结果时，往往会认为自己"一无是处""一文不值"、是"废物"等；面对点滴成功又往往"忘乎所以"。另一方面是对他人的不合理评价，即别人稍有差池就认为对方很坏、一无是处等。

3. 糟糕至极

此症状即个人认为如果一件不好的事发生就意味着一切都完了，好像天就要塌下来了。

因此，组织在定期对员工进行知识和技能培训的同时，还应借助"归因疗法"转变他们的观念，调节他们的情绪，全面提高他们的素质。

（三）工作激励

传统的激励理论都是强调从外部采用某种管理策略来调动员工的工作积极性，因此，我们不妨称之为外在型激励理论。如"公平理论"强调分配与奖励制度的公平合理，"双因素理论"强调要尽量使员工感到满意，"期望理论"强调运用适当的方法来调整员工对未来行为结果的认知预期等。

然而，归因理论却不同，它既不要求增加工资奖金，也不需要改善环境条件。它强调通过改变员工对所发生事件的归因认知来激励和引导员工的行为，即引导员工对所发生的事件作出合理的归因分析，一旦员工接受了这种原因，他们的态度就会发生改变，从而主动、积极地投入到工作中。因此，我们称之为内在型激励理论。认识并正确处理归因引导和激励的关系是归因理论运用的保证。

1. 失败并非总是成功之母

经验表明，失败确实能够促进活动的成功，然而归因理论告诉我们失败并不总是成功之母，只有当组织成员认为自身的能力能够完成工作任务，失败的原因是由于自己努力不够，并因此而产生羞耻感的情况下，个人才会总结经验教训，发奋图强，才会做出更大的努力。所以，归因理论较为强调努力的重要性，这启示管理者应主要强调员工的努力程度不够而不是能力的不足，否则就会使员工灰心丧气。

2. 努力与能力的关系

努力与能力之间并不总是呈对应关系。在能力具备的前提下，努力的程度决定了组织成员的工作效率和成败。但努力不是万能的，如果员工经努力仍不能完成工作任务或效率不高，则表明其工作能力已不足以完成现有任务。此时要认真分析原因：可能是组织成员的知识结构已不能适应工作的要求；或是组织成员工作思路和工作方法出现偏差；或是组织成员间的合作出现了问题，等等。组织应积极帮助组织成员分析原因，避免因轻率下结论而打击了组织成员的工作积极性和热情，同时应当帮助组织成员有针对性地采取有效措施改善努力与能力的关系。

3. 归因偏差

对失败的行为，行为者总是更多地从外部环境进行归因，对成功的行为则乐于从主观上即内部因素进行归因。而处于旁观者位置的组织成员因为其对行为者行为活动的情景了解不多或着眼点不同，对行为者的同一行为不管其成功还是失败，总是更多地倾向于做行为者的内部因素的归因。针对这种情况，一方面要求管理者要对可控和不可控因素进行准确预测和判断；另一方面要注意营造和谐的组织气氛，在组织中建立宽松、和谐、友好、合作的人际关系氛围，同时在设计组织目标时注意包容组织成员的个人目标，使成员在达成组织目标的同时，实现个人的目标。

4. 适度归因

所谓适度，是指组织引导组织成员进行行为的内部归因时要避免过分夸大完成任务的个人因素。过分夸大个人因素的结果往往导致自我满足、故步自封或盲目自信和自卑。

（四）绩效管理

1. 绩效归因偏差

绩效考核也会应用到归因理论，对绩效的评价也是归因的过程。绩效管理需要实现公正、公平，但是在现实管理中，人们进行归因时往往不那么理性，可能"感情用事"，甚至会表现出对某种原因的偏好，容易出现前述四种归因偏差。因此，领导评议、自我评价、群众评议都会有"涉嫌"利己归因的可能性。

2. 绩效管理中归因理论的正确运用

管理者要认识到，归因正确与否，对于员工潜力的发挥和组织的良好运作有重要影响。具体来讲，管理者可以通过以下正确归因进行绩效管理。

（1）进行正确定位。管理者要设身处地地去理解员工，与员工产生通感，这对管理者作出正确的归因判断是相当重要的。要明确员工与管理者的立场不同，因此看问题的角度也不同。一般员工是从个人角度考虑确定工作目标，而管理者是根据组织战略和部门目标确定期望目标。如果两者差距较大，员工对其自身前景就会比较悲观。管理者应根据归因理论，找出导致员工悲观情绪产生的原因，是员工自身能力和预期过低，还是确实有客观干扰的存在，还是组织战略失误？力争在问题出现之前加以解决，这样能使员工更好地完成组织的使命。

（2）提高员工的自我效能感。自我效能感的高低在很大程度上取决于如何归因，要引导员工进行内在的、不稳定的、可控的因素的归因，让员工认识到自己的问题主要在于自身的不努力，而不是其他因素，这样员工的自我效能感就会提高。

（3）合理有效的绩效反馈。在绩效考核中，始终要强调以事实为依据，要求管理者对典型事例进行记录，从而对员工的行为形成一个完整的研究线索。及时找出影响绩效的原因并予以解决，有针对性地进行绩效辅导和绩效监控，使管理者对员工绩效有一个完整、明确的认识，使得绩效评估更加准确和富有弹性。

（4）帮助员工建立积极的心态。正确的绩效归因有助于员工建立积极的心态，进而使员工更有效率地工作。面对同一个工作环境，每个员工的心态各不相同，最终将导致工作积极性不同。

第四节　工作倦怠及其应对策略

现代组织不断地合并、整合，组织规模不断缩小，就业压力不断变大，员工工作压力不断增大，许多员工被迫超负荷、长时间的工作，从而使其失去了个人目标，人际关系紧张，情绪衰竭，工作绩效降低，健康上出现问题等。这些消极的个人体验被称为"工作倦怠"。从国内外的情况来看，很大比例的上班族都有不同程度的工作倦怠，可以说工作倦怠已经成为上班族的头号大敌。研究结果也表明：工作倦怠会对个体的身心状况和个体所在的组织产生不良影响。随着工作倦怠的加重，个体的焦虑和抑郁程度会更高甚至有可能会引发一些生理疾病，包括慢性疲劳、头痛和高血压等。工作倦怠还会影响个体的工作：工作倦怠程度越高，工作效率越低，工作绩效越差，缺勤率越高，跳槽的可能性越大。

个体的工作倦怠必然会影响所在组织的绩效。如何不断完善管理，开发员工的潜能，预防和矫治员工的工作倦怠，提高组织的竞争力，也就成为摆在研究者面前的重要任务。

一、工作倦怠的概念（concept of job burnout）

"Burnout"本是精疲力竭之意，后用来描述工作中的个体出现的一系列负性症状。工作倦怠是指个体不能顺利应对工作压力时的一种极端反应，是个体在长期压力体验下产生的情感、态度和行为的衰竭状态。如长期的情绪耗竭、身体疲劳、工作动机减弱、对待服务对象不友好和工作成就感降低等。

（一）成因

工作倦怠是工作和心理负荷过度而产生的现象。指员工在工作上遭受过度的压力，或是员工对工作不满意，因而产生的一种心理上对工作退缩，缺乏热情和使命感的现象，使员工不再为工作而活，而是为了生活而工作。

（二）发展过程

工作倦怠是在工作过程中逐渐产生的疏离和改变。在长期的压力下，个人在工作中可能开始退缩或不愿投身于工作，最后导致身体、情绪及态度方面的耗竭，即形成倦怠。

二、工作倦怠的症状（symptoms of job burnout）

当人们感觉到身体上、精神上和情绪上日益疲劳时，倦怠就产生了。即使是周末、假期、休假和娱乐都不能让人们感到身心的恢复，没有获得新生的感觉。工作倦怠的人经常滥用酒精、毒品、烟草，兴趣发生改变，经常失眠或者身体、精神上出现健康问题等。也可能会出现上班迟到和早退，在工作中更易发怒、沮丧和更容易产生敌对情绪。

（一）人际关系衰竭

当我们对工作失去激情时，就很难处理好与其他同事或领导之间的关系。当意外的冲突发生时，我们可能会反应过度，同时伴随着剧烈的感情爆发和强烈的敌对感。这时，我们开始孤立自己，不参加组织的集体活动，把自己限制在一个狭小的圈子里，不愿与其他同事合作。

（二）情绪衰竭

情绪衰竭的人经常体验到不满意、愤怒、失败和沮丧。人们一旦陷入倦怠的恶性循环中后，这些负性情绪反应就变得更为突出，甚至在正常的情况下也会表现出这些负性情绪。这些情绪导致员工对工作失去了满意感，也失去了用正确的态度面对挑战的能力。

（三）工作绩效降低

在倦怠时期，员工很容易体验到对工作的厌倦和对事业失去激情。员工可能会感到幻想的破灭或者愤世嫉俗，很难集中精神，很难像过去一样把自己的全部精力投入到工作中。员工开始对工作的意义提出疑问，其工作业绩下降，开始习惯于消极怠工，对工作产生恐惧感，希望得到新的体验和刺激。员工工作态度消极，对服务或接触的对象越发没有耐心、不柔和，如教师厌倦教书，无故体罚学生；医护人员对工作感到厌倦而对病人态度恶劣等。

（四）健康问题

倦怠出现后，员工就可能体验到身体上的问题。一般的身体症状包括头痛、背痛、感冒、失眠、咽喉炎、胸口疼或心悸、胃肠问题和精神问题等。失眠是最为常见的，员工长时间得不到休息而形成失眠的恶性循环。

（五）上瘾

为了应付工作中的压力，我们可能会对某些物质产生依赖并滥用药物。有些人甚至使用非法的药物，如毒品。其他的如上网或看电视也会使人上瘾。

三、工作倦怠的分类

工作倦怠一般包括以下三种类型：

（一）情感衰竭

情感衰竭是指没有活力，没有工作热情，感到自己的情感处于极度疲劳的状态。它是考察工作倦怠的核心维度，并具有最明显的症状表现。

（二）去人格化

去人格化是指刻意在自身和工作对象间保持距离，对工作对象和环境采取冷漠、忽视的态度。对工作敷衍了事，个人发展停滞，行为怪僻，提出调度申请等。

（三）无力感或低成就感

无力感或低成就感是指倾向于消极地评价自己，并伴有工作能力体验和成就体验的下降，认为工作不但不能发挥自身才能，而且是枯燥无味的繁琐事务。

四、工作倦怠的来源

工作倦怠的感觉是从哪里来的呢？

（一）职业群体

工作倦怠症好发的高危险职业群体有哪些？据专家表示，教师、医护工作者等相关从业人员是工作倦怠症的高发群体，这类助人的职业中，当助人者将个体的内部资源耗尽而无法补充时，就会引发倦怠。不过，在压力过低、缺乏挑战性的工作中，个人能力得不到发挥，因此个人无法获取成就感，也会产生工作倦怠。

（二）职业选择

刚刚毕业的大学生为了赶紧找到一份工作往往会漫无目的地四处撒网，最后糊里糊涂进入职场，根本没机会思考自己究竟喜欢什么样的工作，往往等到工作一段时间后才发现好像入错了行，这种严重的职业错位的情况，长期延续必然会导致工作倦怠。

（三）性格

自我评价低、凡事追求完美、A型性格、外控性格的员工容易受到工作倦怠症的折磨。A型性格是一种"工作狂"的性格特点，容易紧张，情绪急躁，进取心强，在外界看来好像冲劲十足，就像永动机，但实际上身心状况的透支，容易导致身心的倦怠。

（四）工作内容

工作倦怠源于工作内容或职场环境的失衡。工作负担过重、缺乏工作自主性、薪资待遇不合期望、职场的人际关系疏离、强烈认为组织待遇不公或是与组织的理念不和，都会引发工作倦怠。

（五）自主性、责任心、工作心理成熟度

工作倦怠与工作自主性、责任心和工作心理成熟度有一定关系。工作倦怠与工作自主性、责任心、工作心理成熟度呈负相关关系。例如，当工作心理成熟度增高时，随着责任心的提高，工作倦怠下降趋势会较为显著。

五、影响工作倦怠的因素

自20世纪70年代以来，学者们围绕工作倦怠开展了一系列研究，大量研究表明，影响工作倦怠的因素主要有以下几种：

（一）人格因素

人格的坚韧性越高，则职业应激反应越低，工作倦怠的严重性也就越低。外控的人由于将事件和成就归因于外在环境、他人的实力强或机遇等外在因素，因而比内控的人更多的体验到倦怠。个体的应对方式对于倦怠体验也有重要的影响。以一种被动的、防御的方式应对应激事件的个体较多地体验到倦怠，而以积极的应对方式应对应激事件的个体则较少的体验到倦怠。所以，有人认为，低的坚韧性、低的自尊、外控和被动的应对方式构成了工作倦怠个体的典型个性特点。

（二）人口统计学因素

1. 年龄因素

年龄与工作倦怠的相关最为稳定。研究结果表明，29 岁以下的被测试者与 29 岁以上的被测试者在很多方面都存在差异，总体来说，29 岁以下的被测试者应该是进入组织工作时间较短的员工，这部分员工参与组织管理工作的机会相对较少，获得同等回报的可能性更少，这可能是产生这种差异的主要原因。

2. 教育水平

研究发现，较高教育水平的员工具有较高的工作倦怠，这可能与这些员工考虑的问题较多有关。

3. 职位

对职位层次的研究结果表明，低职位员工的工作倦怠较高。一般员工在玩世不恭和成就感低落方面明显高于管理人员，这可能与一般员工的职位层次相对较低，参与组织管理的机会更少，其工作成就更低有关。

4. 性别

男性具有较高的情感人格解体倾向，而女性则具有较高的情感耗竭分数。

5. 婚姻（尤其是男性）状况

与已婚者相比，未婚者更有可能产生倦怠。单身者比离异者会体验到更高的倦怠。

（三）工作特征因素

1. 工作负荷

许多研究调查了员工的工作负荷情况，如教师所面对的学生的多少、社会工作者接待对象的多少、护士每周工作时间的长短等，结果支持了人们的通常观点，即倦怠是工作超负荷的反应。个体的工作负荷、时间压力与倦怠具有稳定的高度相关。

2. 角色问题

研究表明，工作角色问题，特别是角色冲突和角色模糊，与个体体验到的工作倦怠水平具有正相关关系。另外，缺少反馈与倦怠正相关。较少参与决策的人具有较高的倦怠。与此相似，尽管强度较弱，个人缺乏自制力依然与工作倦怠具有一定程度的相关。

（四）　工作资源因素

工作资源的匮乏程度也是影响个体工作倦怠水平的重要因素。最被研究者所关注的工作资源是社会支持。大量的研究证据表明，社会支持的缺乏与倦怠密切相关，缺乏来自于管理者的支持尤其重要，其作用甚至超过合作者的支持。

（五）　公平因素

组织公平会影响工作倦怠，也就是当组织能公平地对待员工时，员工出现工作倦怠的可能性就会更少；而如果员工没有得到公平地对待，他（她）们出现工作倦怠的可能性会更大。此外，组织公平的不同维度对工作倦怠的不同维度有不同的预测作用，分配公平对情绪衰竭的影响更强，程序公平对玩世不恭的影响更强。个体在某些资源上的不公平知觉会导致个体感觉到自己付出了很多，但是却并没有得到相应的回报，最后会出现挫折感，觉得工作特别累，即出现情绪衰竭的现象；而个体在过程上的不公平知觉，则会导致个体对过程的怨言，久而久之会出现个体不再关心过程的现象，即出现玩世不恭的现象。

六、工作倦怠的预防（prevention of job burnout）

工作倦怠的预防即如何防止工作和生活中的压力影响员工的工作积极性。

（一）　承认工作压力的存在

承认并接受你正承受着的压力，弄清压力的来源并且学会如何对它做出反应。

（二）　避免孤独

当我们承受持续的工作压力时，应处理好与其他人之间的关系，与其他人在情感上和行为上的接近是我们把自己从压力中解脱出来的最有效的方法之一。交流可以带来新的见识，并且也能降低压力和沮丧所带来的消极影响。

（三）　降低工作强度

降低生活和工作的强度是很迫切的，检查一下你的生活中哪些事情是需要你集中精神的，如果你的焦虑增加是因为某些事情，例如连续好几个小时不间断的开会，对枯燥的数字过敏等，那么，看看你是否能够避免这些事情或者能够采取更有效的方法来解决这些事情。要保持工作和休息的适度和平衡，在自己的工作表中尽量安排一些放松和安静的时间。

（四）减少焦虑

担心和忧虑不能解决任何问题，只能徒增烦恼。如果你发现自己在你所关注的问题上有困惑并且不能好好休息，告诉你的一个朋友，找出一个真正解决问题的方案，并采取行动。

（五）关注身体需要

当我们身体疲劳时，我们更容易倦怠。首先要吃有营养的食物（尤其是早餐），但要避免过多进食刺激性食物。尽量去锻炼，并且要保持充足的睡眠。

（六）更多的关心自己

关心别人胜于关心自己的人更容易产生工作倦怠。某些人为了获得别人的认同而承担更多的工作并且通宵达旦。研究表明，把帮助别人放在第一位的人，很容易成为工作倦怠的候选人。要学会说不，尽量把责任委派给别人而不是自己，尽量避免承担力不能及的工作。

（七）重新审视生活和工作的意义

重新审视你的生活意义，弄清楚对你的幸福来说什么是本质的东西，什么是非本质的东西。看看你的工作是否对你的幸福有益，如果没有，考虑改变你目前的工作或者选择一个新的工作。也许重新审视你的工作将为你打开一扇通向幸福生活的大门。

第五节　工作压力应对

社会体制的不断变化，给人们带来希望的同时，也带来压力，使生活与工作充满了许多不确定的因素，有时甚至出现我们自己无法预料、不能控制的变化。员工工作压力受多种因素的影响，主要有工作本身、工作环境、个体因素、社会因素等。学界对工作压力目前尚无一致的定义，不同的学者从不同的角度出发，提出了自己的观点，学界出现了一系列研究工作压力的理论。

一、压力的概念 [1]

压力（stress），也叫作应激，这一概念最早于 1936 年由加拿大著名心理

---

〔1〕　刘新民、余亮：《管理心理学》，中国科学技术大学出版社 2014 年版，第 179 页。

学家汉斯·薛利（H. Selye）提出。他认为压力是人们表现出来的特殊状态，该状态由心理系统中应对刺激的反应所引发的非特定性变化组成。当人们处于应激状态时，体内会发生激烈变化，主要表现是肾上腺素以及各腺体分泌增加，身体活力也随之增强，以应对意外的突变。

在当代的科学文献中，压力的概念至少有三种不同的含义：

（1）压力是指那些使人感到紧张的事件或环境刺激。比如，"压力很大的工作"这样的表述。

（2）压力指的是一种身心反应。"我要参加招聘考试，我觉得压力好大呀！"这种表述。这是在特殊情况下，比如参加考试、面试、见到陌生人等情况时，出现了心理紧张感。这种反应包括"感到紧张"，也包括心跳加速、口舌干燥等身体反映。

（3）压力是一种过程，这个过程包括引起压力的刺激、压力的状态以及情境

因此，本书将压力定义为：人在社会适应过程中，由实际上的或潜在的至关重要的内外环境要求所引起的一种倾向于通过生理和心理反应而表现出来的身心紧张状态。简单来说，压力就是个体和压力源之间的整体交互过程，导致个体身心产生压力反应。压力的产生与否及程度大小受到个体处于特定环境时应对压力源的能力以及压力源本身特征的影响。

在组织管理的过程中，管理者应当知晓压力的来源是复杂的，对压力的反应又是因人而异的。

二、员工工作压力的影响因素

员工工作压力的影响因素十分复杂，目前尚无统一的划分标准，一般认为工作环境、人际关系、个体因素、社会因素等是工作压力的主要来源。

（一）工作环境

工作环境主要指工作的安全的物理条件、工作的复杂程度、超载工作和低载工作等。

1. 物理危险

物理危险即客观工作环境是工作压力的潜在来源，特别是矿工、消防员、军队、警察、银行员工以及医务人员等，常有这种类型的工作压力。

2. 超载工作或超负荷工作

超载工作主要指当工作要求超过了员工的能力，但员工又必须在有限的时间内完成很多这种工作时，会产生数量超载。另外，还有质量超载，质量超载是由于工作太复杂或太难，这种现象产生于工作对员工的技术和精神上的技巧要求太高的时候。例如，现代企业的技术水平与自动化水平越来越高，在流水线上作业的员工不得不面对超载工作的压力。倒班工作在现代组织中十分普遍，这种工作安排，需要员工改变日出而作，日落而息的习惯，这不免干扰了员工的正常生活规律，员工的传统午休习惯不得不改变，这些都会对正常的神经节律、新陈代谢率和精神效率产生影响。员工不能一直持续在白天或晚上工作，而要不停地周转，人体的生物钟被迫打乱，员工可能感到心理和生理上的不同步，烦恼增加，家庭关系可能受到影响。近来的一些研究表明，人们适应倒班工作的能力不同，较快的适应大约需要 1 周，较慢的则需要 3 周，而有些员工则始终难以适应。

3. 低载工作

超载工作可导致不良反应，同样工作负荷太低也会产生压力，国外的学者称之为剥夺性压力。尤其在机构臃肿，无实质事务的政府和事业单位工作的员工，常常面临剥夺性压力。有研究表明，长期处于这种环境下的员工有恶心、肌肉虚弱、头痛、眼花等症状，这些症状往往并没有身体上的原因，而可能是对枯燥、重复、缺乏社会交往的工作压力的心理反应。

（二）人际关系

人际关系是工作压力的重要影响因素。良好的人际关系是社会支持的重要影响因素，有良好的人际交往，人们可以获得大量的社会支持，从而有效地减少工作压力。国外的研究表明，工作中的社会支持可以减少人的激素的释放，降低血压，使人减少吸烟的数量。上司与员工之间的信任可以使员工在团体中获得高自尊，可以提高员工的工作效率与工作的积极性。我国是一个重视集体主义的传统社会，和谐的人际关系可使人们获得大量的社会支持，是人们消解工作压力的重要因素。需要注意的是，社会支持取决于它的质量，而不是数量，即使有大范围低质量的支持，也不会使个体提高应对工作压力的能力，而较少量高质量的支持却会大大提高个体应对工作压力的能力水平。

（三）社会因素

众多研究把社会因素主要归结为社会的迅速变迁，技术的发展，生活的变化等。托夫勒在《未来的冲击》一书中谈到短期内的巨大变化导致了信息爆炸，技术的巨大变革改变了人们工作、学习和休闲的方式，为了与新技术保持同步，员工不得不随时调整自己。快速的社会变化在工作压力的形成过程中扮演了重要的角色。随着新技术的出现，有些职业产生，而有些职业消亡，员工不得不作出适应性的改变，有的员工在变革中得到成长，而有的被淘汰，由于员工被迫要作出太多的选择应对快速的变化而可能导致士气低落，这是当外界环境的要求超过个人能力所能达到的水平时所带来的不良心理产物。

（四）个体因素

个体因素对工作压力的影响主要体现在四个方面：

1. 人格特质

自尊与应对工作压力有密切的关系。高自尊的人能更好地应对工作压力，如能得到积极的反馈，将更进一步增强自尊；低自尊的人则可能在工作压力面前表现得消极，总认为自己没有能力应对危险情境，容易产生恐惧感。因此，自尊并且心理坚强的人可以有效地应对工作压力。

2. 个体认知

个体的认知方式也是影响工作压力的因素，赫伯特曾讲过一个"绝对无望"的病房故事：女子的死亡是因为她的绝望，因为尸体解剖未发现任何病理上的原因。这说明个体认知期望可以影响其对工作压力的应对。每个个体出于自我的独特经验，形成了独特的个人建构和图式，消极的个人建构和图式会使个体在面对工作压力时陷入被动，而积极的个人建构和图式则会使个体产生良好的适应能力。此外对成功和失败的预期图式可能影响人们对某一情景的准备状态。另外，个体的归因模式也是影响工作压力的重要认知因素。

3. 自我效能感

自我效能感是压力源与压力结果之间的一个重要的调节变量。影响效果表现在行为选择、应对方式与情绪反应、努力程度及坚持性、预测绩效等方面，它还会影响个体应对压力的行为方式。

4. 心理冲突

心理冲突是内心的一种矛盾状态，比如个体暗恋他人又不敢表白时出现的心理活动，担心他人笑话，担心对方拒绝等，但又担心如果不表白对方永远不知道自己的心意等。种种矛盾使其陷入焦虑状态。生活中还有一些例子，比如"这山望着那山高""鱼和熊掌不能兼得"都体现了不同类型的矛盾冲突。矛盾冲突有三种类型，第一种类型是双驱冲突，即自己想实现的两个目标之间本身是冲突的，比如在期末考试期间举行足球比赛，两者都是自己想要的，但看球和准备考试是冲突的，从而导致个体内心的矛盾冲突。第二种类型是双避冲突，即两种选择都是不喜欢的，但又必须选择一个，从而使个体产生焦虑情绪。第三种类型是趋避冲突，是对某一目标既趋向又拒绝的两种不同心态的矛盾。[1]

三、压力的作用

压力的作用是指压力对个体、组织以及社会产生的效果、影响和作用。一提到压力，人们联想到的往往是它的负面作用，常见的说法是要"消除压力"。其实压力本身应该是一个比较中性的字眼，它有消极的一面，同样也有积极的一面。

（一）压力的积极作用

1. 有压力才有动力

有压力才会有动力，如果处理得当，压力是可以转化为动力的。比如，现代生活节奏加快，组织的压力也比较大，但人们仍然能够应对这些压力，增加工作动力，更加努力的工作。

2. 压力能够提高工作效率

当人们处于适度的压力状态时，人们的精神往往处于兴奋状态，思维更加条理清晰，反而能够精力充沛地完成工作。当然，压力必须适度。

3. 压力能够鼓舞斗志

适度的压力可以鼓舞人们的斗志，比如，当管理者提出达成某一目标的口号，并日日强化时，就会激励人们的斗志，提高人们的兴奋感。

（二）压力的消极作用

压力的消极作用是我们经常谈论到的，它体现在三个方面：对个人的影响、对组织的影响以及对社会的影响。

1. 对个人的影响

如果压力持续存在且强度比较大，则会对人们的心理和生理形成伤害，

---

〔1〕 刘新民、余亮：《管理心理学》，中国科学技术大学出版社2014年版，第185页。

导致人们出现行为和心理异常，导致人际冲突，使人无法正常工作。

2. 对组织的影响

压力过大会导致员工的一些消极行为，极端情况下人们会选择离开组织，也就是离职。另外，即使是不离职，也可能出现团队士气低落、内部关系恶劣等问题。

3. 对社会的影响

压力最先影响的是个人，进而是组织，而最终会反映到整个社会。因压力造成的各种疾病治疗、提前退休养老以及事故残疾抚恤之类的公共服务费用的支出使社会不堪重负。

四、如何进行压力调适

（一）形成正确认知

1. 正确看待压力

认识压力的本质，不仅要看到它的消极作用，还要认识到它的积极作用。著名心理学家罗伯尔说："压力如同一把刀，它可以为我们所用，也可以把我们割伤。那要看你握住的是刀刃还是刀柄。"

2. 正确评估并接受自己

（1）对自己的定位不能脱离实际，要做到既不抬高也不贬低。也不要把目标定得高不可攀，最好是制定一个"跳一跳，够得着"的目标，并且要善于及时调整目标。

（2）要学会找到自己的长板，发挥自己的长处，增加自己的优势；同时，对于能力上的短板也应量力弥补。

（3）要善于感受环境、适应环境变化。有阳光照射的地方，也必定有阳光照不到的阴暗之处，对于组织来说，也是如此。在每个人的职业生涯中，都必定会遇到或发现组织中的问题，作为个体一方面要勇于改变组织环境，另一方面也要善于适应组织文化与工作环境。

（二）调整心态

禅宗有句名言："不是风动，不是幡动，仁者心动。"调整心态的内容与方式很多，对于组织中的员工来说主要应做到以下几点：

1. 善用幽默

工作是严肃的，但在工作之余，要尽量用幽默的方式进行交流，活跃气氛，亦可通过一些小活动来振奋精神、缓解压力。

2. 进行积极的自我暗示

遇到棘手的事情时，我们可以对自己说"我可以做到"或"再坚持一下"等。积极的自我暗示可以影响你的心态，进而影响你的行为及其结果。

3. 保持乐观

"祸兮福之所倚"，切忌因错误而心灰意冷，应保持乐观的心态，冷静地处理自己的错误。塞翁失马和亡羊补牢，这两种迥然不同的看法对人们的生活质量有着直接的、深刻的影响。

4. 珍惜拥有

人性的一个共同的弱点就是企盼得到自己没有得到的东西，而对自己现在所拥有的一切却不珍惜。其实，无论得到的是红玫瑰还是白玫瑰，最重要的就是保护好手中已经握住的玫瑰。与其雾里看花，不如庭前赏花。说的也正是这个道理。

5. 学会放弃

生活中，大部分人考虑的就是对"身外之物"的拥有，如面子、金钱、地位、权力、信任、知识、经验、能力、学历、人际关系等，结果是想得到的越多，心理包袱就越沉重。

6. 善用合理化机制

把得不到的东西说成是不好的；把自己得到的东西看作是完美的、符合自己意愿的。由此来减轻内心的失望与痛苦，这就是"酸葡萄机制"和"甜柠檬机制"或曰"合理化机制"的本质所在。这种行为虽然不乏自欺欺人的色彩，但作为一种心理防御机制，适当地运用，对保持人的心理健康，恢复心理平衡是有益的。

7. 保持良好心境

消极、低迷的心境会导致人们生理上和心理上一系列问题，而积极、愉悦的心境不仅能缓解压力，化压力为动力，而且从长期来看，对一个人的身心健康，工作学习都有帮助，对于人们正确应对压力也大有裨益。所以，我们要特别注意适时调整自己的心境，使之处于一个良好的状态。

（三）善于应对工作

现实中，我们不仅要面临生活的压力，而且还面临着工作和发展的压力。为防止"按下葫芦起了瓢"，工作要做，压力也要减，具体的办法有：

1. 做好职业生涯规划

做好职业规划，不仅能对自己的职业生涯有宏观上的清晰把握，而且还对日常工作中的小目标的制定有所帮助。

2. 提升工作能力

活得踏实的人往往是有安全感的人。个人安全感最主要的成分就是对自身工作的高度胜任感，俗话说："艺高人胆大"，提升工作能力，有利于提升人的安全感。

3. 扮演好工作角色

社会角色扮演得成功与否，直接关系到一个人的生活质量、社会关系状态以及自我的内心感受。而工作角色的扮演，关键在于明确自身职位的界限，在其位，谋其职。

4. 找寻工作中的乐趣

以兴趣为职业的人，是幸福的人，人只有在适合和热爱的工作中才会有所建树，如果仅把工作作为谋生的手段，那么工作中的任何小摩擦都有可能变成你痛苦的来源。因此，需要人们在工作中多找寻其中的意义和乐趣，使自身能够更愉快地工作。

5. 学会分解压力

即使是组织的管理者也没有必要把所有压力都扛在自己肩上，要善于分配工作，同时也要善于分解压力，让每一个组织成员都能分担一定的压力，这样会有效减轻部分人的压力。

6. 搞好人际关系

在与同事、领导乃至合作伙伴建立良好的人际关系的同时，也应多培养一些非工作关系的社交圈子，使他们在关键时刻可以成为你的倾听者和意见提供者。

7. 善于管理时间

有效完成工作的一项重要条件就是要主动地、有序地、合理地安排时间，要分清主次，善于放手，善于分权，善于利用他人的力量。

（四）享受生活

工作时工作，生活时生活，工作不是生活的全部，只是为了更好的生活。要处理好工作与休息的关系，不要因为工作而忽视了生活，要做到劳逸结合。

（五）掌握减压技术

1. 理智思考，掌控情绪

从理性出发思考问题，消除非理性因素，善于把握自己的情绪。

2. 宣泄法

（1）哭。哭是一种非常好的心理释放，是人的一种保护性反应，有利于释放人们体内积聚的神经能量，排出体内毒素，恢复机体平衡。

（2）发泄。压力过大时，可以找合适的地方大喊大叫、扭毛巾、打枕头、捶沙发等。还可随身携带一个小皮球，郁闷的时候、要发火的时候，就狠狠地捏几下。

（3）替代性发泄。比如去看紧张刺激的影片和比赛，比如惊悚电影、拳击比赛、散打比赛、足球比赛。

（4）写出来。把压力、烦恼写出来，记压力日记，把引发你压力的事件记录下来，再作理性分析，然后找出相应的对策。

3. 自我催眠

所谓自我催眠，即自己诱导自己进入催眠状态，利用"肯定暗示"促使潜意识活动，从而达到调节心理的目的。

4. 运动

运动之所以能缓解压力，让人保持平和的心态，与内啡肽和多巴胺有关。内啡肽是身体的一种激素，被称为"快乐因子"。当运动达到一定量时，身体产生的啡肽效应能愉悦神经，甚至可以把压力和不愉快带走。跑步是产生多巴胺最有效的方式，人们在运动的状态时，交感神经会变得兴奋。当人们的训练达到一定水平，就会很容易进入兴奋的状态。跑步时，多巴胺增加；跑步后，多巴胺分泌量还会保持一定时间的增长。多巴胺同样影响着人的神经，使人产生幸福的感觉。

【参考文献】

1. 刘新民、余亮主编：《管理心理学》，中国科学技术大学出版社 2014 年版。

2. 范逢春主编：《管理心理学》，中国人民大学出版社 2013 年版。

3. 李靖主编：《管理心理学》，科学出版社 2011 年版。

4. 刘永芳主编：《管理心理学》（第 2 版），清华大学出版社 2016 年版。

5. 刘宏、高丽君主编：《管理心理学》，清华大学出版社 2011 年版。

6. 郭振芳："归因理论研究综述"，载《科技信息（科学教研）Science & Technology Information》2007 年第 32 期。

【阅读材料】

员工职业挫折的管理

香河三强公司员工挫折感调查针对三强公司员工进行了一次小规模的简单随机抽样调查，计划调查人数 180（男女比例为 2:1），有效问卷 150 份，其中部分调查结果显示：三强公司男员工压力水平大概在 72% 左右，女员工相对较少，处在 40% 左右的水平上，这和全国职工压力水平基本相当，此种现象的原因是，男员工比女员工更多的承担着社会以及家庭责任的缘故，和香河当地风俗也基本一致。三强公司员工抑郁倾向基本在 55% 左右，男女员工在这方面基本相当。这种抑郁倾向的比率不低，员工抑郁倾向每年增长率基本保持在 3%~5%，这就有了充足的理由来重视这个不受传统组织管理重视的现象。

三强公司约 50% 的人存在失眠、头痛、背痛、肠胃不适或疲惫不堪现象；18% 的员工存在职业情绪耗竭现象；约 61% 的员工感到注意力经常不能集中、力不从心等。在注意力方面女员工明显好于男员工，对待职业耗竭，员工个人调整是关键，员工应该结合自身实际尝试改变工作方法，制定现实可行的目标，找理由休息以放松自己，寻找有效的办法消除无助感，不断学习，松弛情绪等。三强公司员工心理咨询率为 0，心理咨询知识能给受测者带来帮助的仅占 6%（9 人），这一现象的出现当然有其个人的原因，但更重要的还是企业的问题，建议企业能够定期、定时的为员工普及心理咨询的相关知识，最终能够使心理咨询融入成企业管理的一部分。

对其成因分析主要有以下几方面：

（一）个人因素

员工自身的能力、性格是造成其挫折感的根本因素，数据显示，所调查的员工绝大多数工龄不高，多是初、高中毕业，这些在一定程度上反映了三强员工无论是在工作熟练度还是个人能力发挥上都不易有好的表现。如果其能力低于职业岗位的要求，工作做不好，自然会产生职业挫折；反之员工个人能力得不到发挥，时间一长也会产生职业挫折，造成挫折员工与企业离心离德；再者就是人际关系，三强公司中能够较好地处理人际关系的员工不足50%。就是说性格上如果比较孤僻、狭隘或者高傲……都会导致自己和公司同仁，乃至领导关系不和睦。员工本人的各种合理需求得不到应有的满足，就会产生职业挫折；还有即使其能力、性格都很适合岗位本身的要求，但是由于其对工作熟悉程度不够也会使其产生挫折感，这种挫折感常见于新进员工。

（二）企业因素

1. 企业缺乏人本管理。企业应当突出人在管理中的地位，突出以人为中心的管理。三强公司把腾飞的奥秘尽数归功于企业坚持"以人为本"的结果。可事实并非如此，通过与三强下属公司领导和部分员工的接触可以发现，其理解并实施的"人本管理"并非真正意义上的人本管理："人本管理"被理解成了尽可能地激发员工的工作积极性，开发人力资源和重视运用人力资本，三强公司中的"人"并未摆脱其仅仅作为一种资源或人力资本存在的地位。在此过程中，员工只是一种创造财富的高级工具而已。而在三强公司这种管理背景下，员工职业挫折感不可避免地就会出现，进而会对企业造成无形的损失。

2. 企业制度不规范。企业应当建立一整套完善的管理机制和环境，使员工不是处于被动被管的状态。只有这样才能使受挫者把消极行为转化为积极行为。但是三强公司在这方面做得还很不到位。从调查问卷最后一题中可以得出：对三强公司管理制度不满意的员工约为1/3，比如说用人制度方面，某分公司领导的子弟因为"人情"自然就被安排到其所属公司任职并给予比较好的薪金待遇；晋升制度方面，公司高层在确立这些公司职位时更多的是考虑了个人的利益关系；薪酬制度方面，从中低层领导开始，生活就已经比较奢靡了（根据香河实际的生活水平判断）；员工心理不平衡是导致员工受挫的原因之一。

3. 企业文化形象模糊。优秀的企业文化正成为企业员工看重的"软福利"。团结拼搏、创新务实、艰苦奋斗是三强公司一直宣传的口号，可事实上这些词用得太模糊了。这也是一般中国民企通常的思考方式：概括，跟风，官样作风。而且三强公司还把精神文明建设狭隘地理解为企业文化建设。综合以上定义以及通过各种渠道了解的三强公司的资料显示，三强公司的文化属于官僚式文化，其高层干部多数出自局级干部也可以印证此说法。而且，参与采访的一些三强公司的内部人员，他们根本不知道三强公司的企业文化是何物，只知道"我的上级要我做什么，我就要去做什么"，当然中间也不免谄媚的成分。三强公司的企业文化建设如果很模糊的话，那么如何管理受挫者将会成为一个很大的难题。

针对以上原因，笔者提出以下改进的方法及建议：

（一）企业制度逐步规范化

针对三强公司的现实情况，规范的企业制度的建立需要注意以下问题：要想培养企业文化应该制度先行，规范的制度是企业文化得以实施、保持的前提；参与制定企业文化的人必须注意公司究竟谁是最大的股东，因为所有的规章制度都是给老板制定的，规则限制最大的是老板的自由，所以说制度的制定一定要得到老板的认可；制度一定要适合现阶段的三强公司，并且能够为以后三强公司的发展提供助力和适当空间；保持一些"铁"的制度不变。

（二）培养良好的企业文化

良好的企业文化可以赋予员工日常工作以崇高的意义，使其充分发挥自己的才能和特长，有效地削弱职业挫折带来的不良影响。

（三）试行职业生涯计划

三强公司员工忠于业但不敬于业，眼色行事的情况非常严重，缺少的是对职业生涯设计的目标定位。在具体操作方面可以这样：在各个分公司选取1/10的员工（高中低层员工按1/3比例）小范围操作，由总公司负责协助这些员工进行职业生涯设计，设计成功后3个月，总公司调取分公司受试人的业绩资料进行审核无误后，将受试人与其他员工进行数据比对得出结论，然后再适当调整设计方案逐步扩展到全公司。

（四）施行员工自助计划

员工要自己帮助自己来摆脱职业挫折所带来的不良后果，这也是从根本上避免员工职业挫折的方法，针对三强公司员工的特点，笔者提出以下几点建议：减少职业挫折的根本途径还是建立一个自我评价体系，能够从各个角度客观地评价、了解自己；一个人在受到挫折后，往往会产生受挫情绪，这时可以去参加一些具体的文体活动，找一个地方作为发泄场所，受挫者也可以通过其他方式来发泄自己的不良情绪；管理者应向员工提供心理咨询，耐心地倾听受挫者的叙述，帮助其分析受挫原因，提高其对挫折的认识，鼓励受挫者树立信心，帮助其以积极的态度和有效的方法排解消极情绪，减轻心理压力，提高适应能力，心情愉快地重返工作岗位。

（五）施行员工帮助计划（EAP）

三强公司作为一个拥有 4 亿固定资产的企业，完全有能力去组建 EAP 系统来弥补其现有管理系统的不足，运用 EAP 系统可以有效帮助员工缓解工作压力、改善工作情绪、削弱员工职业挫折感、提高工作积极性、增强员工自信心，最终为企业的长远发展打下坚实的基础。

资料来源：爱学术网：http://www.ixueshu.com/document/fd8ce1ceb698282731 8947a18e7f9386.html，访问日期：2018 年 3 月 12 日。

后　记

　　我讲授行政管理专业的《管理心理学》已近20年，编写一本教材，对自己的教学和研究工作进行总结一直是我的夙愿。

　　在教学过程中，我接触过不下20个版本的《管理心理学》方面的教材，从中吸取了很多营养，使我获益匪浅。这些教材主要由从事经济管理和心理学研究的学者编写，二者各有所长，经济管理学学者的教材更加具体化，更加接近管理现实；心理学学者编写的教材则底蕴深厚，理论性强。但是，在教学过程中，我也发现了一些问题：经济管理学学者的教材一般以企业作为研究对象，内容以公司职工的心理管理为主，但现实的管理实践涉及社会的方方面面，不同行业从业群体的工作状态和心理状态存在很大差别，如果仅从企业出发，难以涵盖多数工作人群的情况。心理学学者的研究虽然理论深厚，但是由于对管理实践接触较少，教材内容往往以理论介绍为主，对于管理应用的讲解较少。基于此，本人想在充分借鉴前人著述的基础上，从广义的管理角度出发，研究管理活动中具有共性的心理问题，一方面可以为一般管理活动提供理论支持，又避免脱离管理实践谈论理论。

　　一个人的力量毕竟是有限的，虽然我对编写教材筹划已久，也积累了大量资料，但迟迟未取得实质性的进展。本次教材之所以能够成功付梓出版，是多方因素共同作用的结果，在此，我需要郑重地表示感谢：

　　首先，感谢我的同事和伙伴：刘振山、国虹、王艺、陆继锋、苗红培、蒋飞，本书是我们共同努力的结果，如果没有他们的参与和支持，本书不可能在短时间内成稿。感谢我的辛勤付出的学生们，他们的努力为本教材的写作奠定了坚实的基础！

　　其次，感谢山东科技大学应用性立项专业（群）经费资助，感谢文法学院孙法柏院长和徐玲平书记的支持和指导！感谢任德成、李艳萍、牛忠志等教授的宝贵的指导性意见！

再次，本教材在写作过程中参阅了大量的著作、教材、论文和网页资料，还参阅了许多国外文献资料，在此不能一一列举，谨向有关作者表示衷心感谢！

最后，感谢中国政法大学出版社责任编辑丁春晖编辑，感谢他热情而又富有成效的工作！

原　光

2018 年 3 月